KB175976

경세제민의 길

경세제민의
길

김형기 지음

이담
Books

　　이 책은 내가 지난 10여 년간 신문과 잡지에 쓴 칼럼
과 정책토론회에서 발표한 글, 그리고 미국 UC 버클리 대학과 하버
드 대학 방문학자로 체류하면서 쓴 에세이를 모은 것이다. 책의 제목
을 '경세제민의 길'이라 붙인 것은 경제학을 공부하면서 그동안 내가
잡아 온 화두가 '경세제민(經世濟民)'이었기 때문이다.

　동양에서 경제의 어원은 경세제민이다. "세상의 이치를 알고 백성
을 구제하기 위해 나라를 다스린다"는 뜻을 가진 경세제민은 현대식
으로 표현하자면 국민의 먹고사는 문제를 해결하기 위한 정책을 펴
는 것이다. 경제학이 이러한 경세제민의 학문이기 때문에 나는 이 학
문을 하는 데 긍지를 느껴왔다.

　경세제민을 생각하면서 경제이론을 연구하며 가르치고 때로는 바

람직한 경제정책과 사회정책들을 제안하기도 했다. 이 책에 실린 글들은 경세제민이란 문제의식을 가지고 우리나라 경제와 사회 이슈들에 대해 행한 나의 논평과 제안을 담은 것이다.

1997년 외환위기 이후 저성장과 양극화가 급격히 진전되어 대다수 국민의 삶이 위기에 빠진 상황에서 나는 한국경제의 대안적 발전모델 연구에 집중해 왔다. 파국적 경제위기로 무너지고 있는 기존의 발전국가 모델과 새로 도입된 지속 불가능한 신자유주의를 넘어서는 대안적 발전모델을 어떻게 실현할 것인가를 고심해 왔다. 요컨대 '한국경제 제3의 길'을 모색해 왔다. 이런 문제의식에서 노무현 정부와 이명박 정부의 경제정책에 대해 비판하고 대안을 제시하기도 했다.

2002년부터 나는 무너지는 지방을 살리기 위한 지방분권운동에 나섰다. 2000년에 내가 대구사회연구소 소장을 맡은 이후 연구소는 지방분권과 지역혁신을 위한 정책연구에 주력하기로 했다. 이후 지방분권을 실현하려면 연구만이 아니라 실천이 필요하다는 생각에서 나는 전국 각 지역의 지식인 및 NGO 활동가들과 함께 "지방이 살아야 나라가 산다"는 슬로건을 내걸고 지방분권운동을 전개하였다. 이 운동에 참여하면서 지방분권의 비전과 정책을 실현하는 '지방분권국가의 길'을 찾고자 했다.

2006년에 뜻을 같이하는 교수들과 함께 싱크탱크인 '좋은정책포럼'을 창립하여 '새로운 진보의 길'을 주창했다. 이 포럼을 통해 국민의 신뢰를 잃은 기존의 진보를 넘어 대한민국의 지속 가능한 발전을 위한 좋은 정책을 제시하는 새로운 진보의 길을 모색해 왔다. 새로운 진보의 길 모색은 진보적 경제학자를 자임하는 나의 학문적 관점과 방법론에 대한 반성에 기초하여 이루어졌다.

이 책 제1부 '새로운 진보의 길'과 제2부 '한국경제 제3의 길' 그리고 제3부 '지방분권국가의 길'에 나오는 글들은 경세제민이란 화두를 잡고 내가 그동안 연구하고 사색하며 실천해 온 과정에서 쓴 글들이다. 내가 그동안 모색해 온 경세제민의 길은 바로 '새로운 진보의 길', '한국경제 제3의 길', '지방분권국가의 길'이었다. 나는 이 세 가지 길이 국민의 먹고사는 문제를 해결하고 대한민국을 지속 가능한 선진국으로 만드는 경세제민의 길이라고 생각한다.

이 책에서 제시된 글을 통해 지역에 사는 진보적 경제학자로서 내가 생각하는 대한민국의 비전을 담고자 했다. 국가의 녹을 먹는 국립대학 교수는 국가와 국민에 대한 사회적 책임을 완수해야 마땅한데, 이 졸저를 통해 그 책임을 조금이나마 수행할 수 있게 되기를 희망한다.

이 책에 실린 글들에는 나의 학문의 깊이가 얕고 경륜이 낮아서 생긴 단견과 오류가 적지 않게 포함되어 있을 것으로 생각된다. 현명한 독자 여러분들께서 기탄없이 바로잡아 주기를 기대한다.

그동안 경세제민의 길을 모색하는 과정에서 많은 분들에게 지혜를 얻었고 격려를 받았으며, 적지 않은 지인들에게 신세를 지고 폐를 끼쳤다. 이 책을 그 고마운 분들께 바친다. 아울러 글을 쓴다는 핑계로 가족 돌보기에 소홀했던 나의 무심함을 참아준 아내에게 고마움을 전한다.

끝으로 이 책의 출판을 흔쾌히 수락해주신 한국학술정보(주) 채종준 대표님과 좋은 책을 만들어주신 조가연 선생님과 디자인을 맡아주신 박능원 팀장님을 비롯한 출판 관계자 여러분께 깊이 감사드린다.

2014년 4월
복현동산에서 김형기

경세제민의 길

1부 · 새로운 진보의 길

01 | 진보는 끝났는가

1970년대 반독재운동의 상징적 인물이었으나 지난 대선 때 박근혜 후보를 지지하여 변절 시비에 휘말렸던 저항시인 김지하는 "진보는 끝났다"고 말했다. 통합진보당의 어떤 인사는 "진보는 죽었다"는 책을 내기도 했다. 인터넷에는 수많은 네티즌들이 "진보는 끝났다"는 댓글을 달았다. 이른바 이석기 내란음모사건 이후 나타난 모습들이다. 과연 이제 진보는 끝났는가?

지난 대선후보 토론회 때 통합진보당 이정희 후보가 박근혜 후보를 거칠게 몰아붙이는 순간 대선은 이미 끝난 것이나 다름없었다. 당내 부정선거와 폭력으로 국민의 신뢰를 잃은 진보의 간판을 단 정당의 후보가 전 국민이 지켜보는 TV토론에서 보여준 무례한 언행은 박근혜 후보의 당선을 도운 일등 공신이 되었다.

국정원 댓글 사건 한복판에서 터져 나온 이석기 내란음모사건은 그 진상 여부를 떠나 진보에 대해 결정타를 날렸다. 통합진보당이란 간판을 걸고 국회의원 배지를 달고 있으면서 대한민국 체제를 부정하고 북한을 추종하는 언행을 하며 심지어 유사시 공공시설 파괴를 모의했다는 혐의까지 받고 있는 이석기 의원은 법원의 유죄판결 여부를 떠나 우리나라 '진보'를 죽인 씻을 수 없는 죄를 지었다.

그런데 이석기 의원을 비롯한 통합진보당 인사들의 생각과 행동은 결코 진보라 할 수 없다. 우리나라에서 그동안 '친북＝진보, 진보＝친북'인 것처럼 인식되어 왔는데 이는 크게 잘못된 등식이다. 친북 여부가 진보와 보수를 가르는 잣대가 아닐뿐더러, 진보가 곧 친북은 아니기 때문이다. 민주주의의 기본원칙마저 지키지 않고 시대착오적 사고와 행동을 하며 심지어 북한을 맹종하는 통합진보당 몇몇 사람들은 어떤 기준으로 봐도 진보세력이라 할 수 없다.

정치적 반대자를 빨갱이 혹은 종북으로 몰아붙이는 우리나라 수구보수세력의 오래된 매카시즘적 책략이 정치를 소모적 극단주의로 치닫게 만들고 국민의 심성을 황폐화시킨 불행한 역사를 우리는 잘 알고 있다. 동시에 그러한 책략에 구실을 준 일부 민주세력, 진보세력의 무모한 언행을 그동안 수없이 보아 왔다. 최근의 통합진보당 사태는 그 결정판이라 할 수 있다. 국정원 댓글 사건 이후 '민주 대 반민주' 구도를 만들면서 대선 불복과 대통령 사퇴까지 주장하는 일부 진보세력의 행태도 마찬가지다.

통합진보당 사태와 이석기 사건을 계기로 진보는 끝났는가? 그렇다. 하지만 끝난 것은 낡은 진보이고 시대착오적 진보다. 국민들은 이러한 진보에 환멸을 느끼고 더 이상 신뢰하지 않는다. 그런 진보는 분명 죽었다. 최근 다시 부활하는 것처럼 보이지만 그것은 여진으로 보인다.

유력 보수신문의 논설주간은 자신의 칼럼에서 이석기 사건의 가장 큰 문제는 건전한 진보를 죽인다는 점이라고 썼다. 그는 사이비 진보에 대한 사회적 분노가 매카시 광풍으로 치닫게 되어 진짜 진보세력마저 죽이면 사회의 자정기능이 무너지게 될 것이라고 우려했다. 따라서 그는 대한민국 체제를 인정하고 헌법질서를 존중하는 건전한 진보는 살려야 한다고 주장했다. 균형감각있는 이 보수인사의 주장을 경청할 필요가 있다.

대한민국 체제를 인정하고 헌법 질서를 존중하는 틀 내에서, 민주주의와 평등과 연대라는 진보의 보편적 가치를 지향하는 진보가 되어야 한다. 대다수 국민의 삶의 질을 함께 높이는 비전과 정책을 실현하려는 진정한 진보는 끝나지도 않았고 끝날 수도 없다. 오히려 낡은 진보가 무너진 폐허 위에 이제 이러한 진정한 진보, 새로운 진보가 성장할 계기가 형성될 수도 있다.

2008년 세계경제 위기 이후 고삐 풀린 자유시장경제가 경제불안정과 사회양극화를 초래했다는 인식이 확산되면서, 시장에 대한 국가의 체계적 개입, 소득불평등의 개선, 보편적 복지를 지향하는 진보에 대한 기대가 전 세계적으로 커지고 있다. 이러한 세계정세의 변화는 한국의 진보에게 새로운 기회를 제공한다.

하지만 이 기회를 활용하기 위해서는 국민이 불신하는 낡은 진보와 확실히 결별하고 새로운 진보로 나아가지 않으면 안 된다. 새로운 진보는 무엇보다 '종북' 시비에 휘말리지 않도록 북한 추종세력과 분명히 선을 그어야 한다. 민주주의와 인도주의의 관점에서 북한체제를 비판해야 한다. 성장과 안보에 대한 진보적 대안을 제시해야 한다. 남한이 주도하는 민주통일전략을 수립해야 한다. 대한민국의 지속 가능한 발전을 위한 경제정책, 사회정책, 환경정책을 현실성 있게 제시해야 한다.

낡은 진보가 최종적으로 무너지는 장면을 목격하면서, 진보는 끝났다고 쾌재를 부르는 소리를 들으면서, 나는 수년 전부터 주장해 왔던 새로운 진보의 길에 희망을 찾고자 한다. 국민이 신뢰하는 진보, 대한민국의 밝은 장래를 여는 진보는 끝난 것이 아니라 이제부터가 시작이다.

(보스턴 단상, 2013.12.8)

02 | 애국적 진보주의가 필요하다

미국 메이저 리그 프로야구에서는 경기를 시작하기 전에 미국 국가(Star-Spangled Banner)를 부르고 7회 중반에 애국가(God Bless America)를 부르는 이벤트를 한다. 국가는 유명 가수가, 애국가는 일반시민이 부른다. 스탠드를 가득 메운 수만 관중들이 전부 일어서서 국가와 애국가를 엄숙하게 따라 부르고 노래가 끝나면 우레와 같은 박수와 함성이 구장을 삼킬 듯한 장관이 펼쳐진다.

보스턴 레드삭스 펜웨이 구장에 야구 경기 구경 갔을 때 본 광경이다. 미국 시민의 애국주의(patriotism)를 보는 순간이었다. 미국 독립혁명의 이념이었던 애국주의는 오늘날 다민족 이민국가인 미국에서 국민을 통합하는 역할을 하고 있는 것으로 보였다.

애국주의는 대외 팽창적인 제국주의와 구분되고 외국인을 배척하는 쇼비니즘(chauvinism)과도 다른 시민의 순수한 나라사랑 정서다. 애국주의의 실체에 관한 논쟁이 있고 비판이 있는 것도 사실이지만, 애국주의를 "정치공동체에 대한 구성원의 도덕적 의무의 자각"이라고 정의한 19세기 영국 정치가 액튼 경(Lord Acton)의 관점이 타당하다고 생각된다.

내란음모사건으로 구속된 통합진보당의 이석기 의원은 평소 당 행사 때 애국가를 부르지 않았는데, 이에 대한 비난이 일어나자 '애국가가 국가냐', '애국가 부르기를 강요하는 것은 전체주의 발상이다'고 발언하여 큰 논란을 불러일으켰다. 사실 과거 독재정부 시절 민주·진보단체들이 행사를 할 때 국기에 대한 경례나 애국가 제창을 생략하는 경우가 많았다. 여기에는 독재정권이 애국심을 강요하여 정권을 유지하려고 한다는 판단과, 애국이란 것이 전체주의 혹은 국가주의라는 보수 이데올로기로 연결될 수 있다는 인식이 깔려 있었다고 할 수 있다.

대구의 한 원로 여성지도자는 본인이 주최하는 행사에는 반드시 애국가를 4절까지 제창하며 휴대폰에 전화를 걸면 애국가가 흘러나온다. 나라사랑을 일상에서 실천해야 한다는 것이 그분의 지론이다. 일반적으로 보수단체는 행사 때 애국가 제창과 국기에 대한 경례 의식을 빠트리지 않는다.

이처럼 보수단체는 애국하고 진보단체는 애국하지 않는 것처럼 잘못 인식되고 있는 것이 한국의 현실이다. 북한과 적대적으로 대치하고 있는 상황에서 진보단체가 애국에 소홀하고 국기에 대한 경례를 하지 않고 애국가를 부르지 않으면 마치 북한을 추종하기 때문에 그런 것이 아니냐는 의구심을 불러일으킬 수 있다. 실제 극우 단체들은 그러한 이미지를 조장하고 진보단체를 친북이니 종북이니 하고 매도해 왔다.

진보는 기본적으로 공동체 내 혹은 국가 내의 계급 분열과 계급 대립에 주목하는 경향이 있다. 공동체 전체의 발전 혹은 나라 전체의 발전에는 관심이 소홀한 경향이 있는 것이 사실이다. 노동운동도 노동자의 계급적 이익을 실현하려고 할 뿐 국민경제의 발전, 나라의 발전에는 관심이 없는 경우가 많다. 하지만 독일의 진보적 철학자 하버마스(Jurgen Habermas)가 민주헌법에 충성하는 헌법적 애국주의(constitutional patriotism)를 주장한 것처럼, 민주적 절차를 통해 수립된 헌법에 기초한 대한민국 체제에 충성하는 것은 진보와 보수를 막론하고 국민의 의무라 할 수 있다. 마르크스가 노동계급에게는 조국이 없다고 했지만 국가의 제도적 보호가 없으면 노동자의 처지가 열악해지는 것은 글로벌화 시대인 오늘날에도 사실이다.

물론 "애국주의는 악당의 최후의 도피처다"는 19세기 영국 작가 새뮤얼 존슨(Samuel Johnson)의 유명한 말이 있듯이, 독재자가 애국주의를 내세워 정권을 연장하고 인권을 탄압하며 자신의 사리사욕을 취한 사례는 무수히 많다. 히틀러의 나치즘을 비롯한 파시즘 정권들이 애국주의를 내세워 침략전과 대량살육의 만행을 저지른 역사를 잊을 수 없다.

그런데 남북통일이란 민족의 큰 숙제를 안고 있고, 일본의 군국주의 부활과 중국의 대국굴기(大國崛起)를 눈앞에 보고 있으며, 국가 간 경쟁이 갈수록 치열해지고 있는 냉엄한 현실에 직면하여 국익을 생각하는 애국주의가 절실히 필요하다. 더욱이 진보는 애국하지 않는다는 의구심을 떨쳐버려야 국민의 신뢰를 받아 진보세력이 집권할 수 있고 국가경영을 책임질 수 있다.

따라서 지금 한국의 현실에서 애국주의와 진보주의가 결합된 애국적 진보주의가 절실히 필요하다. 평등과 연대와 같은 진보의 가치가 애국주의와 결합되어야 한다. 진보주의자가 애국자가 되어야 한다. 일제 강점기를 미화하는 일부 반민족적 보수주의와 달리, 진보주의자는 민족정기를 바로 세우고 나라를 사랑하는 사람임을 국민 앞에 입증해야 한다. 대한민국 체제를 지키고 헌법질서를 존중하며 국민을 지극 정성으로 받드는 진보가 되어야 한다. 국기에 대한 경례와 애국가 제창을 진지하게 진행하는 진보가 되어야 한다.

(보스턴 단상, 2013.12.10)

03 | 진보의 성찰과 재생을 위하여

       대선 패배 후 민주진보세력은 심리적 공황에 빠져 있습니다. '이길 수 있는 선거'에 졌기 때문입니다. 신자유주의를 넘어서는 대한민국의 새로운 발전을 위해 이번에 반드시 정권교체를 해야 했고 또 할 수 있었는데 그러지 못했기 때문입니다. 국민 다수가 정권교체를 원했는데 민주진보세력은 정권교체에 실패했습니다.

    대선 패배의 원인은 무엇인가? 패배의 책임은 누구에게 있는가? 정권교체가 안 되어 실의에 빠지고 절망하고 있는 국민들을 누가 어떻게 어루만져 줄 것인가? 민주진보세력은 어떻게 정치적으로 재생할 것인가? 이러한 질문들에 대한 치열한 성찰과 적절한 힐링과 올바른 재생이 필요합니다.

    하지만 지금까지 대선 패배에 대한 제대로 된 반성이 이루어지지 않았고, 책임을 통감하고 국민 앞에 석고대죄하는 사람도 나타나지 않았으며, 민주진보세력의 환골탈퇴의 방향도 제시되지 않고 있습니다. 지리멸렬하여 명맥만 유지하고 있는 진보정당들은 말할 것도 없고 정권을 다투었던 제1 야당 민주통합당조차 통렬한 자기반성이 없습니다.

저는 이번 대선에서 안철수 후보의 '정책네트워크 내일' 산하 '지역격차해소를 위한 분권발전포럼' 대표로서 지방분권정책 자문을 했고 안 후보의 지역조직인 '대구경북진심포럼' 상임대표를 맡은 바 있습니다. 참여정부 때는 정책기획위원회와 국가균형발전위원회 위원으로 활동한 바 있고, 참여정부 2년 정책평가 결과를 대통령에게 보고한 적이 있습니다.

참여정부 2년 정책평가 시 평가위원회는 국민의 평균적 정서와 유리된 이념지향적 정책의 폐기와 수정을 건의하였고 민생위주의 실사구시적 정책을 실시할 것을 제안했습니다. 하지만 그러한 건의와 제안은 받아들여지지 않았습니다. 그 후 참여정부는 자신의 정책들을 정당화하고 홍보하는 방향으로 나아갔습니다. 사회양극화가 심화되고 민심이 이반하고 있는데도 이에 대한 효과적인 정책적 및 정치적 대응을 하지 못했습니다.

저는 2006년 1월에 동료들과 함께 '좋은정책포럼'을 창립하였습니다. 참여정부 평가에 참여했던 교수들이 중심이 되어 창립한 '좋은정책포럼'은 참여정부의 잘못된 정책을 비판하고 좋은 정책을 제안하고자 노력했습니다. 지속 가능한 진보, 한국형 제3의 길 노선을 지향한 좋은정책포럼의 활동은 '새로운 진보'로 '뉴레프트'로 주목받은 바 있습니다.

참여정부가 정권 재창출에 실패한 후 좋은정책포럼은 참여정부의 실패와 진보의 쇠퇴 원인을 진단하고 '새로운 진보의 길'을 제시하는 책을 출간했습니다. 저는 2007년 대선과 2012년 총선과 대선에서의 민주진보세력의 연이은 세 번의 패배가 그 책에서 주장한 바 있는 가장 중요한 실패 요인, 즉 진보에 대한 국민의 불신에서 비롯되었다고 생각합니다.

국민의 실생활과 유리된 진보, 북한과의 연루를 의심받고 있는 진보, 시대에 뒤떨어진 낡은 이념에 고착된 진보에 대한 국민의 불신이 진보의 위기, 참여정부의 실패, 이명박 보수 정권의 등장, 총선 패배, 새누리당의 정권 재창출을 초래한 가장 중요한 원인이었다고 생각합니다. 이번 대선에는 '안철수 현상'이라는 새로운 변수를 제대로 활용하지 못한 실책이 대선 패배의 또 다른 원인이 되었다고 생각합니다.

진보의 재생을 위해서는 새로운 진보를 지향해야 합니다. 저는 새로운 진보가 지행해야 할 사고와 실천의 준칙으로서 다음 열 가지를 제시한 바 있습니다. 첫째, 이념에서 출발하지 말고 실생활에서 출발하자. 둘째, 이상주의와 근본주의에 빠지지 말자. 셋째, 국민의 평균적 정서와 동떨어진 정책을 제시하지 말자. 넷째, 반시장경제, 반기업 이미지를 탈각하자. 다섯째, 민주주의라는 단일 차원만으로 사고하지 말자. 여섯째, 민족주의의 틀에 갇히지 말자. 일곱째, 국가안보를 중시하자. 여덟째, 북한 주민의 인권 보장을 요구하자. 아홉째, 노동의 권리와 윤리를 함께 주장하자. 열째, 사회적 대화와 사회적 타협을 지향하자. (김형기·김윤태 편, 새로운 진보의 길: 대한민국을 위한 대안, 한울아카데미, 2009)

이러한 새 진보의 준칙을 지켜야 국민들이 민주진보세력을 국정을 담당할 수 있는 대안세력으로 신뢰하게 될 것입니다. 이러한 준칙을 지키면서 종북세력과 확실한 선을 긋고 폭넓은 중도지향 국민을 포괄해야 민주진보세력은 집권할 수 있습니다.

저는 이번 대선에서 민주통합당이 이러한 새 진보의 준칙을 제대로 지키지 않아 패배했다고 생각합니다. 보수는 경제민주화와 복지국가와 같은 진보 담론을 제시하여 중도를 확보하려 했는데, 진보는 경제성장과 안보와 같은 보수 담론으로 중도를 견인하는 노력을 기울이지 않았습니다. 종북세력과 확실한 선을 긋고 낡은 진보와 분명히 차별화시키는 정치적 및 정책적 실천을 하지 못했습니다. 민주통합당 문재인 후보와 종북 의심을 받고 있는 통합진보당의 이정희 후보가 새누리당 박근혜 후보를 떨어뜨리기 위해 세트 플레이한다는 인상을 주었습니다. 중도 지향 국민들로부터 폭넓은 지지를 받고 있던 안철수 후보와 아름다운 단일화를 이루어 내지 못했습니다.

이명박 정부에 대해 민심이 떠나고 국민 다수가 정권교체를 원했음에도 불구하고 새누리당이 정권 재창출에 성공했던 것은 바로 민주진보세력이 이러한 정치실패와 정책실패를 했기 때문입니다. 민주통합당이 진정으로 정권교체를 바라는 국민들의 여망에 부응하기 위해서는 새로운 진보를 위한 준칙을 준수하는 새 정치를 실천해야 했습니다. 특히 민주통합당을 주도해온 친노세력이 2007년 대선과 2012년 총선에서의 패배를 깊이 성찰하고 자신의 오류를 고치며 기득권을 내려놓는 과감한 정치혁신을 단행해야 했습니다. 하지만 그러한 정치혁신 없이 기득권을 고수한 결과 이번 대선에 패배하고 말았습니다. 그럼에도 불구하고 아직 어떤 책임 있는 인사도 통렬한 반성을 하지 않고 있습니다. 오히려 패배의 원인과 책임을 다른 곳에 전가하고 있습니다.

노무현 전 대통령 서거 이후 열린 추모 심포지엄에서 발표할 때 저는 글의 첫머리에 다음과 같이 썼습니다: "국민은 참여정부가 무엇을 잘했는지 몰랐고 참여정부는 자신이 무엇을 잘못했는지 몰랐다." 지금 민주통합당 특히 친노세력은 이번 대선에서 자신이 무엇을 잘못했는지 아직 모르고 있는 것 같습니다. 마음으로 적극적 지원을 하지 않은 안철수 후보를 원망하고 박근혜 후보를 '당선(!)'시키게 한 이정희 후보의 무모한 태도를 탓하는 것 같습니다.

안철수 후보가 대선 출마 선언을 한 직후, 저는 한 신문과의 인터뷰에서 안 후보가 야권 단일후보로 되어야 하는 이유를 다음과 같이 밝힌 바 있습니다: 박근혜 대 문재인의 대결은 'Old(박정희) 대 Old(노무현)'가 되는데, 올드 대 올드에서는 박근혜가 이긴다. 박근혜 대 안철수의 대결은 'Old 대 New'가 되어 안철수가 이길 수 있다. 따라서 정권교체를 하려면 안철수 후보로 단일화되어야 한다. 문재인 후보도 좋은 분이지만 안철수 후보로 단일화되어야 박근혜를 이길 수 있다.

이번 대선의 과정과 결과는 이러한 저의 관측이 옳았다는 것을 입증했다고 생각합니다. 하지만 민주통합당의 기득권 고수 노력과 친노 패권주의가 안철수 후보를 사퇴하게 만들었고 결국 대선은 패배로 끝났습니다. 안철수 후보가 울먹이며 사퇴했을 때 정권교체는 사실상 물 건너 간 것이었습니다. 단일화 협상을 매듭짓지 못하고 결국 사퇴하고만 안 후보의 미숙한 정치적 대응에도 책임이 있지만, 안 후보를 그렇게 사퇴하게 압박한 민주통합당에 일차적 책임이 있다고 하지 않을 수 없습니다.

민주통합당은 새 정치와 정권교체를 갈망하는 국민의 뜻을 꺾어버린 역사적 죄를 지은 것입니다. 후보 단일화란 명분으로 안 후보를 사퇴시킨 이른바 민주인사들과 원로들과 진보 논객들의 책임도 묻지 않을 수 없습니다. 그들이 무소속 대통령 불가론, 정당 조직 없는 대선 필패론, 국정 경험 없는 아마추어 불가론 등을 내세워 안 후보에게 단일화를 압박하고 마침내 사퇴를 하게 만들었습니다.

'민주 대 반민주'라는 낡은 프레임에 갇혀 있고 종북 세력과 확실한 선을 긋지 못한 낡은 민주진보세력이 국민의 눈높이보다도 낮은 안목으로 안 후보의 새로운 가치를 과소평가하고 중도세력 확보의 중요성을 망각하여 역사 앞에 큰 죄를 지었습니다. 그들이 앞으로 또 무슨 명분으로 국민과 나라를 운운할 수 있겠습니까? 그러한 민주진보세력을 이끌었던 지도자들은 지금 국민 앞에 진심으로 사죄해야 할 것입니다.

안철수 후보 사퇴 후 저는 안 후보에게 비록 민주당과 문재인 후보가 싫더라도 정권교체를 위해 문 후보를 적극 지원해야 한다고 건의했습니다. 안 후보의 위력으로 정권교체를 해야 안 후보가 지향하는 새 정치에 전망이 있다고 주장했습니다. 안 후보 정책자문 교수들에게 정권교체와 새 정치 실현을 위해 문재인 후보를 지지하자고 호소했습니다.

마침내 안 후보는 문재인 후보에 대한 적극적 지원에 나섰지만, 안 후보를 지지했던 대다수 교수들은 문재인 후보 지지 선언에 동참하지 않았습니다. 그 교수들은 "민주통합당이 특히 친노세력이 기득권을 내려놓지 않고 있고 정치혁신을 하고 있지 않은데 왜 우리가 문재인 후보를 지지해야 하는가"라고 반문하였습니다. 대선 막판에 만약 문재인 후보가 본인의 의원직 사퇴와 참여정부에서 요직을 맡았던 친노 인사들의 백의종군을 선언했더라면, "문재인 정부가 실패한 제2 노무현 정부가 될 것"이라고 몰아붙인 새누리당의 공세를 막아내고 정권교체를 할 수 있었을 것이라고 생각합니다.

안철수 후보와 안 후보 캠프 인사들도 통렬히 반성하고 무겁게 책임져야 할 대목이 많습니다. 무엇보다 낡은 체제의 타파와 새로운 체제의 실현을 바라는 국민의 여망이 결집된 '안철수 현상'을 안 후보 측이 감당하지 못한 책임을 통감해야 합니다. 새 정치 실현을 위한 정치조직을 왜 만들지 못했는지, 왜 아름다운 단일화를 견인하지 못했는지, 안 후보의 정치적 리더십에 문제가 없는지 등등에 대한 철저한 반성과 새로운 모색이 없으면 안철수 현상도 결국 거품으로 사라지고 안철수 후보가 내건 새 정치도 한갓 구호에 그치고 말 것입니다.

자신이 지향하는 새로운 대한민국의 국가비전을 뚜렷이 밝히고 국민을 사로잡을 대표정책들을 분명히 제시하고 널리 홍보하지 못한 채 후보 단일화 프레임에 갇힌 이후 방어적 자세로 임한 안 후보와 안 캠프 사람들의 정치적 미숙과 정책적 부실을 깊이 반성해야 합니다. 이 점에서는 당연히 안 후보를 말석에서 도왔던 저 자신에게도 응분의 책임이 있습니다.

정권교체를 이루지 못한 점에 대해 안철수 후보도 국민 앞에 진심으로 사죄해야 합니다. 특히 안 후보가 문 후보를 적극적으로 지지하기로 발표한 이후, 안 후보만이 독자적으로 유세를 다녔을 뿐 문 후보 진영과 안 후보 진영 사이에 새정치공동선언과 정책연합을 속개하여 아름다운 단일화를 완성하지 못한 데 대해 안 후보 측도 깊이 반성해야 합니다.

정권교체가 되지 못하여 크게 실망한 국민들에게 사죄하고 새로운 희망의 메시지를 던지는 힐링이 지금 절실히 필요합니다. 민주진보세력은 국민 앞에 진심으로 사죄하고 환골탈태해야 합니다. 특히 문재인 후보와 안철수 후보 측은 정권교체를 이루지 못한 것에 대해 국민 앞에 함께 석고대죄해야 합니다. 그래야만이 정권교체를 바랐던 다수 국민의 상처가 아물고 고통이 사라지는 힐링이 이루어질 수 있습니다.

이러한 깊은 성찰과 힐링이 있어야 국민이 민주진보세력을 신뢰할 것입니다. 그런 연후에 민주진보세력은 5년 후, 10년 후를 내다보며 재생을 위한 새판을 짜야 합니다. 이제 더 이상 책임소재를 적당히 얼버무리고 문제를 봉합하여 기존의 판을 유지해서는 안 됩니다. 재생을 위한 새판을 짜는 데는 낡은 진보와 확실히 결별하고 새로운 진보로 과감히 나아가는 실천이 필요합니다. 5년 후 집권을 바란다면 진보는 말 그대로 환골탈태해야 합니다. 그러한 용기 있는 선택을 해야 다수 국민이 민주진보세력에게 국정을 맡기는 현명한 선택을 할 것입니다.

오늘 국회 홍종학 의원실과 좋은정책포럼이 공동주최하는 토론회 '18대 대선과 진보의 미래'는 이러한 문제의식을 가지고 18대 대선과정을 성찰하며 진보의 재생의 길을 모색하는 공론의 장이 되고자 합니다. 오늘의 토론이 진보의 환골탈태와 권토중래에 기여할 수 있기를 기대합니다. 감사합니다.

(좋은정책포럼, 홍종학의원실 주최, '제18대 대선 평가와 진보의 미래 토론회' 개회사, 2013.1.7)

04 | '지속가능한 대한민국'을 위한 '지속가능한 진보'의 길

좋은정책포럼이 첫돌을 맞이했습니다. 대한민국의 '지속 가능한 진보(Sustainable Progress)'를 위한 좋은 정책을 공론화하기 위해 전국 각 지역에서 다양한 전공과 업무에 종사하는 지식인들이 뜻을 모은 지 일 년이 되었습니다. '참여 – 연대 – 생태'의 가치를 추구하는 '분권 – 혁신 – 통합'의 정책을 통해 기존의 개발독재와 현재의 신자유주의를 넘어서는 '제3의 길'로서의 대안적 발전모델을 실현하려는 것이 좋은정책포럼이 지향하는 지속 가능한 진보의 길입니다.

우리는 개발독재적 보수나 신자유주의적 보수의 길뿐만 아니라 기존의 사회주의적 혹은 사회민주주의적 진보의 길도 지속 불가능하다는 인식을 가지고 글로벌화와 지식기반경제 시대에 적합한 새로운 진보인 '지속 가능한 진보'의 길을 개척하고자 나섰습니다. 서민을 위한다는 이념과 명분에 따른 정책들이 오히려 그들을 고통 속에 빠트리는 '나쁜 정책'으로 되어 버린 역설을 직시하면서 다수 국민의 삶의 질을 실제로 높일 수 있는 '좋은 정책(good policy)' 대안을 내어놓겠다는 실사구시의 정신으로 출범하였습니다. 기존 질서에 대한 비판과 저항의 주체로서의 민주화 세력의 한계를 넘어 새로운 질서를 향한 형성과 참여의 주체로서의 새로운 진보개혁세력을 만드는 데 이바지하고자 기치를 들었습니다.

우리의 이러한 문제제기에 대해 적지 않은 사람들이 관심을 기울었습니다. 많은 언론들이 지식인 사회에서의 새로운 흐름의 등장으로 주목하였습니다. 매스컴에서는 좋은정책포럼의 출범을 뉴레프트의 등장, 중도개혁적 지식인의 결집, 합리적 진보의 등장 등으로 성격을 규정하기도 했습니다. '구 진보나 새로운 진보는 초록동색이 아니냐', '당신들은 진보가 아니다'라는 보수·진보 양측의 상반된 반응도 있었습니다. 그러나 우리는 대한민국의 밝은 미래를 위해 기존의 진보 대 보수라는 낡은 대립 틀을 넘어야 하며, 진보의 정체성과 우월성은 사전적으로 주어지는 것이 아니고 좋은 정책을 통해 사후적으로 확정된다는 관점을 취해 왔습니다.

이러한 관점에 따라 지속 가능한 진보를 위한 좋은 정책 패러다임의 기본 원칙을 제시하였습니다. 시대에 뒤떨어진 낡은 이념에 사로잡혀 있고 실현가능성 없는 정책을 주장하며 다수 국민의 정서에 맞지 않는 투쟁을 하는 진보적 정치세력과 사회운동을 향하여 그 잘못된 노선의 전환을 촉구하였습니다. 다수 국민의 실생활을 개선시키지 못한 참여정부의 정책실패와 폭넓은 진보개혁세력과의 연계 부족, 합리적 보수와의 대화 결핍, 다수 국민들과의 소통부재로 스스로 고립을 자초한 정치실패를 질타해 왔습니다. 진보개혁세력의 대위기를 경고하고 위기탈출을 위한 대전환의 절박성을 역설하였습니다.

이와 같은 우리들의 제안과 문제제기와 비판에 대해 관심과 무시, 격려와 비난, 참여와 이탈 등 상반된 반응들이 나타났습니다. 아무튼 좋은정책포럼의 그동안의 활동은 적지 않은 반향을 불러일으킨 것으로 판단됩니다. 그렇지만 출범 후 지난 1년간은 대체로 문제제기 수준에 머물렀습니다. 아직 각 분야별 좋은 정책의 세부적 콘텐츠를 제시하지 못하고 있습니다. 뿐만 아니라 우리가 제시하는 새로운 진보의 상은 아직 완전한 모습을 갖추고 있지 못한 것이 사실입니다. 2007년에는 이러한 한계를 극복해야겠습니다.

그런데 좋은정책포럼이 첫돌을 맞이하는 2007년은 우리나라가 신자유주의를 지향하는 지속 불가능한 보수의 길로 가느냐, 아니면 신자유주의를 넘어서는 대안적 발전모델을 지향하는 지속 가능한 진보로 가느냐 하는 역사적 기로에 서게 되는 매우 중요한 해입니다. 만약 신자유주의를 지향하는 보수의 길로 간다면 우리나라는 한국적 기준으로 보나 글로벌 스탠더드에서 보나 역사적으로 퇴행하게 될 것입니다. 왜냐하면 1980년대에 등장하여 1990년대를 통해 극성을 부리던 신자유주의는 이제 그 모순이 심화되어 도처에서 퇴조의 기미가 뚜렷하게 나타나고 있기 때문입니다.

글로벌 수준에서 신자유주의를 강행하려던 워싱턴 컨센서스는 글로벌 신자유주의 정책의 오류를 교정하려는 포스트 워싱턴 컨센서스로 이행하였습니다. 보수적인 다보스 포럼에서 조차 글로벌 신자유주의가 초래한 지구촌의 양극화를 우려하는 목소리가 높아지고 있습니다. 글로벌 수준에서 신자유주의를 주도해 온 미국의 부시정권이 2006년 중간선거에서 참패한 것은 이라크 전쟁 요인과 함께 신자유주의적 정책이 초래한 중간층 붕괴, 빈부격차의 확대 때문이라는 진단은 신자유주의의 지속불가능성을 시사해주고 있습니다. 총선 승리 이후 상하원 양원을 통제하게 된 민주당이 '공정한 경제(fair economy)'를 포함한 '미국의 새로운 방향(A New Direction for America)'을 선언한 것은 신자유주의를 넘어선 대안적 발전모델이 신자유주의의 종주국인 미국에서 국가적 의제로 부상하고 있음을 보여주고 있습니다.

유럽연합에서는 글로벌화와 지식기반경제의 도래와 글로벌 신자유주의의 공세에 대응하여 유럽사회모델(European Social Model)을 쇄신하려는 시도가 이루어지고 있습니다. 이는 보수적인 학자들이나 보수 언론들이 잘못 주장하는 바와 같이 성장지상주의와 자유시장경제(liberal market economy)를 지향하면서 복지국가의 해체와 전면적 규제완화로 가는 것이 아니고, 경쟁력 향상과 사회통합을 동시에 실현하기 위해 노동자를 비롯한 국민들에 대한 인적자원개발 투자를 강화하고 노·사·정·민 간의 사회적 대화와 파트너십을 통해 경제와 사회를 효율적으로 운영하려는 조정시장경제(coordinated market economy)를 지향하고 있습니다. 이는 분명히 신자유주의도 아니고 기존의 사회민주주의도 아닌 '제3의 길'입니다. 국내 일부 진보학자들과 보수적 언론과 학자들은 이러한 '제3의 길'은 이미 실패로 끝났고 단언하지만 그것은 유럽사회모델을 쇄신하려는 노력을 통해 계속되고 있습니다.

신자유주의적 개혁을 추진해 온 일본의 고이즈미 정권에서 낸 '일본 21세기 비전' 보고서를 보면 개혁의 방향을 '관(官)에서 시장으로'가 아니라 '관에서 공(公)으로' 설정할 것을 권고하고 있습니다. 보수적인 자민당 고이즈미 정권이 내어놓은 21세기 비전이 온통 시장근본주의를 주창하는 신자유주의적일 것이라는 예상과는 달리 공공성의 확대를 강조하고 평생교육을 비롯한 인적자원개발 투자를 증대하며 민관 파트너십의 거버넌스를 강화하는 내용들로 채워져 있다는 점이 흥미롭습니다. 이는 그동안 실시된 일본의 신자유주의적 개혁의 부정적 결과에 대한 자기반성이 투영된 것이 아닐까 합니다.

중남미에서는 미국이 주도하는 워싱턴 컨센서스에 따라 보수정권에서 추진된 신자유주의적 개혁이 경제침체와 심각한 사회양극화를 초래한 결과 많은 국가들에서 좌파정권이 성립하였습니다. 물론 이 좌파정권들이 과연 경제성장과 사회통합을 동시에 실현하는 지속 가능한 성장을 달성할지는 두고 봐야 하겠습니다만, 아무튼 중남미 다수 국가에서의 좌파정권의 등장은 신자유주의의 역사적 실패를 웅변으로 보여준다고 하겠습니다.

이상에서 개괄한 세계 정치경제정세는 신자유주의가 지속 불가능하고 조만간 역사의 뒤안길로 사라질 것임을 예고하고 있습니다. 그럼에도 불구하고 한국에서는 '신자유주의만이 살길이다', '신자유주의 이외에는 대안이 없다'는 철 지난 보수 담론이 지배하고 있습니다. 2007년 대선에서 만약 신자유주의를 지향하는 정치세력에 기반한 대통령후보가 당선된다면, 그래서 차기정권이 현재의 참여정부 정책보다 더욱 강한 신자유주의적 정책을 실시한다면, 신자유주의에서 벗어나고 있는 세계사의 흐름에 역행할 뿐만 아니라 경제사회의 양극화 심화로 우리나라의 지속 가능한 발전을 기대할 수 없을 것입니다.

참여정부에 들어와 분배와 복지를 강조했지만 실제 경제정책은 신자유주의적이었고 복지정책은 서구적 기준에서 본다면 약한 사회민주주의 수준에도 훨씬 미달하였으며 1997년 이후 급격히 악화된 소득분배의 불평등을 시정하는 데도 역부족이었습니다. 성장지상주의와 시장만능주의에 빠져서, 이런 참여정부의 정책을 두고 좌파정책이니 사회주의 정책이니 하고 몰아붙이는 몰지각한 정치세력이 집권한다면 과연 대한민국은 어디로 갈지 걱정이 됩니다. 대한민국이 경제적, 사회적, 환경적으로 지속 가능할지 의문입니다.

OECD 통계를 보면 한국은 지식투자 수준(지식투자/GDP)이 스웨덴, 미국, 핀란드에 이어 4위이지만 사회지출 수준(사회지출/GDP)은 30개국 중 29위입니다. 세계 전체를 통해 보았을 때, 경제안전지수는 32위, 고용안전지수는 42위에 머물고 있습니다. 지식투자는 세계 최선진 수준이지만 사회투자와 경제안전 및 고용안전은 멕시코, 브라질과 비슷한 후진국 수준입니다. 이 자료는 지금 세계적 기준에서 볼 때 한국이 무엇이 부족한지를 분명하게 보여줍니다. 그럼에도 불구하고 대한민국의 선진화를 주장하는 보수세력은 이를 애써 외면하면서 성장만 주장하고 있으니 참으로 딱한 노릇입니다. 보수세력이 외치는 성장은 사회양극화를 심화시키는 성장이기 때문에 지속 불가능할 것입니다.

신자유주의를 넘어서려는 세계사의 흐름과 지난 1997년 외환위기 이후 10년간의 신자유주의 정책으로 인해 양극화가 심각한 수준에 이른 한국의 현실에 비추어 볼 때, '지속 가능한 대한민국(Sustainable Korea)'을 위해서는 2007년 대선을 통해 신자유주의를 지향하는 '지속 불가능한 보수'가 집권해서는 안 됩니다. 신자유주의를 넘어서는 정책을 헤게모니적 전략을 통해 효과적으로 추진하는 유능함을 보여주지 못한 민주세력이 다시 집권해서도 안 됩니다. 실현 불가능하고 지속 불가능한 정책을 내어놓는 그런 진보세력은 집권할 수도 없겠지만, 집권해서도 안 됩니다. 분명한 자기 정체성이 없이 막연한 중도를

35

1부 · 새로운 진보의 길

표방하는 세력에게 나라를 맡길 수도 없습니다. 신자유주의를 넘어서는 대안적 발전모델을 지지하는 각계각층이 광범하게 결집된 '대안적 발전 연합'에 기초하여 국민의 신뢰를 받는 합리적이고 유능한 진보개혁세력이 집권해야 합니다. 그래야만이 '지속 가능한 진보'를 통해 '지속 가능한 대한민국'을 실현할 수 있을 것입니다.

합리적이고 유능한 진보개혁세력이 집권하려면, '진보가 밥을 먹여주느냐', '진보가 경제를 살릴 수 있느냐', '진보가 국가안보를 지킬 수 있느냐', '진보가 우리의 노후와 우리 자식들의 미래에 희망을 줄 수 있는가' 하는 국민들의 질문에 구체적으로 응답해야 합니다. 진보가 진정한 애국자임을 보여주어야 합니다. 진보개혁세력이 대한민국의 지속적 발전과 국민의 삶의 질을 높일 수 있는 신뢰할 만한 대안세력임을 실증해야 합니다.

민주개혁세력임을 자임한 참여정부가 민심을 잃고 대통령의 권위가 땅에 떨어지고 그 여파가 진보개혁세력 전반에 대한 국민의 불신으로 확산되어 있는 현 상황에서 2007년 대선에서의 진보개혁세력의 집권가능성은 매우 낮다고 볼 수밖에 없습니다. 그렇다고 집권을 위한 무원칙한 합종연횡의 정치공학에 연루되면 진보개혁세력은 자멸의 구렁텅이에 빠질 것입니다. 장기적 관점에서 국민에게 희망을 주는 정치적 실천과 정책대안 제시에 주력하는 것 이외의 다른 왕도는 없다고 봅니다. '지속 가능한 진보'야말로 '지속 가능한 대한민국'을 담보할 수 있다는 신념을 다수 국민들이 가질 때까지 진인사대천명 (盡人事待天命)의 자세로 말입니다.

좋은정책포럼은 그 창립 목적대로 이러한 작업에 훌륭한 싱크탱크가 되어야 할 것입니다. 장기적 전망을 가지고 멀리 보면서도 2007년의 역사적 분기점에서 최선을 다해야 할 것입니다. 첫돌을 맞이하여 '지속 가능한 대한민국'을 위한 '지속 가능한 진보'의 길을 열기 위한 좋은 정책들을 공론화하는 일에 박차를 가할 것을 함께 다짐합시다.

(버클리로부터의 편지, 2007.1.29)

05 | 새로운 진보의 길을 함께 걸읍시다

오늘 좋은정책포럼 출판기념회 및 후원의 밤에 귀한 시간을 내어 참석해주신 각계인사 여러분들을 진심으로 환영합니다.

'새로운 진보', '지속 가능한 진보', '한국형 제3의 길'을 지향하는 좋은정책포럼이 창립된 지가 벌써 3년이 되었습니다. 그동안 저희 좋은정책포럼에 참여해주신 회원 여러분, 그리고 격려해주신 여러분들께 이 자리를 빌려 깊은 감사의 말씀드립니다.

2009년 6월 대한민국은 낡은 갈등으로 들끓고 있습니다. 민주화가 시작된 1987년 이후 20여 년이 지난 지금 민주주의와 인권이 후퇴하는 역류 현상을 보이고 있기 때문입니다. 산업화 단계와 민주화 단계를 넘어 선진화 단계로 나아가겠다고 선언한 이명박 정부가 법과 질서란 명분 아래, 실용이란 이름 아래, 인권과 민주주의를 가벼이 여김으로써 퇴영적인 '민주 대 반민주'라는 대립구도가 형성되고 있습니다.

노무현 전 대통령의 비극적 서거와 500만 명의 애도의 물결, 민주주의의 후퇴를 우려하는 3,000여 명을 넘어서는 교수, 종교계, 문화계 인사들의 시국선언, 이 현상은 우리 사회가 민주주의를 생략하고는 선진화를 이룰 수 없고 더 나은 사회로 나아갈 수 없다는 점을 가르쳐 주고 있습니다. 민주주의와 인권이 없으면 선진화도 없다는 메시지를 이명박 정부에게 던져주고 있습니다.

이러한 '민주 대 반민주'란 낡은 구도는 대한민국의 밝은 미래로 향한 전진을 가로막는 큰 장애물이 되고 있습니다. 이명박 정부가 합리적인 새로운 보수가 아니라 불합리한 낡은 보수를 지향함으로써 '낡은 보수 대 낡은 진보'라는 소모적인 대립구도가 형성되고 있는 현실을 개탄하지 않을 수 없습니다. 이와 동시에 한국의 진보세력이 '독재냐 민주냐'는 이분법에 고착되어 더 풍부한 상상력을 가지지 못하게 될까 걱정이 됩니다. 보수의 실패에 고무되어 진보 자신의 성찰을 소홀히 하여 진보의 실패를 되풀이하지 않을까 심히 우려됩니다.

저희 좋은정책포럼은 그동안 '진보의 실패'를 극복하기 위한 새로운 진보의 길을 모색해 왔습니다. 노무현 정부는 왜 실패했는가, 진보적 정당과 노동운동은 왜 광범한 국민적 지지를 받지 못하고 있는가, 대다수 국민의 입장에서 그들의 삶의 질을 높이기 위해 헌신해 온 진보세력이 왜 국민의 불신을 받고 있는가, 요컨대 진보의 실패의 원인은 무엇인가에 관해서 탐구해 왔습니다. 아울러 국민의 삶의 질을 실제로 높일 수 있는 진보적 정책대안은 무엇인가를 연구하고 토론해 왔습니다. 진보가 대한민국의 발전을 주도하는 세력이 되기 위한 길은 무엇인가를 고민해 왔습니다.

진보가 국민으로부터 신뢰를 받고 대한민국의 발전을 주도하는 유능한 세력이 되기 위해서는 과거의 낡은 패러다임을 버리고 새로운 패러다임을 지향하는 새로운 진보로 거듭나야 한다는 것이 저희들의 결론이었습니다. 새로운 진보의 출발점은 무엇보다 북한을 추종하는 '종북노선'과 분명히 선을 긋고 대한민국 체제를 전복하는 세력이 아님을 확실하게 밝히는 것이라고 생각했습니다. 진보세력이 대한민국을 부정하는 반체제세력이 아니라 대한민국의 발전방향에 대해 보수세력과 다른 비전과 정책을 가지는 경쟁세력임을 분명히 밝혀야 한다고 보았습니다.

이러한 출발점에 서서 새로운 진보는 지금까지 진보가 중시해 온 분배, 복지, 연대, 평등, 공평성 개념을 21세기 글로벌화와 지식기반경제 시대에 적합하게 재정의하는 한편, 진보가 소홀히 해 온 성장, 경쟁력, 효율성, 안보 등에 대한 진보적 대안을 제시해야 합니다. 사회적 약자의 편에 서면서도 국민통합의 관점을 유지해야 합니다. 노동의 권리와 윤리를 동시에 주장해야 합니다. 자율과 연대와 생태라는 3대 가치를 지향하는 선진적 시장경제의 토대 위에서 인간중심의 위대한 대한민국(Great Korea)을 실현하는 비전과 정책을 제시해야 합니다.

최근에 펴내어 오늘 그 출판기념회를 하는 책인 『새로운 진보의 길: 대한민국을 위한 대안』에는 이러한 문제의식과 관점을 가진 좋은 정책포럼 지식인들의 사색과 모색이 담겨 있습니다. 저희들은 기존 진보의 고정관념을 깨고 새로운 관점에서 문제를 인식하고 답을 찾고자 노력하였습니다. 추상적 가치에 매몰된 관념적 진보가 아니라 국민의 실생활을 중시하는 실사구시의 진보를 지향하고자 했습니다. 먼 미래에나 실현될 수 있는 근본진보가 아니라 가까운 장래에 실현될 수 있는 중도진보의 길을 개척하고자 했습니다. 저희들은 이 새로운 진보의 길이 진보세력을 위한 길임과 동시에 대한민국을 위한 길임을 확신합니다.

그래서 저희들은 이 길을 계속 가고자 합니다. 새로운 진보의 길은 아직 오솔길일지 모릅니다. 그러나 많은 사람들이 이 오솔길을 걸으면 마침내 탄탄대로가 생길 것입니다. 오늘 이 자리에 함께해 주신 각계인사 여러분들과 함께 이 길을 걷고 싶습니다. 함께 꿈꾸고 더불어 나누며 이 길을 산책하기를 바랍니다. 그리하여 우리가 가는 새로운 진보의 길이 대한민국의 사람들에게 희망이 되기를 소망합니다. 감사합니다.

(『새로운 진보의 길』 출판기념회, 환영사, 2009.6.12)

06 | 민심 보듬고 서민 살리는 진보라야

　　노무현 대통령은 여당의 5·31 지방선거 참패를 두고 "선거 한두 번 진다고 역사가 바뀌는 것이 아니다"라고 했다. 원래 선거는 바람에 좌우되고 우연한 사건으로 판이 뒤집어지기도 하는, 매우 정세 의존적인 속성이 있다. 그러나 아무래도 이번에는 그렇지 않은 것 같다. 역사가 바뀔지도 모르는 사건이 일어났기 때문이다.

　참여정부를 친북좌파·무능정권이라 몰아붙이고 정권심판을 외쳤던 한나라당에 국민들이 압도적 승리를 안겨줬다. 진보개혁 세력 대표주자 교체론을 내세웠던 민주노동당은 기초단체장을 한 사람도 못 냈다. 노동자 밀집지역으로 민주노동당 강세지역인 울산에서조차 두 구청장 자리를 잃었다.

　탄핵받은 대통령을 구출하고 2004년 4·15 총선에서 열린우리당에 의석 과반수의 압승을 안겨줬으며 신생 민주노동당을 일약 제3당으로 만들어줬던 민심이 도대체 어디로 갔단 말인가? 차떼기·웰빙·불임 정당으로 조롱당하던 한나라당이 전국을 거의 싹쓸이하게 만든 민심의 소재는 과연 어디에 있단 말인가?

민심은 참여정부와 열린우리당을 떠났다. 노심(노동자 마음)도 민주노동당을 떠났다. 민주당은 광주전남 민심만을 잡았다. 민심은 한나라당에 갔는가? 표심이 한나라당에 쏠렸다고 해서 민심의 진정한 소재가 한나라당에 있다고 보기도 어렵다. 한나라당이 좋아서가 아니라 열린우리당이 싫어서, 민주노동당은 대안이 아니라서 한나라당을 찍은 사람들이 다수이기 때문이다.

참여정부와 열린우리당은 왜 민심을 잃었나? 서민을 위한 개혁을 한다면서 서민을 고통에 빠뜨렸기 때문이다. 국민의 평균적 정서와 동떨어진 정책을 추진하고, 편협하고 오만한 인물들을 중용했기 때문이다. 정치·외교적으로는 국민을 불안하게 하는 좌파적 경향을 보이고, 경제적으로는 중산층과 노동자와 빈민을 고통스럽게 만드는 신자유주의를 지향했기 때문이다. 경기침체가 계속되는데도 손에 잡히지 않는 장기 경제구조 개혁정책에 치중하여 피부에 와 닿는 단기 민생경제 정책을 소홀히 했기 때문이다.

민주노동당으로부터 왜 노심이 떠났고 민심은 오지 않았나? 현실성 없는 정책을 제시하고 국민 정서에 맞지 않는 전투적 행동을 했기 때문이다. 배타적 노동자 중심주의에 빠져 민중의 실생활과 거리가 먼 이념에 집착했기 때문이다. 역사적으로 실패한 낡은 진보 틀에 갇혀 대중을 사로잡을 새로운 진보 비전을 내놓지 못했기 때문이다.

참여정부와 열린우리당, 그리고 민주노동당에 대한 민심 이반의 배경에는 국민의 신망을 잃은 진보적 노동운동과 시민운동이 있음을

간과해서는 안 된다. 민주노동당의 대중적 기반이 민주노총이고 참여
정부 안에는 시민운동 출신 인사들이 적잖게 요직에 배치되어 있는
까닭이다.

노동의 인간화와 사회의 민주화에 기여해 온 노동운동은 나라 경
제의 장래와 소비자와 시민의 처지를 고려하지 않는 집단이기주의로
매도당하고 있다. 낡은 진보이념에 집착하여 노·사·정 사이의 사회적
대화를 거부하고 파업투쟁 일변도로 나아가는 운동노선 때문에 국민
한테서 고립당하고 있다. 대기업 정규직 중심의 노동조합 운동은 대
다수 중소기업의 미조직 비정규직 노동자들로부터도 유리되어 있다.

민주화·인간화·투명화에 기여한 진보적 시민운동은 공평성만
지향하고 효율성을 무시하며, 민주화만 주장하고 사회질서는 고려하
지 않으며, 환경보전만 중시하고 경제성장을 소홀히 하는 균형감각
없는 태도 때문에 대다수 국민의 신뢰를 받지 못하고 있다. 문제를
제기하고 저항하는 데는 드세지만 문제를 해결하는 합리적 대안을
제시하는 데는 취약한 시민운동에 사람들이 등을 돌리고 있다.

5·31 지방선거에서 우리는 진보개혁 세력 전체에 대한 민심 이반
을 통감하게 됐다. 진보개혁 세력에 큰 위기가 닥치고 있다. 한국사회
의 미래를 둘러싼 진보와 보수 사이에 일대 격전이 벌어질 2007년 대
선 이전까지 이 위기를 극복하지 못한다면 민주개혁 세력이 주도하
던 10여 년의 역사가 보수 회귀로 바뀔지 모른다.

이 큰 위기를 극복하려면 진보개혁 세력은 "민주주의가 밥 먹여 주
냐", "진보가 경제를 살릴 수 있느냐"는 사람들의 물음에 구체적 정
책대안으로 응답해야 한다. 신자유주의로 고통받는 중산층과 서민이
왜 신자유주의를 지향하는 한나라당을 찍는지 성찰해야 한다. 국민의

실생활을 개선시킬 수 있는 새로운 성장정책과 복지정책을 내놓아야 한다. 지속 불가능한 고비용·저효율의 낡은 진보가 아니라 지속 가능한 고효율·저비용의 새로운 진보로 나아가는 일대 혁신을 해야 한다.

진보개혁 세력의 일부를 형성하고 있는 대통령과 열린우리당은 집권세력으로서 이런 위기 극복의 일차적 책임을 져야 한다. 정개개편과 같은 정치공학이 아니라 그동안의 실패를 깊이 성찰하고, 이를 바탕 삼아 획기적인 정책전환과 인사쇄신을 통해 민심을 다시 얻어야 한다. 무엇보다 대통령은 민심 흐름을 읽고만 있을 것이 아니라 민심에 겸허히 따르고 서민과 중산층의 고통을 쓰다듬는 일부터 시작해야 한다.

(한겨레신문, 5·31 지방선거와 진보개혁의 미래, 2006.6.7)

07 | 진보가
다시 사는 길

　　　　　　　중도개혁 열린우리당의 참패와 진보 민주노동당의
부진, 보수 한나라당의 압승으로 끝난 5·31 지방선거 결과는 진보개
혁세력에 대위기(大危機)가 닥치고 있음을 알리고 있다. 이 위기를 극
복하려면 중산층과 서민을 위한 개혁을 해 온 참여정부에 중산층과
서민이 등을 돌리고 노동자 이익을 대변하고 있는 민주노동당에 노
동자들의 표가 몰리지 않은 이유에 대한 깊은 성찰과 새로운 모색을
해야 한다.

　대통령과 열린우리당은 탄핵정국으로 조성된 일시적인 정치적 다
수자의 지위를 사회적 다수자의 지위로 굳히지 못한 상태에서, 사회
적 소수자로서의 자기 한계를 고려하지 않고 국민의 평균적 정서와
동떨어진 정치와 외교를 펼친 것이 정치실패의 큰 원인이었음을 자
각해야 한다. 과거사 청산, 대북·대미 관계, 대언론관계에서 참여정

부가 보여준 태도가 다수 국민을 불안하게 하여 정치실패를 자초했다는 점을 깨달아야 한다. 국민정서를 이해하지 못하는 일부 편협하고 오만한 인물을 중용한 것도 정치 실패의 주된 요인이었음을 자성해야 한다.

중산층과 서민을 위한 경제정책이 결과적으로 그들의 삶을 더욱 고통스럽게 만든 정책실패에 대해서는 더욱 냉철한 성찰이 필요하다. 한국경제가 처한 냉엄한 현실을 깊이 고려하지 않은 관념적인 이상주의에 치우친 개혁 추진, 부동산정책에서 보는 것처럼 시장의 반응을 예상하면서 시장을 길들이는 노련함이 없이 효과 없는 제도개혁을 밀어붙이는 아마추어적 자세, 신자유주의를 지향하는 정부관료와 경제민주주의를 지향하는 청와대 참모 간의 정책혼선, 다양한 제도들 간의 상호보완성을 고려한 종합정책 기획조정력의 미흡 등에 대한 반성과 새로운 모색이 있어야 한다.

민주노동당은 시대착오적인 이념과 강령, 비현실적인 정책대안, 국민적 공감대가 없는 집회시위 위주의 정치활동이 대안적 정치세력으로 부상하는 데 족쇄가 되고 있다는 점을 자각해야 한다. 글로벌화와 지식기반경제 시대에 국민경제의 지속가능한 성장과 민중의 삶의 질의 실질적 개선을 위한 새로운 진보적 정책대안을 내놓고 있지 못한 한계를 어떻게 넘을지 깊이 성찰해야 한다.

진보개혁세력이 비록 지방선거에서 참패했지만 이러한 실패의 원인에 대한 진지한 성찰과 모색이 있다면 활로는 열릴 것이다. 여론조사기관들의 분석결과들이 민심의 흐름은 보수화된 것이 아니라 실용적 중도의 방향으로 바뀌고 있고, 실용적인 정책대안을 가진 유능한 중도진보가 다수 국민의 지지를 얻을 수 있음을 시사하고 있기 때문이다.

진보개혁세력이 다시 민심을 얻고 마침내 사회적 다수자가 되려면 자기혁신을 통해 거듭 태어나야 한다. 시대에 뒤떨어지고 다수 국민의 정서에 맞지 않는 낡은 진보를 버리고 시대를 선도하고 국민의 평균적 정서에 부합하는 새로운 진보로 나아가야 한다.

공허한 이념이 아니라 '실생활이 중요하다'는 명제를 명심하여 국민들의 먹고사는 문제를 제대로 해결할 수 있어야 한다. 시장실패와 기업의 사회적 책임을 강조하더라도 진보가 결코 반시장적이고 반기업적이지 않음을 분명히 해야 한다. 지속 불가능한 고비용−저효율의 진보가 아니라 지속 가능한 고효율−저비용의 진보를 지향해야 한다. 공평성과 효율성, 연대와 경쟁, 복지와 성장, 환경보전과 경제성장 사이에 균형 잡힌 정책을 제시해야 한다. 민족공조를 하더라도 북한에 대해 할 말은 하는 진보여야 한다. 진보가 국가안보를 위협하지 않는다는 확신을 심어주어야 한다. 진보개혁세력이 진정으로 애국자임을 보여주어야 한다.

요컨대 진보가 경제를 살리고 밥을 먹여주며 국민의 생명과 재산을 보장해 줄 능력이 있음을 실증해야 한다. 점차 그 모순이 심화되고 있는 신자유주의적 글로벌 자본주의와 더욱 복잡해지고 있는 한반도 정세에 직면하여 국민들은 이러한 새로운 진보의 역량 발휘를 기대하고 있다.

(조선일보, 시론, 2006.6.27)

08 | 낡은 진보의 패배와
새 진보의 길

　　2007년 대선에서 중도보수 성향인 한나라당 이명박 후보의 압승과 65 대 35라는 보수 대 진보의 득표율은 진보개혁 진영에 우려했던 대위기가 닥쳤음을 알리는 신호탄이다. 중도진보 성향의 대통합민주신당과 진짜 진보를 자처하는 민주노동당의 참패는 기존의 낡은 진보가 정치적으로 패배했음을, 미래진보를 자임하는 창조한국당의 부진은 새로운 진보가 국정을 담당하기엔 아직 너무나 취약함을 보여줬다.

　　진보는 왜 패배했는가? 무엇보다 진보개혁 세력을 기반으로 집권한 노무현 정부의 실패 때문이다. 권위주의와 정경유착 청산 등에서 큰 성과를 거두었지만, 인사실패, 대통령과 그 참모들의 오만과 독선, 미숙한 국정운영과 같은 정치 실패로 인해 진보개혁 세력을 대표하는 참여정부가 국민의 신뢰를 잃었기 때문이다. 특히 대통령이 보수세력을 끌어안는 폭넓은 정치력을 보여주지 못했다. 사회 갈등을 해소할 사회적 대타협을 도출하는 강력한 리더십을 발휘하지 못한 가운데, 문제를 해결하는 최종적 조정자보다는 문제를 제기하는 논객이 됨으로써 국정 최고책임자로서의 권위를 스스로 실추시킨 것이야말로 정치 실패의 가장 큰 원인이었다 할 수 있다.

이 밖에도 원인을 열거하자면 지면이 모자랄 정도다. 대북정책에서 보여준 것처럼 국민의 평균적 정서에 반하는 정책, 부동산 정책에서 드러난 바와 같은 대중의 실생활과 동떨어진 정책, 서민경제가 심각한 위기에 빠져 있는데도 장기적 정책 설계에만 치중해 민생 회복에 실패한 경제정책 등은 참여정부로부터 민심을 이반시킨 대표적 정책 실패 사례들이다. 대학입시 3불정책 고수와 같이 기회균등보다는 결과적 평등에 집착한 점, 국가보안법 폐지와 같은 집권 초기의 이상주의적 개혁주의와 한·미 자유무역협정(FTA) 추진과 같은 집권 후기의 현실주의적 자유주의 사이에서 동요한 점, 재벌 개혁과 같은 경제민주주의와 규제 완화와 같은 신자유주의 사이에서 오락가락한 점 등은 진보개혁에 대한 신뢰를 떨어뜨린 정책 실패의 모습들이다.

민주노동당은 여전히 낡은 이념과 전투주의적 활동 방식을 청산하지 못하고 친북 성향을 보인 까닭에 국민적 지지는커녕 다수 노동자의 지지도 얻지 못하고 그 세가 위축됐다. 신생 정당인 창조한국당은 '사람 중심 경제'라는 새로운 패러다임을 제시하고 미래진보의 가능성을 보여줬다. 하지만 조직력과 정치력의 부족으로 대안적 진보 세력이 되기에는 역부족이었다. 민주노동당의 기반인 노동운동이 국민으로부터 고립돼 있고 창조한국당의 기반인 시민운동은 과거에 비해 활력이 크게 떨어져 있다.

그렇다면 진보개혁 진영에 과연 희망은 없는가? 그렇지 않다. 진보가 살아나려면 실패한 낡은 진보와 단절하는 용기 있는 선택을 해야 한다. 국민을 사로잡을 수 있는 새로운 진보의 비전과 정책 프로그램을 제시한다면 다시 집권세력이 될 희망을 가질 수 있을 것이다. 무엇보다 보수 우세 정치지형 속에서 중도보수의 이명박 정부와 경쟁할 수 있고 수권 능력을 가진 중도진보 정당을 만드는 것이 중요하다.

이 새로운 중도진보 정당은 국민의 실생활과 평균적 정서에 기초한 정치와 정책을 펴는 실사구시의 진보 노선을 견지해야 한다. 21세기 세계화와 지식기반경제 시대에 진보적 가치인 자율·연대·생태의 가치를 지향하면서도 시장경제의 역동성과 세계화의 긍정성이 충분히 발휘되게 하는 정책 기조를 유지해야 한다. 복지와 인권을 강조하면서도 성장과 안보의 중요성을 인정하는 진보, 햇볕정책을 강화하면서도 인권 문제 등 북한 체제의 부정성을 비판하는 진보의 길을 가야 한다. 그리하여 국민을 불안하게 하는 낡은 진보에서 환골탈태하여 국민을 안심시키는 희망의 새로운 진보로 거듭나야 한다.

(중앙일보, 시론, 2007.12.23)

09 | 새 진보를
향한 대전환

2007년 대선과 2008년 총선의 결과는 '보수의 압승과 진보의 참패'로 요약된다. 이번 총선 결과 보수와 진보 간의 세력 불균형이 매우 커져서 정치 지형이 '보수 대 진보'에서 '보수 대 보수'로 재편될 가능성이 생겼다. 그동안 우리 사회의 민주화와 인간화에 헌신해 온 진보 세력이 크게 위축되어 국가 발전을 주도할 수 없게 된 것이다.

지금 한국의 진보 세력은 낡은 패러다임을 청산하지 못하면 주변적 정치 세력으로 밀려날지 모를 대위기에 빠져 있다. 진보 위기의 주된 원인은 시대의 흐름에 뒤처진 낡은 이념에 집착하고 국민의 정서에 맞지 않는 실천을 함으로써 국민의 신뢰를 상실한 구 진보의 사고와 행동 방식에서 찾을 수 있다. 진보의 위기는 궁극적으로 신뢰의 위기다. 진보가 재생하려면 구 진보에서 새 진보로의 대전환을 통해 국민 신뢰를 회복해야 한다. 이를 바탕으로 글로벌화와 지식기반경제 시대에서 생명력을 가질 수 있는 지속 가능한 진보, 민중의 실생활을 개선할 수 있는 실사구시의 진보, 국정운영 능력 면에서 보수와 경합할 수 있는 수권능력이 있는 진보로 거듭나야 한다.

이러한 새 진보는 이상주의를 지향하는 근본 진보가 아니라 현실주의를 지향하는 중도 진보가 될 것이다. 현 단계의 한국에서 중도 진보는 자율, 연대, 생태라는 21세기 새 진보의 보편적 가치를 지향하면서, 민주화와 글로벌화 시대에 더 이상 작동 불가능한 기존의 발전국가와 양극화를 심화시키기 때문에 지속 불가능한 현재의 신자유주의를 넘어서는 제3의 길을 추구해야 한다. 이러한 비전을 제시하면서 국민 신뢰 획득을 위한 사고와 행동의 준칙을 지켜야 한다. 특히 파업투쟁 및 거리투쟁 일변도의 전투주의를 버려야 한다.

북한 주민의 인권 보장을 강력히 요구해야 진보가 정당성을 획득할 수 있다. 쟁취만이 아니라 나눔을 통해, 투쟁만이 아니라 합의를 통해 진보적 가치를 실현하려고 해야 국민적 지지를 얻을 수 있다. 진보의 동력은 궁극적으로 진보정당이나 진보적 노동운동과 시민운동이 아니라 국민대중에서 나온다. 이런 까닭에 진보가 힘을 얻으려면 항상 국민의 평균적 정서와 욕구에 기초하여 사고하고 행동해야 한다.

국민 각계각층의 다양하고 가변적인 욕구를 좋은 정책을 통해 충족시키는 능력, 그레이트 코리아(Great Korea)를 원하는 국민의 소망을 실현하는 능력이 입증될 때 진보에 동력이 생긴다는 점을 잊어서는 안 된다. 진보 의제를 확대하여 진보세력의 스펙트럼을 넓혀야 한다. 계급으로부터 젠더, 생태, 소수자 권리로 나아가는 진보의 내포적 심화뿐만 아니라, 전통적으로 보수의 의제에 속했던 안보, 성장, 효율, 생산성 등을 진보적 의제로 담아내는 진보의 외연적 확장이 요청된다. 노동자와 시민의 권리뿐만 아니라 윤리에 관한 의제도 제시해야 한다.

글로벌화와 지식기반경제 시대에 지속 가능한 평등과 연대 정책을 제시해야 한다. 단순한 재분배 중심의 소득기반 평등주의로부터 생산성을 높이는 자산기반 평등주의로, 노동자들 내부에서 단순히 임금 격차를 줄이는 연대임금정책으로부터 지식 격차를 줄이는 연대지식 정책으로 나아가야 한다. 생산성과 효율성에 의해 뒷받침되지 않는 평등과 연대는 지속 불가능하기 때문이다. 구 진보와 단절하고 이러한 새 진보를 향한 대전환을 할 수 있을 때, 한국의 진보에 지금의 절망에서 벗어나 나라 발전을 주도할 수 있는 새로운 희망의 길이 열릴 것이다.

(경향신문, 시론, 2008.4.21)

10 | 진보가 사는
열 가지 길

한국의 진보는 지금 패러다임을 바꾸는 획기적인 대전환을 하지 않으면 완전히 주변세력으로 몰릴 대위기에 직면하고 있다. 그동안 진보의 위기에 대한 다양한 분석이 있었지만 궁극적으로는 과거 진보세력의 생각과 행동이 국민으로부터 불신을 받았기 때문에 실패하고 위기에 처했다고 할 수 있다.

진보가 재생하기 위해서는 구 진보의 오류를 시정하고 그 편향을 극복하여 국민의 신뢰를 회복할 수 있는 새 진보의 길로 가야 한다. 지난 28일 고려대에서 있었던 좋은정책포럼 창립 2주년 심포지엄에서 필자가 했던 기조발제를 중심으로 새 진보가 지향해야 할 사고와 실천의 준칙(準則)을 정리해보면 이렇다.

첫째, 이념에서 출발하지 말고 실생활에서 출발하자. 실생활보다 이념에서 출발한 경향이 강했던 구 진보의 실패를 반면교사로 삼아 새 진보는 철저하게 실생활에서 출발하는 실사구시의 진보, 실용 진보를 지향해야 한다. 둘째, 이상주의와 근본주의에 빠지지 말자. 실현 불가능한 대안을 추구하는 이상주의, 다양한 가치의 공존을 배격하는 근본주의는 한국의 진보를 주변적 정치세력으로 밀려나게 만든 주된 이유 중의 하나이므로 새 진보가 대한민국의 발전을 주도하려는 중도진보 입장을 취한다면 이러한 오류를 시정해야 한다. 셋째, 국민의 평균적 정서와 동떨어진 정책을 제시하지 말자. 국민의 평균적 정서에서 진일보(進一步)한 정책을 제시하여 국민의 신뢰와 협력 속에 정책을 성공시키겠다는 자세를 가져야 한다. 넷째, 반시장경제, 반기업 이미지를 탈각하자. 새 진보는 시장경제를 토대로 한 국민경제를 생각하며 노동자의 일터이기도 한 기업을 경제사회 발전의 원동력으로 중시한다는 점을 분명히 밝혀야 한다. 다섯째, 민주주의라는 단일 차원만으로 사고하지 말자. 민중의 실생활을 개선시키는 데 민주주의는 필요조건이지만 충분조건은 아니다. 민주주의와 혁신의 결합을 통한 기업과 경제의 성장 없이는 노동자를 비롯한 민중의 삶의 질 향상을 기대할 수 없다는 점을 인식하자. 여섯째, 민족주의의 틀에 갇히지 말자. 이미 글로벌 경제로 이행한 시대에 기존의 민족경제론의 틀에 갇혀서는 안 되며 다문화 사회로 급격히 이행하고 있는 한국사회에서 기존의 민족문화론에 고착해서는 안 된다. 일곱째, 국가안보를 중시하자. 국가안보 담론에 부정적이거나 무관심한 진보세력을 국민들이 불안하게 생각하고 있기 때문에, 새 진보는 당면한 안보불안 요인인 북한 핵 폐기와 한반도 평화체제 구축을 위한 국가안보 정책을 적극 제시해야 한다. 여덟째, 북한 주민의 인권 보장을 요구하자. 인권과 민주주의를 강조하는 진보가 북한의 인권탄압과 독재에 대해 침묵해 왔기 때문에 진보가 국민으로부터 큰 불신을 받아 왔다. 새 진보는 햇볕정책 지속을 지지하면서도 북한 주민의 인권 개선을 강력히 요구해야 한다. 아홉째, 노동의 권리와 윤리를 함께 주장하자. 노동의 권리 신장에 상응하는 노동의 윤리가 실천되지 않아 노동운동이 사회적 고립을 당하고 있다. 생산성 및 품질 향상을 위한 작업장 참가, 시민·소비자·하청기업에 대한 노동조합의 사회적 책임 완수, 정규직 노동자들의 임금양보를 통한 비정규직 노동자 지원 등과 같은 노동 윤리를 실천해야 한다. 마지막으로 열째, 사회적 대화와 사회적 타협을 지향하자. 새 진보는 사회적 파트너들 간의 대화를 통해 사회적 타협에 이르는 것이 노동운동과 진보정당의 위상을 강화하고 나라발전, 지역발전에도 기여한다는 관점을 가져야 한다.

이러한 준칙들을 일관되게 지켜서 구 진보에서 새 진보로 환골탈태할 때 비로소 진보세력이 국민의 지지를 받아 대한민국의 발전을 주도할 수 있는 길이 열릴 것이다.

(조선일보, 시론, 2008.4.1)

11 | 경세제민의 길

경제라는 말의 어원은 동양에서는 경세제민(經世濟民)이다. 경세제민은 "세상의 이치를 알고 백성을 구제하기 위해 나라를 다스린다"는 뜻이다. 원래 경세제민은 왕조시대의 국가경영 철학이었다. 현대식으로 표현하면 경세제민은 "사회의 작동 원리를 분석하여 국민의 삶의 질을 높이기 위한 정책을 편다"는 뜻이 된다.

서양에서 경제(economy)의 어원은 고대 그리스어에서 가계를 뜻하는 오이코스(oikos)와 법칙을 뜻하는 노모스(nomos)가 합성된 것이다. 경제활동의 기본 단위인 가계의 행동 법칙, 즉 가정 살림살이가 경제인 것이다. 경제학(political economy)은 수많은 가계로 구성된 국가(polis) 차원의 경제활동 법칙을 다루는 학문이라는 뜻을 가진다. 나라 살림살이를 다루는 학문이 경제학이다.

서양에서 경제의 어원은 경제학의 분석방법의 특성을, 동양에서 경제의 어원인 경세제민은 경제학의 실천적 목표를 잘 나타내준다.

필자가 담당하는 정치경제학 강의 첫 시간에 경제학은 경세제민의 학문임을 학생들에게 강조한다.

경세제민을 하려면 근대경제학의 아버지로 불리는 알프레드 마샬이 영국 케임브리지 대학 초대 경제학부장 취임 연설에서 말한 것처럼, 경제학자나 위정자는 '차가운 머리와 따뜻한 가슴'(cool heads but warm hearts)을 가져야 한다. 세상의 이치를 알고 사회의 작동 원리를 파악하여 국민의 삶의 질을 높이려면 '차가운 머리'로 올바른 분석을 해야 함과 동시에 '따뜻한 가슴'으로 국민, 특히 어렵고 고통받는 국민을 사랑해야 한다.

오늘날 우리가 살아가는 세상은 자본주의 시장경제다. 따라서 자본주의와 시장경제의 원리를 파악하고 그것이 국민의 삶에 미치는 영향을 분석해야 하며 나아가 국민의 삶의 질을 높이기 위한 올바른 정책대안을 제시하는 것이 경세제민의 길이다.

2008년 세계경제위기는 금융자본이 지배하는 자본주의, 고삐 풀린 자유시장경제, 주주의 이익만 고려하는 주주 자본주의가 국민경제를 크게 불안정하게 만들고 양극화와 불평등을 심화시켰다는 사실을 보여주었다. 이러한 자본주의와 시장경제는 중소기업, 자영업자, 노동자 등 다수 국민의 삶을 불안하고 피폐하게 만든다는 것이 증명되었다. 그뿐만 아니라 그러한 자본주의와 시장경제는 지속 불가능할 것이라는 관측이 지배적이다.

따라서 경세제민을 위해서는 금융자본이 산업자본에 헌신하는 자본주의, 주주와 노동자와 소비자와 협력업체와 지역주민의 이익을 함께 고려하는 이해관계자 자본주의, 모든 국민에게 인간다운 삶을 보장하는 복지 자본주의, 국가의 적절한 개입과 시민사회의 민주적 통제를 통해 규제되고 조정되는 시장경제로 나아가야 한다. 인간과 인간이, 인간과 자연이 공생하는 시장경제로 나아가야 한다.

특히 우리나라의 경우 재벌이 중소기업을 지배하고 수탈하는 재벌자본주의가 아니라 대기업과 중소기업이 동반성장하고 강자와 약자가 공생하는 복지 자본주의로 나아가야 한다. 중앙집권─수도권 일극발전체제를 지방분권─다극발전체제로 전환해야 한다. 대한민국의 장기 발전을 가로막고 남북한 주민에게 고통을 주는 분단체제를 극복하여 통일한국을 건설해야 한다.

요컨대 지금 대한민국에서 경세제민의 길은 복지국가, 분권국가, 통일국가를 실현하는 것이다. 이러한 3대 국가비전을 실현하는 것이 시대적 과제요 시대정신이다. 2012년 대선은 이와 같은 경세제민의 길을 개척하는 역사적 계기가 되어야 한다. 복지·분권·통일의 국가비전을 실현할 리더십을 갖추고 있는 대선후보를 대통령으로 뽑아야 대한민국의 미래가 있다.

(영남일보, 아침을 열며, 2012.9.17)

12 | 새로운 대한민국을 위한 국가비전

대선이 60일도 채 남지 않았다. 우리나라는 5년마다 한 번 치르는 대선을 통해 사회가 요동치면서 매우 역동적으로 변해 왔다. 이번 대선도 예외는 아닐 것이다.

지난 5년간 이명박 정부의 국정과 대선 후보들이 내세우는 비전과 정책 그리고 대선 후보의 인물 등에 대한 평가가 국민들의 선택에 영향을 미칠 것이다. 이번 선거가 진정한 정책선거가 되기 위해서는 각 대선후보들이 분명한 국가비전을 내세우고 그것을 실현할 주요 정책을 공약해야 하며, 유권자도 국가비전과 주요 정책을 보고 투표해야 한다.

국민들은 새로운 대한민국을 요구하고 있다. 경제와 사회의 양극화가 날이 갈수록 심화되고 국민의 삶이 매우 불안하며 청년층을 비롯한 다수 국민이 장래에 대한 희망을 잃고 방황하고 있다. 따라서 이번 대선은 국민에게 희망을 줄 새로운 대한민국이 실현되는 역사적 계기가 되어야 한다. 새로운 대한민국 실현을 위한 국가비전의 경쟁이 이루어지는 장이 되어야 한다.

2013년 이후 새로운 대한민국이 지향해야 할 국가비전은 복지국가, 분권국가, 통일국가가 되어야 한다. 개발국가로부터 복지국가로, 중앙집권국가로부터 지방분권국가로, 분단국가로부터 통일국가로 나아가는 대전환이 이번 대선을 계기로 이루어져야 한다.

성장지상주의와 시장만능주의가 초래한 경제와 사회의 심각한 양극화, 그리고 삶의 불안을 해소하기 위해서는 복지국가로 나아가야 한다. 실업급여의 기간을 연장하고 급여수준을 높이며 보육·노인요양·의료·교육 등의 사회서비스를 모든 국민에게 무상 혹은 저가로 제공하는 보편적 복지가 실시되어야 한다. 재벌지배체제를 극복하는 경제민주화 정책, 중소기업과 중산층을 육성하는 실효성 있는 산업정책, 노동정책, 교육정책, 조세정책이 실시되어야 한다.

수도권과 비수도권 간에 날이 갈수록 심화되는 지역격차를 해소하기 위해서는 지방분권국가로 나아가야 한다. 중앙집권 수도권 일극 발전체제를 지방분권 지역다극 발전체제로 전환시킬 종합적인 지방분권정책이 실시되어야 한다. 이름만 있고 내실이 없는 광역경제권 형성 정책을 내실 있게 체계적으로 실시해야 한다. 그래서 수도권에 버금가는 성장축을 영남권, 호남권, 충청권 등에 형성해야 한다.

지방정부가 입법권과 행정권과 재정권을 가질 수 있도록 헌법을 개정해야 한다. 지방분권국가로 만드는 지방분권 개헌은 새로운 대한민국을 만드는 필수적 개혁 과정이다. 광역지방정부가 권한과 세원과 인재를 가지고 스스로의 기획과 책임 아래 지속 가능한 지역발전을 주도할 수 있는 시스템을 구축해야 한다. 이러한 지방분권 시스템 구축은 남북통일의 토대를 놓는 과정이기도 하다.

　분단국가에서 통일국가로 나아가는 남북통일 과정은 우리 민족의 숙원을 이루는 길이다. 통일이 일시적 사건이 아니라 장기적 과정으로 될 수밖에 없기 때문에 통일국가를 만들어 가는 경로를 설정하고 로드맵에 따라 일관된 통일정책을 실시해야 한다. 남한과 북한 간 긴장을 조성하고 있는 전쟁체제를 평화체제로 전환시키는 것은 가장 시급한 과제이다. 이어서 남북한 경제공동체 혹은 한반도 경제권 형성 정책이 추진되어야 한다. 엄청난 격차와 이질성을 보이고 있는 남한과 북한을 '하나의 한국(One Korea)'으로 만드는 사회통합을 위한 중장기 종합정책을 추진해야 한다.

　새로운 대한민국을 구성하는 복지국가, 분권국가, 통일국가라는 3대 국가비전을 실현하기 위해서는 반드시 여와 야, 보수와 진보 간에 사회적 합의가 이루어져야 한다. 당장 대선 후보 3인이 이러한 3대 국가비전 실현에 합의하는 공동선언을 채택할 필요가 있다.

(영남일보, 아침을 열며, 2012.10.22)

13 | 『안철수의 생각』과 한국사회의 과제

　　　　　　　　『안철수의 생각』이 최고의 베스트셀러로 선풍적인 인기를 끌고 있습니다. 이러한 인기는 한편으로는 안철수 교수가 이미 유력한 대선후보의 반열에 올라 있고 다른 한편으로는『안철수의 생각』에 지금 한국사회의 시대정신이 담겨 있기 때문일 것입니다.

　'안철수 현상'이 정치적, 경제적 및 문화적으로 낡은 체제에 갇혀 있는 한국사회에 대해 분노하고 절망하면서 새로운 대한민국을 갈망하는 시민들의 희망이 집결된 것이라면, 『안철수의 생각』은 낡은 체제를 넘어선 새로운 체제가 지향해야 할 시대정신을 반영하고 있습니다. 책에 담겨 있는 내용은 안 교수가 공감한 시대정신이라고 봐야 할 것입니다.『안철수의 생각』에는 한국사회가 해결해야 할 핵심과제가 거의 망라되어 제시되어 있습니다.

　안철수 교수가 생각하는 낡은 체제는 사회갈등을 증폭시키는 정치시스템, 빈부격차를 심화시키고 일자리 창출을 못 하는 경제시스템, 공정한 기회를 부여하지 못하는 기득권 과보호 구조, 승자독식 사회, 계층이동이 차단된 사회구조, 국민의 생각을 받들지 못하는 정당들입니다. 여기서 안 교수는 낡은 체제를 구성하는 정치, 경제, 사회 시스템 전반에 대한 비판에 더하여 이러한 낡은 체제의 극복을 바라는 국민의 요청에 부응하지 못하는 현재의 정당정치를 비판하고 있는 점이 주목됩니다.

안 교수는 성장과 효율성만 중시하고 경제력 집중과 양극화를 방치하는 것, 사회적 약자의 인권을 외면하는 것, 민주화를 무시하는 산업화 논리와 산업화를 무시하는 민주화 논리에서 탈피하지 못하는 것, 정치권의 진영논리 등을 구체제적 사고라고 비판합니다. 안 교수가 비판하는 구체제적 사고는 결국 신자유주의와 자유시장주의와 편협한 산업화 논리와 민주화 논리 그리고 진영논리입니다.

우리나라가 지금 이러한 구체제와 구체제적 사고에 갇혀 있기 때문에 대다수 국민이 고통을 당하고 있는 것이 사실입니다. 한편으로는 낡은 체제라는 구조에 깊이 절망하고, 다른 한편으로는 낡은 체제를 고수하려는 기존의 보수와 그 낡은 체제를 극복하는 비전과 역량을 보여주지 못한 기존의 진보에 크게 실망한 국민들이 안철수로 표상되는 새로운 인물과 비전에 희망을 걸고 있는 것입니다. 이것이 바로 지난 1년 동안 태풍처럼 지속되고 있는 '안철수 현상'입니다.

이러한 구체제를 극복하고 새로운 체제로 나아가야 하는 것이 지금 이 시대 한국사회의 과제입니다. 안 교수는 "미래세대가 꿈을 키우고 행복을 느끼며 자랑스러워할 수 있는 사회"를 우리가 열망하는 사회라고 봅니다. 우리가 지향해야 할 새로운 체제는 "평화 위에 세우는 공정한 복지국가"라고 생각하고 있습니다. 복지, 정의, 평화를 3대 가치로 들고 있습니다.

안 교수는 보육, 의료, 교육, 노후 등에 대한 보편적 복지를 단계적으로 실현하고, 재벌체제 개혁을 비롯한 경제민주화를 통해 공정한 시장경제 질서를 수립하는 정의를 구현하며, 남북통일을 추구하면서 평화체제를 구축해야 한다고 주장합니다. 복지, 정의, 평화라는 3대 가치를 지향하는 새로운 체제는 소통과 합의를 통해 실현해야 한다고 주장합니다.

이러한 복지, 정의, 평화의 가치는 누구도 부정할 수 없는 시대정신입니다. 이 3대 가치는 낡은 체제를 넘어선 새로운 체제의 핵심가치임에 틀림없습니다. 이 3대 가치에다 창조나 공생과 같은 가치가 결합된다면, 그 시대정신은 지속 불가능한 신자유주의 발전모델을 넘어 지속 가능한 대안적 발전모델로 나아가는 한국사회 발전모델의 대전환(Great Transformation)을 추동할 수 있을 것입니다.

안 교수는 경제성장 전략이 추격자 전략(fast follower)에서 선도자 전략(first mover)으로 나아가야 한다고 주장합니다. 한국경제의 지속 성장을 위해서는 이러한 경제성장 전략의 전환이 필수적입니다. 그런데 추격자가 아니라 선도자가 되려면 모방을 넘어서 창조를 할 수 있어야 합니다. 모방을 통한 추격(catch-up)을 넘어 창조를 통한 추월과 선도를 지향해야 합니다. 따라서 창조(creation)는 우리 시대가 지향해야 할 핵심 가치가 되어야 한다고 생각합니다.

창조적 파괴를 하는 혁신, 혁신을 통해 기업의 사회적 책임(CSR)을 수행하면서 이윤을 추구하는 기업가 정신이 충만해야 한국경제의 지속성장이 가능합니다. 인간과 인간 사이, 그리고 인간과 자연 사이의 공생은 우리 시대가 지향해야 할 또 다른 핵심가치입니다. 대기업이 중소기업을 수탈하는 경제시스템, 생태계를 파괴하는 사회경제시스템으로서는 한국경제의 지속 가능한 발전을 기대할 수 없습니다. 한국경제가 양극화 침체를 넘어 동반성장으로 나아가려면 공존과 호혜와 협력을 추동하는 공생(symbiosis)의 가치 지향이 필수적입니다.

『안철수의 생각』속에는 그동안 한국사회에서 쟁점이 되어 온 여러 가지 정책 이슈들에 대한 안 교수의 입장이 제시되어 있습니다. 시장만능주의와 주주자본주의 극복, 이해관계자 자본주의 지향, 재벌의 순환출자 금지와 금산분리 강화, 투기자본에 대한 방화벽 설치, 재벌개혁과 중소기업 중심 경제체제, 재벌해체 반대, 기업집단법 제정, 의료민영화 반대, 공기업 민영화 반대, 정책금융기관 민영화 반대, 민자유치 방식의 공공서비스 확충 반대, 한미 FTA 적극적 재협상, 식량안보 중시와 식량자급률 제고, 대−중소기업 간 동반성장, 비정규직에 대한 차별철폐, 노동시간 단축과 일자리 나누기, 대학입시의 기회균등전형, 평생교육 강화, 수도권 규제 유지, 인재지역할당제 실시, 탄소세 부과, 신재생에너지로의 전환을 통한 장기적 탈원전, 남북협력 진전과 북한 인권에 대한 발언, 장기적 관점의 유연한 대북전략, 대미・대중 외교의 적절한 균형 등등, 한국사회 거의 모든 영역에 걸친 정책 이슈에 대해 자신의 생각을 밝히고 있습니다.

이러한 입장들은 합리적 진보주의자로서의 안 교수의 면모를 잘 보여줍니다. 시장만능주의와 주주자본주의 극복, 이해관계자 자본주의 지향, 재벌의 순환출자 금지와 금산분리 강화, 의료와 공기업의 민영화 반대, 비정규직 차별 철폐, 투기자본에 대한 방화벽(금융안전망) 설치, 장기적 탈원전 등의 입장은 안 교수가 진보주의자임을 말해줌니다. 재벌해체 반대, 점진적 경제민주화, 북한 인권에 대한 발언 등의 입장은 그가 중도 진보주의자임을 보여줍니다. 수도권 규제 유지와 인재지역할당제 실시를 강조하고 있는 점은 그가 지역균형발전론자임을 보여줍니다. 한미 FTA 적극적 재협상, 장기적 관점의 유연한 대북전략, 대미·대중 외교의 적절한 균형과 식량안보 중시 입장은 그가 전략적 애국주의자임을 말해줍니다.

이러한 입장들은 시대정신을 반영한 것이기 때문에 안 교수의 전유물일 수 없습니다. 누구든지 건전한 상식이 있는 사람이라면 동의하지 않을 수 없는 한국사회의 시대적 과제인 것입니다. 따라서 이러한 입장들은 문재인 등 민주당 대선후보들도 거의 대부분 공유하고 있는 입장이고 보수정당인 새누리당 박근혜 후보도 일정 부분 동의하는 것입니다. 시대정신은 동시대를 살아가는 사람들의 보편적 소망이고 민심입니다. 『안철수의 생각』에는 그러한 민심이 반영되어 있습니다.

그런데 『안철수의 생각』에는 지방분권이라는 시대정신을 찾아볼 수 없습니다. 복지국가는 강조하지만 분권국가에 대한 문제의식이 없습니다. 수도권 집중체제의 문제점 인식과 그것을 해소할 대안(수도권 규제 유지, 인재지역할당제, 지방대 육성)제시는 적절하지만 중앙집권제체의 문제점에 대한 인식이 없습니다. 『안철수의 생각』에는 지방분권과 지역혁신에 기초한 내생적 지역발전의 비전이 결여되어 있습니다.

중앙집권체제는 지방자치를 부정하여 지역의 자율성과 상상력과 성장 잠재력을 억압하고 있는 낡은 체제입니다. 중앙집권제체는 글로벌화, 정보화, 지식기반경제 시대에 부적합한 낡은 체제입니다. 중앙집권국가를 지방분권국가로 전환시키는 헌법개정을 해야 대한민국을 온전한 자치를 하는 지역공동체에 기반한 새로운 체제로 만들 수 있습니다. 중앙집권적 복지국가가 아니라 지방분권적 복지공동체(welfare community)가 실현되어야 지방정부가 지역 노사 및 시민사회와 파트너십을 형성하여 보육, 양로, 의료, 교육 등의 사회서비스를 보편적 복지 형태로 지역주민에게 제공할 수 있고 지역 일자리를 창출할 수 있으며 사회적 경제 중심의 새로운 지역 성장 동력을 창출할 수 있습니다.

평화는 강조되고 있는데 통일과 안보에 대한 비전이 취약합니다. 통일을 일회적 사건이 아니라 과정으로 보는 올바른 관점을 취하고 있지만 통일한국의 비전은 제시되고 있지 않습니다. 장기적 관점의 유연한 대북 전략의 필요성은 지적하고 있지만 김대중·노무현 정부의 대북 포용정책과 이명박 정부의 대북 압박정책을 넘어선 새로운 대북전략은 제시되고 있지 않습니다. 분단한국을 넘어선 통일한국의 비전이 제시되고 있지 않습니다. 식량안보의 필요성은 잘 제시하고 있으나 긴장과 갈등이 고조되고 있는 동북아 국제질서 속에서 대한민국이 취해야 할 국가안보전략은 제시되고 있지 않습니다. 대미·대중 외교의 적절한 균형의 필요성을 올바르게 지적하고 있지만, 대한민국의 운명과 직결된 한·중·일을 포함한 동아시아 공동체 형성의 문제는 빠져 있습니다.

양성평등 문제에 대해서는 국가예산 편성에서 성차별을 없애는 성인지예산제의 필요성은 잘 제시하고 있으나 사회 각 부문에서 여성의 역할을 높이는 성주류화(gender mainstreaming)를 위한 정책대안이 제시되고 있지 못합니다. 특히 여성의 사회 참여와 고용률을 획기적으로 높일 수 있는 '일-가정 균형(work-family balance)'을 위한 정책대안 제시도 취약합니다.

　이러한 결여와 취약점들이 보완되고 좀 더 구체화된다면『안철수의 생각』은 2012년 현 시점의 한국의 시대정신을 대변하는 경세제민(經世濟民)의 길잡이가 될 수 있을 것입니다. 그런데 문제는 이러한『안철수의 생각』이 어떻게 '안철수의 행동'으로 나타날 것인가 하는 것입니다.『안철수의 생각』을 읽고 국민은 안철수 교수의 생각을 알게 되고 그의 생각에 크게 공감하고 있습니다. 이제 국민이 기대하는 것은 안철수의 행동입니다.

　안철수 교수가 어떻게 자신의 생각을 행동으로 옮길 것인가?『안철수의 생각』이 시대정신을 반영하고 있다면 그러한 시대정신을 동시대 한국인들이 어떻게 구현할 것인가? 낡은 체제를 넘어서는 새로운 체제를 수립할 수 있는 주체는 어떻게 형성될 것인가? '안철수 현상'을 강고한 실체로 만들고『안철수의 생각』을 실천할 수 있는 정치 형태는 무엇인가? 이러한 질문들에 대한 명확한 응답이 새로운 대한민국을 갈망하는 국민들 앞에 긴급하게 제시되어야 합니다.

　오늘 복지국가소사이어티, 생활정치연구소, 좋은정책포럼, 진보와 개혁을 위한 의제 27 등 4개 싱크탱크들이 경향신문과 공동 주최하는 특별심포지엄 '한국정치와 안철수'는 이러한 질문들에 대한 다양한 응답을 토론하는 자리입니다. 2012년 대선을 100여 일 앞둔 시점에 개최하는 오늘의 심포지엄이 의미 있는 행사가 되기를 기대합니다. 귀중한 시간을 내시어 참석해주신 여러분께 깊이 감사드립니다.

(경향신문, 한국정치와 안철수 심포지엄 개회사, 2012.9.4)

14 『안철수의 생각』과 시대정신

　　　　　　『안철수의 생각』이 최고의 베스트셀러로 선풍적인 인기를 끌고 있다. 보수 진영은 이 책을 폄훼하고 있고 진보 진영은 대체로 총론에 동의하는 편이다.

　『안철수의 생각』은 어디까지나 대담집이고 연구서나 정책제안서가 아니다. 따라서 이 책을 학술적 잣대로 평가할 수 없다. 그렇지만 저자가 유력한 대선후보 반열에 올라 있기 때문에 이 책에 대한 정당한 평가가 이루어져야 한다. 정파적 이해에 따라 깎아내리거나 치켜세워서는 안 된다.

　『안철수의 생각』에는 지금 한국사회의 시대정신이 담겨 있다. '안철수 현상'이 낡은 체제에 갇혀 있는 한국사회에 대해 분노하고 절망하면서 새로운 대한민국을 갈망하는 시민들의 희망이 집결된 것이라면, 『안철수의 생각』은 낡은 체제를 넘어선 새로운 체제가 지향해야 할 시대정신을 담고 있다.

안철수 교수가 생각하는 낡은 체제는 사회갈등을 증폭시키는 정치시스템, 빈부격차를 심화시키고 일자리 창출을 못 하는 경제시스템, 공정한 기회를 부여하지 못하는 기득권 과보호 구조, 승자독식 사회, 계층이동이 차단된 사회구조, 국민의 생각을 받들지 못하는 정당들이다.

안 교수는 성장과 효율성만 중시하고 경제력 집중과 양극화를 방치하는 것, 사회적 약자의 인권을 외면하는 것, 민주화를 무시했던 산업화 논리와 산업화를 무시했던 민주화 논리에서 탈피하지 못한 것, 정치권의 진영논리 등을 구체제적 사고라고 비판한다.

우리나라가 지금 이러한 구체제에 갇혀 있어 국민들이 절망하고 분노하고 있다는 것이 안 교수의 현실 진단이다. 누구든지 건전한 상식을 가지고 우리 현실을 직시하면 그러한 진단을 내리지 않을 수 없을 것이다.

이러한 구체제를 극복하고 새로운 체제로 나아가야 하는 것이 지금 이 시대의 과제다. 안 교수는 '미래세대가 꿈을 키우고 행복을 느끼며 자랑스러워할 수 있는 사회'를 우리가 열망하는 사회라고 본다. 우리가 지향해야 할 새로운 체제는 '평화 위에 세우는 공정한 복지국가'라고 생각한다. 복지, 정의, 평화를 3대 가치로 들고 있다.

보육·의료·교육·노후 등에 대한 보편적 복지를 단계적으로 실현하고, 재벌체제 개혁을 비롯한 경제민주화를 통해 공정한 시장경제 질서를 수립하는 정의를 구현하며, 남북통일을 추구하면서 평화체제를 구축해야 한다고 주장한다. 이러한 복지, 정의, 평화의 가치는 누구도 부정할 수 없는 시대정신이다. 여기에다 창조나 공생과 같은 가치를 추가한다면 좀 더 포괄적으로 시대정신을 표현할 수 있을 것이다.

주주자본주의 극복과 이해관계자 자본주의 지향, 금산분리 강화, 재벌해체 반대, 의료민영화 반대, 공기업 민영화 반대, 정책금융기관 민영화 반대, 한·미 FTA 적극적 재협상, 동시다발적 FTA 유보, 식량 안보 중시, 수도권 규제 유지, 인재지역할당제 실시, 장기적 탈원전, 북한 인권에 대한 발언, 대미·대중 외교의 적절한 균형 등 그동안 한국사회에서 쟁점이 되어 온 정책 이슈들에 대한 입장은 합리적 진보주의자로서의 안 교수의 면모를 보여준다.

이러한 입장들은 시대정신을 반영한 것이기 때문에 안 교수의 전유물일 수 없다. 문재인 등 민주당 대선후보들도 거의 대부분 공유하는 입장이고 새누리당 박근혜 후보도 상당 부분 동의하는 것이다.

그런데 『안철수의 생각』에는 지방분권이라는 시대정신이 소홀히 취급되고 있다. 복지국가는 강조하지만 분권국가에 대한 문제의식이 부족하다. 평화는 강조하는데 통일과 안보에 대한 비전이 취약하다. 이런 취약점들이 보완되고 체계화된다면 『안철수의 생각』은 시대정신을 대변하는 경세제민의 길잡이로 진화할 수 있을 것이다.

(영남일보, 아침을 열며, 2012.8.20)

15 | 진보적 성장론이
      필요하다

흔히 진보는 분배를 중시하고 성장을 소홀히 한다는 고정 관념이 형성되어 있다. 이러한 고정 관념은 한국에서나 세계 수준에서 기존의 진보에 대해서 볼 때는 현실과 부합한다. 전통적으로 진보는 분배, 복지, 생태를 강조해 온 것이 사실이기 때문이다.

그런데 성장과 분배를 서로 대립적으로 인식해서는 안 된다. 성장 없는 분배는 결국 주어진 크기의 파이를 나누어 먹는 제로섬 게임이 되고 만다. 이러한 상태에서는 경제가 침체하는 가운데 서로 더 큰 몫을 차지하려는 계층 간 투쟁이 나타난다. 이윤이 늘어나면 임금이 줄어들고 임금이 상승하면 이윤이 하락한다. 이러한 제로섬 게임의 분배 투쟁은 경제를 더욱 침체시켜 분배 몫을 줄이는 악순환을 낳는다.

적절한 분배 없는 성장은 지속될 수가 없다. 임금이 지나치게 낮고 이윤이 높으면 투자는 확대될 수 있으나 노동자들의 소비수준이 낮아 판로가 제한되고 생산이 확대될 수 없어 결국 경제성장이 이루어질 수 없다. 지나친 고임금은 이윤을 압박하여 투자를 위축시키고 지나친 저임금은 소비를 위축시켜 경제성장에 부정적 효과를 미친다. 적절한 임금과 이윤이 유지되어야 성장이 지속될 수 있다.

그런데 성장이 지속되어야 분배가 개선되고 복지가 향상될 가능성이 높아진다. 저소득층의 분배가 개선되고 빈곤층의 복지 수준이 높아지려면 노동자의 임금이 상승하고 정부의 조세수입이 늘어나야 한다. 임금이 지속적으로 상승하고 조세수입이 계속 늘어나려면 경제가 성장해야 한다. 특히 경제가 성장해야 일자리가 늘어날 수 있고 일자리가 늘어나야 노동자들의 분배가 개선될 수 있다.

따라서 분배와 복지를 강조하는 진보주의자들은 성장을 무시할 수 없다. 성장 없이 노동자와 빈민의 분배와 복지가 향상되려면 정부 재정적자와 국가부채가 늘어날 수밖에 없다. 과다한 재정적자와 국가부채는 결국 경제침체와 경제위기를 부른다. 그리스발 유럽 금융위기는 바로 이러한 성장 없는 분배와 복지 추구가 초래한 것이다.

이러한 관점에서 보았을 때 진보진영은 진보적 성장론을 제시해야 한다. 진보적 성장론은 '성장론 없는 분배론과 복지론과 생태론'에 편향되어 있는 기존의 진보의 입장을 넘어서려는 새로운 진보의 입장이다. 그것은 '분배와 복지와 생태 없는 성장론'에 빠져 있고 부익부 빈익빈의 '양극화 성장'을 초래할 보수적 성장론과도 구분되어야 한다.

생태계 보호를 강조하는 지속 가능 성장론, 계층 간·부문 간·지역 간 균형발전을 추구하는 동반성장론, 빈곤층과 취약계층에 대한 사회투자를 통해 그들의 생산성을 높이고 고용 기회를 확대하려는 포용적 성장론(inclusive growth) 등은 대표적인 진보적 성장론들이다.

부자와 빈자 간, 대기업과 중소기업 간, 수도권과 지방 간 양극화가 날이 갈수록 심화되고 있고, 비정규직과 영세 중소기업노동자와 실직자에 대한 교육훈련 투자가 매우 빈약하며, 국제경제협력개발기구(OECD) 국가 중에서 온실가스 배출량이 가장 빠른 속도로 증가하고 있는 우리나라에서 진보적 성장론이 절실히 요청되고 있다.

보수적인 이명박 정부가 지향하는 녹색성장론에 대해 진보진영은 대체로 냉소적 반대의 입장을 보이고 있다. 현 정부의 녹색성장론은 4대강 사업에서 보는 것처럼 녹색을 심각하게 파괴할 우려가 있다. 그렇다고 녹색성장 그 자체를 배격해서는 안 된다. 성장보다 녹색을 더 강조하는 진보적 녹색성장론을 적극적으로 제시해야 한다.

21세기 새로운 경제패러다임은 지식경제와 녹색경제가 결합된 '지식기반 녹색경제'이다. '모두를 위한 지식', '모두를 위한 녹색'이라는 키워드를 설정하고, 지식과 녹색을 성장 동력으로 삼는 지속 가능한 성장경로를 제시하는 것이 진보적 성장론의 과제이다.

(한국일보, 아침을 열며, 2010.6.28)

16 | 學而思와 '한국적 제3의 길'

논어 爲政편에서 공자는 "學而不思則罔 思而不學則殆"라 했다. "배우기만 하고 생각하지 않으면 어둡고, 생각하기만 하고 배우지 않으면 위태롭다." 나는 공자의 이 가르침을 되새기면서 교수생활을 해야 한다고 다짐해 왔지만, 실제는 學而不思 아니면 思而不學 중 어느 한쪽으로 치우친 경우가 적지 않았음을 고백하지 않을 수 없다.

경제학 고전이나 기존 論著를 이해하고 해석하는 데 급급해 내 자신의 독자적 사고를 하지 못하고, 수입된 경제학 이론을 우리의 역사와 문화와 제도를 심사숙고하지 않은 채, 우리 사회에 기계적으로 적용한 책이나 논문을 쓴 일이 한두 번이 아니었다. 반대로, 우리 사회의 특수성을 고려한 독창적 이론이 중요하다는 생각에서 보편적 이론의 중요성을 망각한 채 '족보 없는 입론'을 펼친 일 또한 적지 않았다.

경제학을 포함한 사회과학계에서 연구하고 교육하는 교수들 중 나처럼 學而不思하거나 思而不學한 경험을 가진 분들이 아마도 더러 있을 것이다. 공자 말씀처럼 학이불사는 어둡고 사이불학은 위태롭다. 학문의 세계적 보편성을 과신한 나머지 서구이론을 무비판적으로 수용하는 교수들과 우리 사회의 특수성을 지나치게 강조한 결과 국제적 통용성 없는 한국학에 집착하는 교수들 모두 우리나라의 학문 발전에 제대로 기여하기 어려울 것이다.

1997년의 파국적 외환위기 이후 지난 10여 년 동안 나는 한국경제의 대안적 발전모델을 연구해 왔다. 개발독재 모델 혹은 발전국가 모델로 불리는 한국 경제발전모델이 일순간 무너져 내리고 IMF 관리체제에 들어가는 수모를 겪는 사태를 보면서, 경제학자로서 경제위기를 예측하지도 못하고 위기극복책을 제시하지도 못한 무능함에 심한 자책감과 부끄러움을 느꼈다.

이러한 반성에서 나는 한국경제의 대안적 발전모델 연구에 집중하기로 마음을 먹었다. 기존의 개발독재 모델과 IMF 관리체제 아래에서 강요된 신자유주의 모델을 넘어서는 '제3의 길'을 찾는 연구에 집중했다.

우선 내가 근거해 왔던 정치경제학의 관점과 방법론을 재검토하고 외람되게도 '새정치경제학'이란 제목을 단 책을 내고 관련 논문도 한두 편 썼다. 나는 정치경제학의 혁신이 필요함을 역설했다. 실사구시의 자세로 기존의 정치경제학 이론에 집착하지 말 것을 주장했다.

나의 새로운 시도에 대해 학계 한 동료 교수는 '새로움의 미덕과 위험'이라는 제목의 서평을 썼다. 학문의 깊이가 얕은 주제에 새로운 사고를 하는 것의 위험, 공자 왈 "思而不學則殆"란 경고를 듣는 것 같아 몸 둘 바를 몰랐다.

이러한 새로운 방법론 정립을 위한 시도와 함께, 대안적 발전 모델로서 '혁신주도 민주적 시장경제'니 '혁신주도 동반성장 체제'니 하는 것을 제시하려고 했다. '지속 가능한 진보'라는 새로운 진보의 길을 모색하기도 했다. 이러한 대안적 발전모델을 모색하는 데는 자본주의 가변성과 다양성에 주목하는 조절이론의 방법론에 기초하고 자본주의의 다양성론과 앤서니 기든스의 '제3의 길' 관점을 참고했다.

제3의 길에 대한 한국 학계의 태도를 보면 학이불사하는 완고파와 사이불학하는 실용파 두 편향을 볼 수 있다. 사회민주주의의 길과 신자유주의 길 두 개만이 있을 뿐 '제3의 길은 없다'고 보는 완고파는 學而不思則罔의 오류를 범하고 있으며, 상충하는 두 경제사상 및 정책 체계를 자의적으로 섞고 단순 절충하는 실용파는 '사이불학즉태'의 오류를 범하고 있다.

부처를 죽여야 부처의 경지에 도달할 수 있고, 마르크스를 죽여야 마르크스의 통찰에 도달한다는 말이 있듯이, 학이불사도 아니고 사이불학도 아닌 學而思의 경지에 도달해야, 고전을 배우면서도 그것을 혁신하려는 정신을 가져야, 참다운 학문을 하는 교수라 하겠다. 제3의 길은 이미 죽었다고 하는 사람들이 있지만, 나는 학이사 정신으로 학문에 정진할 때 새로운 진보의 길로서 '한국적 제3의 길'이 개척될 수 있다는 신념을 아직 버리지 않고 있다.

(교수신문, 學而思, 2010.10.25)

17 | 이명박 정부의
'중도실용' 노선과
진보의 대안

1. 이명박 정부의 이른바 '중도실용'의 실체는 무엇이며 그
   전망은 어떠한가?

이명박 정부의 '중도실용'을 단순한 정치적 레토릭에 불과하다고
단정지을 수 없다고 생각한다. 즉, 그것을 실체가 없는 허위현상으로
볼 수 없다는 것이다. 정권 출범 이후 1년 반 동안에 발생한 두 개의
큰 사건, 즉 촛불시위와 노무현 전 대통령 서거에 따른 민심의 급격
한 이반에 대응하여 이명박 정부가 지지율 회복을 위한 전략으로 채
택한 것이 '친서민 중도실용' 노선이라고 판단된다. 여기에 2008년 세
계경제위기에 따른 국민경제 위기의 심화가 서민생활을 악화시킨 데
대한 반경기순환적(counter-cyclical) 정책적 대응의 필요성이 그러한 중

도노선을 취하게 한 요인 중의 하나였다고 생각된다.

주지하는 바대로 이명박 정부는 출범 초기에 친기업적인(business-friendly) MBnomics를 지향하고 있었다. 규제완화, 감세, 민영화, 법질서 확립 등 신자유주의적 정책을 추진하려고 했다. 이는 이명박 정부가 경쟁력과 성장을 앞세우면서 결국은 재벌을 비롯한 대기업의 이해를 대변한다는 인식을 낳게 만들었다. 종부세 완화와 같은 감세정책은 이명박 정부가 '부자에 의한, 부자를 위한 정부'라는 이미지를 형성하기에 충분하였다. 여기에 더하여 서민의 정서에 반하는 '강부자', '고소영' 내각 구성도 이명박 정부에 대한 민심 이반을 초래한 중요한 요인 중의 하나였다.

이러한 친기업적 지향과 친부자적 이미지가 출범 초기 이명박 정부가 실패하게 된 주된 원인이었다. 이와 함께 유례없는 범국민적 촛불시위와 노무현 전 대통령 서거에 대한 전 국민적 애도 물결 등은 이명박 정부의 정치적 및 도덕적 정당성에 큰 손상을 입혔다. 이러한 '보수의 실패'를 극복하기 위한 전략이 바로 '친서민 중도실용' 노선이었다 할 수 있다. 미소재단, 보금자리 주택, 등록금 후불제 등과 같은 정책을 실시하고, 중소기업과 영세 자영업자 지원을 확대하는 등의 친서민정책을 실시하고 있는 것이 중도실용의 실체라고 할 수 있다. 이러한 정책 실시와 함께 '친기업으로부터 친서민으로의 전환'이라는 정치적 상징 조작을 시도하고, 보수와 진보를 아우르는 중도를 지향하겠다고 선언하는 책략을 구사하였다.

이러한 친서민 중도실용 지향은 집권 초기에 지향했던 MBnomics와 매치되지 않는다. 뿐만 아니라 2008년 경제위기에 대응하여 실시한 확장적 재정정책과 녹색 뉴딜(Green New Deal)은 전형적인 신자유주의적 정책과 부합하지 않는다. 물론 신자유주의적 하향식 경제학(top-down economics)을 지향하는 MBnomics는 아직 건재하고 있지만 일단 일시적으로 전략적 후퇴를 하고 있는 것으로 보인다. 아무튼 이명박 정부가 자신의 '보수의 실패'를 만회하기 위해 보수에서 중도로 선회하는 실용적인 태도를 취하는 유연성을 보이고 있음에 주목할 필요가 있다.

이러한 친서민 중도 실용노선은 이명박 대통령에 대한 지지율을 크게 끌어올렸다는 점에서 일단 성과를 거둔 것으로 판단된다. 자신의 기존의 이념 노선에 집착하지 않고 상황에 따라 실용적으로 입장을 바꾸는 것은 일종의 포퓰리즘으로 볼 수 있지만, 이러한 태도는 대중의 상당한 지지를 확보하는 데 효력을 발휘하고 있는 것으로 보인다.

그런데 친서민 중도실용 노선과 MBnomics는 상충하기 때문에, 이명박 정부가 애초의 Mbnomics를 고수하고 경기가 회복되면 조만간 중도실용 노선은 사라질 것이다. 온건한 케인즈주의자인 정운찬 총리가 자신의 정책적 입장을 고수할 수 있다면, MBnomics와 케인즈 경제학이 불편하게 동거하는 상황이 지속될 것이다. 만약 양자가 어렵사리 결합된다면 '보수적 제3의 길'이 전개될 가능성도 있다. 보수가 중도를 선점하여 '보수적 제3의 길'을 간다면 진보의 정치적 입지는 더욱 좁혀질 것이다.

이러한 '보수적 제3의 길'의 지속가능성 여부는 한국경제의 중기적 성장 전망에 좌우될 것이다. 만약 현재와 같은 경제회복 추세가 일시적 현상이 아닌 중기적 상승추세로 연결된다면 '보수적 제3의 길'은 탄력을 받게 될 것이다. 만약 한국경제가 더블딥에 빠진다면 그것은 조기에 좌초될 것이다. 한국경제의 더블딥 가능성은 세계경제위기 회복의 견고성 여부에 달려 있을 것이다. 그런데 현재로서는 아직 세계경제 위기가 끝나가고 있다고 할 수 없다. 막대한 규모의 경기부양책에 힘입어 일시적으로 경기가 호전되고 있을 뿐이고 조만간 새로운 위기가 폭발할 가능성을 배제할 수 없기 때문이다.

2. 한국에서 성장과 분배, 복지, 생태의 선순환을 달성하는 진보적 성장모델은 무엇인가? 위기에 처한 진보의 돌파 구가 될 수 있는 정책은 무엇인가?

진보진영이 그동안 경제성장을 소홀히 해 온 것이 사실이다. 최근에 들어와서 진보적 성장론이 진보진영 일각에서 적극적으로 제시되고 있지만, 아직 진보진영 전체는 분배와 복지와 생태를 일방적으로 강조하는 경향이 강하다. 대중들은 진보진영의 '성장론 없는 분배론과 복지론과 생태론'을 비현실적이라고 보고 있다. 이는 상당 정도 보수언론의 이데올로기 공세 탓이라고 볼 수 있지만, 대중들이 경제성장을 일자리 창출과 소득 증대라는 실생활상의 욕구 실현을 위해 필수적이라 보고 있기 때문이다. 그럼에도 불구하고 그동안 진보진영은 대중의 이러한 욕구를 폄하하고 근본주의적 입장에서 분배, 복지, 생태를 강조해 왔다.

최근 몇 년 동안 새로운 진보, 혹은 중도 진보의 관점에서 성장과 분배, 복지, 생태 간의 선순환을 강조하는 '지속 가능한 성장', '지속 가능한 발전', '진보적 성장' 개념이 주창되어 왔다. 하지만 근본주의적 관점의 진보, 즉 근본 진보 진영에서는 이를 보수적 관점이라든가, 절충적 관점이라고 비난하고 배척하는 경우가 적지 않았다. 진보 학계와 진보 언론에서도 이러한 근본주의적 진보를 부각시키고 중도 진보 관점의 진보적 성장론을 기피하는 경향이 강했다. 따라서 진보

적 성장론이 대중과 소통할 수 있는 기회가 제한되었다. 진보적 성장
론으로 대중과 적극적으로 소통할 수 있는 기회를 확대한다면 대중
을 설득할 수 있다고 본다.

　진보적 성장론으로서 그동안 제시되어 온 것으로는 ‘지속 가능한
성장’, ‘동반성장’, ‘내생적 발전’, ‘균형발전’, ‘혁신주도 동반성장’ 등이
있다. 필자는 그동안 ‘혁신주도 동반성장론’을 주창해 왔다. 혁신주도 동
반성장론은 지식기반경제에서 혁신(innovation)을 동반성장과 함께 지속
가능한 성장의 두 축으로 설정하는 성장론이다. 녹색성장(green growth)
은 진보가 먼저 제기했을 만한 성장론인데 보수적인 이명박 정부가 이
를 선점하였다. 진보가 ‘녹색성장’ 개념을 선점하지 못한 것은 참으로
안타까운 일이다. 진보 진영의 생태근본주의가 이러한 기회 상실을
초래하였다고 생각된다.

　그러나 이명박 정부의 녹색성장은 사실상 녹색을 파괴하는 회색성
장(grey growth)을 귀결할 것이므로, 진정한 녹색성장 개념을 진보가 포
용할 필요가 있다. 다만 어디까지나 성장에 강조점이 놓이는 녹색성장
개념을 넘어 분배, 복지, 생태 개념을 포괄하는 ‘녹색경제(green economy)’
개념으로 확장해야 한다. 그리고 지속 불가능한 금융주도경제 개념을
기각하고 지식기반경제 개념은 포용할 필요가 있다. 혁신에서 제도와
문화의 착근성(embeddedness)을 강조하는 Neo-Schumpeterian의 지역혁신
개념을 지속 가능한 지역경제 개념에 기초한 녹색경제론에 포괄해야 한
다. 지식경제와 녹색경제를 결합한 ‘지식기반 녹색경제(knowledge-based
green economy)’를 21세기 새로운 경제 패러다임으로 설정하고 그러한
경제로의 이행을 위한 ‘진보적 길’을 제시해야 한다. ‘모두를 위한 지
식(Knowledge for All)’, ‘모두를 위한 녹색(Green for All)’을 키워드로 설

정하고 지식과 녹색을 성장 동력으로 삼는 지속 가능한 성장 경로를 제시해야 한다. 시장경제에서 권력 혹은 교섭력이 약한 노동자, 중소기업, 영세 자영업자, 지방, 여성의 역량(capability)을 강화하는 데 중점을 두는 지식투자, 사회투자, 녹색투자를 통해 새로운 성장 동력을 창출한다는 것이 '지식기반 녹색경제'를 지향하는 진보적 성장론의 핵심이라 할 수 있다.

이러한 진보적 성장론을 대중에게 적극적으로 제시하면서 보수진영의 '분배, 복지, 생태 없는 성장'이 경제위기, 사회양극화, 생태위기를 초래하여 지속 불가능함을 인식하게 한다면, 대중은 진보적 성장론을 지지하고 따라서 진보진영을 지지할 수 있을 것이다.

오늘날 한국에서 진보가 당면한 위기는 본질적으로 '신뢰의 위기'이기 때문에, 대중의 불신을 극복하는 것이 어떤 하나의 진보 정책 제시보다 더욱 중요하다. 국가를 운영할 수 있는 역량(지적, 도덕적, 정치적 역량)이 있는 믿을 수 있는 집단이라는 것을 대중에게 각인시켜야 진보에 돌파구가 열린다고 할 수 있다. '친북한－반체제－무책임'이라는 이미지를 탈각하는 적극적 행보는 신뢰의 위기 극복의 전제조건이다. 특히 나라 전체의 발전을 위한 노조의 사회적 책임을 비롯한 '진보의 사회적 책임' 수행이 있어야 대중의 신뢰를 획득할 수 있다.

정책적인 면에서, 이러한 돌파구를 내는 데 기여할 수 있는 가능성이 가장 높다고 생각되는 정책은 '교육불평등 해소정책'이 아닐까 한다. 대중의 실생활에서 가장 관심이 높고 불평등이 가장 심각하게 나타나고 있는 교육 분야에서 보수적 정책과 구분되는 합리적 대안을 제시하면, 대중의 지지 획득에 도움이 될 것이다. 소득계층별, 지역별

교육 격차를 줄일 수 있는 민족사관학교 수준의 '자율형 공립고'를 각 지역 경제권 단위로 설립하는 정책을 하나의 세부적 대안으로 제시할 수 있을 것이다. 교육정책을 중심으로 고용, 복지, 생태 정책을 제도적 보완성을 갖춘 하나의 패키지로 제시할 필요가 있다.

3. 세계경제위기 이후 변화한 정세에서, 한국 진보 세력의 연합과 결집을 가능케 할 이념적 대안은 무엇인가?

위에서 논의한 진보적 성장 모델은 지식기반경제에서 혁신과 사회 통합을 결합하려는 유럽연합의 리스본 전략(Lisbon Strategy)를 그 하나의 사례로 들 수 있다. 노동자를 비롯한 시장참가자들에 대한 교육훈련투자를 통해 그들의 역량과 고용가능성을 높여서 성장과 복지를 동시에 실현하려는 사회투자국가(social investment state)론도 진보적 성장론에 속한다고 볼 수 있다.

경제성장과 사회통합을 동시에 실현하려고 하고 시장의 역동성과 시장의 실패를 동시에 중요시하며, 효율성과 공평성, 시장경쟁과 공동체 연대를 동시에 고려한다는 점에서 진보적 성장론의 이념적 기반은 제3의 길 혹은 사회자유주의와 친화적이라 할 수 있다. 전통적 사회민주주의와 기존 사회주의는 진보적 성장 모델과는 친화력이 없다고 할 수 있다. 다만 혁신과 노동시장의 유연안전성(flexicurity) 개념을 포용한 쇄신된 사회민주주의, 개혁─개방 및 혁신과 조화 사회(harmonious society)를 동시에 지향하는 '중국특색 사회주의'는 진보적 성장 모델의 이념적 기반이 될 수 있다.

2008년 세계경제위기(Great Recession)를 계기로 금융주도 축적체제가 지속 불가능하다는 것이 입증되었다. 현재 미국과 영국 등 금융주도 축적체제가 성립한 선진국에서 증권화(securitisation)가 붕괴하고 금융의 자유화와 글로벌화가 위축되고 있는 현상이 나타나고 있다. 시장금융시스템(미국식 금융 모델)이 더 이상 지배하지 못하게 되고 관리금융시스템으로 회귀하고 있다. 시장근본주의가 결정적인 타격을 받고 자유시장경제(liberal market economies)에 대한 신뢰가 감소하는 대신, 조정시장경제에 대한 필요성이 강조되고 있다. 대안적 자본주의 모델로서 스웨덴이나 덴마크와 같은 북구형 모델(Nordic Model)이 주목받고 있다. 따라서 시계추는 신자유주의로부터 쇄신된 사회민주주의 쪽으로 다소 기울어지고 있는 것 같다.

미국의 오바마 정부는 전통적 뉴딜과 신자유주의를 넘어서는 새로운 '제3의 길'을 모색하고 있는 것으로 보인다. 그동안의 '제3의 길'이 금융의 자유화와 글로벌화를 주어진 것으로 보고 새로운 사회경제정책 대안을 모색한 데 비해, 새로운 제3의 길은 금융시장에 대한 규제 강화 속에서 '시장 대 국가'라는 구도를 넘어서는 제3의 길을 모색하는 것이다. 다만 현재까지 미국에서 금융시장에 대한 규제를 강화하는 금융개혁은 지지부진하다. 금융위기 관리에서는 완전히 실패했다는 평가도 있다.

영국에서는 2008년 세계금융위기를 계기로 Tony Blair 그리고 이어서 Gordon Brown이 주도해 온 '제3의 길'이 생명력이 다했다는 주장이 나타나고 있다. 차기 총선에서 보수당의 집권가능성이 확실시되는 가운데, 제3의 길을 지향해 온 New Labor로부터 Old Labor로 회귀하려는 움직임도 보인다. 독일에서는 제3의 길을 지향해 온 사민당이 총선에 패배한 반면, 기민당을 비롯한 보수연합이 승리하고 좌파정당

(The Left)과 녹색당(Green)이 약진함에 따라, 전통적 사민주의 노선으로 돌아가는 움직임을 보이고 있다.

그렇다면 제3의 길은 이제 완전히 용도 폐기되었는가? 제3의 길의 기본 정신이 Old Left의 수평적 평등주의와 New Right의 규제완화주의를 넘어서는 '사회민주주의의 쇄신(Renewal of Social Democracy)' 프로젝트라고 한다면, 세계경제위기 이후에도 그것은 여전히 유효한 것이 아닐까? 다만 금융의 자유화와 글로벌화에 대한 무비판적 혹은 소극적 대응이 오류였던 것을 인정해야 할 것이다. 금융의 글로벌화가 역전된다고 해서 경제적 글로벌화 그 자체가 역전된다고 볼 수 없고 또한 지식기반경제는 역전 불가능하기 때문에, 경쟁과 연대, 효율성과 공평성을 동시에 추구하려는 제3의 길은 여전히 요청된다고 할 것이다. Old Labor와 전통적 사회민주주위로의 단순한 회귀가 해법이 될 수는 없을 것이다.

이렇게 볼 때, 제3의 길과 사회자유주의 그리고 사회민주주의는 모두 여전히 각국의 당면한 사회경제적 조건과 정치지형에 따라 유효한 선택지가 될 수 있다. 한국의 경우에는 1997년 이전까지 발전국가 모델이 지배해 오다가 1997년 외환위기 이후 그 모델이 해체되기 시작하고 신자유주의가 크게 강화되어 간다. 따라서 발전국가와 신자유주의를 넘어서는 제3의 길은 여전히 유효한 중도 진보의 프로젝트라 할 수 있다. 사회민주주의 요소는 민주정부 아래에서 사회정책 분야에서 아주 약하게 형성되어 간다. 사회민주주의적 전통이 미약하고 1997년 이후 10여 년간 영미형 자유시장경제 모델에 가까운 사회경제구조가 형성되어 온 경로의존성 때문에 가까운 장래에 전통적 사회민주주의적 경로로 전환하는 것을 기대하기가 매우 어려울 것이다.

따라서 사회자유주의적인 제3의 길을 여는 중도 진보의 길이 가까운 장래에 실현 가능한 현실적인 노선이 될 것이다.

그러나 전통 좌파적 이념 편향이 강한 한국의 진보 진영이 자신의 기존 노선을 고집하는 한, 사회자유주의나 전통적 사회민주주의로의 결집은 결코 쉽지 않을 것이다. 그리고 가까운 장래에 사회민주주의 정치세력이 강하게 형성될 가능성은 적은 것으로 전망된다. 반면 사회자유주의 노선은 중도를 포용할 수 있는 가능성이 높은 진보 노선이 될 수 있다. 따라서 만약 진보진영이 사회자유주의를 지향하는 중도 진보와 사회민주주의를 지향하는 근본 진보로 분화하여, 전자가 민주연합을 지향하고 후자가 진보연합을 지향한다면(<그림 1> 참조), 민주－진보 연정이란 구상 아래 범진보세력 연합 형성을 전망해 볼 수 있을 것이다.

현재 이명박 대통령이 주도하는 보수가 중도화하여 중도 보수로 전환하고 있고, 이 노선을 통해 중도적인 국민을 포용하려고 있기 때문에, 진보도 중도 진보 노선에 따라 중도를 포용하여 집권할 수 있는 능력을 갖추어야 한다. 앞으로 한국의 정치지형은 중도 보수와 중도 진보 간에 대한민국의 발전 방향을 둘러싸고 경쟁하는 구도로 형성될 것이다. 이러한 정치지형이 형성되면, 사회발전의 경로의존성을 고려할 때, 가까운 장래에는 근본 진보보다 중도 진보가 집권할 가능성이 더 높다고 할 수 있다.

그런데 만약 중도 진보가 집권하면 근본 진보가 강화될 가능성이 더 크게 열릴 것이다. 그리고 중도 진보는 근본 진보의 지원을 통해 집권이 더 용이해질 것이다. 이렇게 볼 때 중도 진보와 근본 진보 사이에 역동적 보완 관계가 성립한다고 할 수 있다. 범 진보 진영이 중

도 진보와 근본 진보로 분열하여 경쟁하고 대립하는 것이 아니라 상
호 간에 역동적 보완관계를 형성하여 연대하고 협력한다면, 진보의
스펙트럼이 넓어지면서 대중에 대한 영향력이 크게 확대될 것이다.
따라서 '사회자유주의와 사회민주주의 간의 동맹', 다시 말해서 '민주
－진보 연정' 구상이 가까운 장래에 진보를 강력한 정치세력으로 형
성시킬 수 있는 담론으로 될 수 있을 것이다.

　여기서 사회자유주의와 사회민주주의의 동맹, 혹은 민주－진보 연
정 구상은 민주주의의 확대와 신자유주의 반대라는 공동 강령을 통
해 현실화될 수 있을 것이다. 이명박 정부 아래 민주주의가 후퇴하고
신자유주의가 강화되고 있기 때문에(<그림 2> 참조) 이러한 강령은
반 MB 반 보수연합 강령이 될 수 있다. 2010년 지방선거와 2012년 대
선에 대비하여, 민주－진보 연정을 위한 공동 강령 작성이 일정에 올
라야 한다.

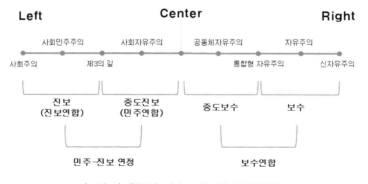

〈그림 1〉 한국의 이념 스펙트럼과 정치동맹

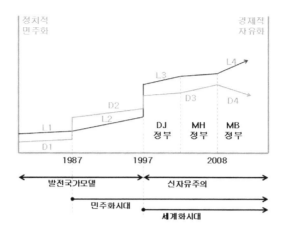

〈그림 2〉 정치적 민주와와 경제적 자유화 추세

(사회경제학계 공동학술대회 집담회 발표, 2009.12.4)

1부・새로운 진보의 길

18 | 2007년 한국의 시대정신: Great Korea

　　　　　12월 대통령 선거를 앞둔 2007년 현재 대한민국의 시대정신은 무엇일까? 1987년의 시대정신은 민주화이었고 1997년의 시대정신은 경제위기 극복이었다. 이러한 시대정신이 지배해 온 지난 20년 동안 정치적 민주화와 경제적 글로벌화가 크게 진전되었다. 1987년 민주화 이후 20년, 1997년 외환위기 이후 10년인 2007년 이 시점에서 우리 국민에게는 그동안 진전된 민주화와 세계화의 빛과 그림자를 깊이 성찰하면서 대한민국을 보다 품격 높은 나라로 새롭게 창조해야 할 역사적 과제가 주어져 있다. 이런 점에서 2007년의 시대정신은 'Great Korea(위대한 한국)'가 아닐까 한다.

　1인당 GDP 규모로 세계 11위에 올라선 대한민국의 대다수 국민들은 대외적으로 좀 더 '떳떳한 나라'가 되기를 바라고 있다. 글로벌 500대 기업, 100대 대학 등 각 분야에서 세계 최고가 되려는 열망이 강렬하고 국제사회에서 우리나라의 목소리를 높이려는 욕구가 강하다. 다른 한편 비정규직 비중이 50%에 달하고 상당 부분이 사실상 실업자라고 볼 수 있는 자영업자의 비중이 35%에 달하는 현실에서 국민들은 '떳떳한 일자리'를 절실히 원하고 있다. 국민 대중은 떳떳한 나라를 바라는 애국주의와 떳떳한 일자리를 원하는 실리주의 모두를 지향하고 있다. 이러한 대다수 국민의 희망을 실현시켜 주는 비전이 곧 Great Korea이다.

Great Korea에서 위대함의 원천은 무엇일까? 그것은 통일한국, 분권한국, 강한 한국, 멋진 한국 등 크게 4대 요소에서 찾을 수 있다.

먼저 통일한국은 Great Korea가 되기 위한 가장 주요한 전제조건이다. 남북분단은 Great Korea 실현을 가로막고 있는 가장 큰 장애요인이다. 분단국가로서는 지정학적 측면에서나 사회경제적 측면에서나 세계 속에서 떳떳하고 당당한 위대한 한국이 될 수 없다. 남북통일이 되어야 해양지향과 대륙지향이 결합되어 해양과 대륙 두 축으로 글로벌 지향을 원활히 할 수 있다. 남북통일이 되어야 한반도의 7,000만 한국인과 700만 해외 코리언들 간의 글로벌 인적자원개발(Global HRD) 네트워크를 온전하게 구축할 수 있고 이를 통해 지식기반경제 시대에 대한민국이 지구촌 전체에 미치는 호혜적 글로벌 경영을 도모할 수 있다. 통일이 Great Korea로 연결되기 위해서는 평화체제 아래 형성되는 한반도 경제공동체가 남북한 간 상생발전을 가져오고 이를 통해 두 개의 한국 간의 엄청난 경제력 격차를 줄여나가야 한다.

다음으로 분권한국은 지방의 역량을 강화하여 대한민국을 위대한 국가로 새롭게 창조할 수 있는 결정적인 계기가 될 것이다. 지방분권은 중앙정부로부터 지방정부로의 권한이양, 수도권에서 지방으로의 자원분산이란 두 과정을 포함한다. 이러한 지방분권은 세계적으로 그 유례를 찾기 어려운 '중앙집권－수도권 일극 발전체제'를 '지방분권－다극 발전체제'로 전환시키는 국가 경영 패러다임의 변화를 통해 국가와 지방을 재창조하여 대한민국의 제2의 도약의 길을 열 수 있을 것이다. '지방에 결정권을, 지방에 세원을, 지방에 인재를, 지방에 일자리를' 지향하는 지방분권이 지역혁신 및 주민자치와 결합될 때 발전잠재력을 지역 내부에 갖추는 내생적 발전을 실현할 수 있다. 지방분권체제에서 세계적 경쟁력을 갖춘 글로벌 지향의 지역혁신체제가 지역 권역별로 구축될 때 지방분권은 Great Korea 실현에 기여할 수 있을 것이다.

통일한국이 대한민국의 외연적 확장을, 분권한국이 그 내포적 확장을 가능하게 한다면, 강한 한국과 멋진 한국은 사회경제문화 시스템을 고도화하고 품격을 높임으로써 대한민국을 진정하게 위대하게 만드는 길이라 하겠다.

외국인 100만 명 시대가 되어 바야흐로 다문화 사회로 접어들고 있는 우리나라가 세계로부터 존경받는 멋진 나라가 되기 위해서는 다양한 외래문화에 대한 존중과 관용이 필수적이다. 이민에 기초한 다양성이 미국을 세계 최강국으로 만드는 데 기여하였듯이 우리나라도 Great Korea가 되려면 세계 각국의 인재들이 몰려들 수 있는 멋진 나라가 되어야 한다. 외국인 차별정책을 없애고 해외 인재가 국내에 정주하도록 문화적 매력을 창출해야 한다. 특히 동아시아에서 온 외국인 노동자에 대한 정당한 인간적 대우는 한국의 동아시아 경영의 디딤돌이 될 것이다. 멋진 한국은 개방적이고 진취적이며 다양성을 존중하는 성숙한 시민사회가 존재할 때 실현될 수 있다.

강한 한국은 역동적이면서도 강건한 경제시스템을 구축해야 만들어질 수 있다. 21세기 글로벌화와 지식기반경제 시대에 이러한 강건한 경제시스템은 세계로 향해 열린 사람중심 선진경제(People-centred Advanced Economy)를 건설해야 구축될 수 있을 것이다. 사람중심 선진경제는 창조경제(creative economy), 협력경제(cooperative economy), 청정경제(clean economy)로 구성된다.

창조경제는 사람의 창의성을 성장동력으로 하는 경제이다. 지식기반경제가 지속 가능하려면 창조경제가 되어야 한다. 창의성은 문학적 상상력, 예술적 감수성, 철학적 성찰, 사회과학적 비판정신 등 인문사회 과학적 소양으로부터 비롯된다. 이러한 소양은 교육과 문화를 통해 함양되기 때문에 질 높은 교육과 수준 높은 문화가 있어야 창조경제가 실현될 수 있다.

사회의 개방성과 다양성은 창의성을 촉진하는 중요한 요소이다. 세계 각국으로부터 다양한 생각과 능력을 가진 창의성 있는 인재들이 한국에 모여들 수 있게 해야 한다. 대학과 연구기관에서 서로 다른 세계관, 가치관, 방법론을 가진 학문들 간에 경쟁과 협력이 이루어지는 학문적 다양성이 실현되어야 한다. 창조경제가 실현되려면 사람에 대한 직접투자를 획기적으로 강화해야 한다.

연구개발 투자와 인적자원개발 투자가 균형이 취해진 사람중심 지식기업이 다수 창출되어야 한다. 민주화란 이름으로 조직 구성원의 창의성을 억압하는 평균주의, 단순한 평등주의가 극복되어야 한다.

협력경제는 경제주체 사이의 협력을 통해 생산성이 향상되고 사회적 비용이 감소되는 경제이다. 따라서 협력경제에서는 '고효율-저비용'이 실현될 수 있다. 여기서 경제주체 간 협력은 노사협력, 노사정 간 협력, 대－중소기업 간 협력, 중소기업 간 협력, 산학협력, 민관협력 등을 포함한다. 협력경제는 원자적 개인들 간의 경쟁이 이루어지는 자유시장경제(liberal market economy)가 아니라 경제주체들 간의 사회적 대화와 사회적 합의를 통해 운영되는 조정시장경제(coordinated market economy)에서 나타난다.

한국경제의 경우 수도권－지방 간 협력과 남북한 간 협력이라는 차원이 더해진다. 이런 차원의 협력은 한국경제에서 지역균형발전과 남북통일에 기여할 것이다. 협력을 통한 상생은 사회통합을 가능하게 한다. 협력경제는 현재 한국경제의 가장 중요한 문제점 중의 하나인 양극화 성장을 극복하고 동반성장을 달성할 수 있다. 따라서 협력경제는 지속가능경제가 될 수 있다.

지식기반경제에서 동반성장이 이루어지려면 지식을 공유하는 지식네트워크를 최대한 확장하고 노동자들 간의 지식격차를 줄이는 연대지식정책을 실시해야 한다. 협력경제에서는 경제주체들 간의 파트너십에 기초한 거버넌스의 구축이 필수적이다.

청정경제는 청정에너지와 녹색기술에 기초하여 성장하는 경제이다. 녹색기술은 태양력, 풍력, 연료전지 기술, 바이오매스 등과 같은 청정에너지 및 재생에너지를 포함하는 친환경적 자원을 활용하는 기술이다.

21세기 최대의 성장 동력으로 간주되고 있는 녹색기술에 기초하여 에너지 효율성을 높이는 녹색혁신(green innovation)은 환경과 경제를 동시에 살리는 길이 된다. 녹색기술의 개발은 경제성장, 일자리 창출, 국가경쟁력 강화, 삶의 질 향상이라는 '1석 4조'의 효과를 가져올 수 있다. 따라서 녹색기술에 대한 대대적 투자는 21세기에 지속 가능한 발전을 담보할 수 있다. 청정에너지 및 재생에너지 비율이 매우 낮고 에너지 효율성이 아주 낮은 한국에서 녹색기술에 기초한 청정경제의 실현은 한국경제의 제2의 도약의 토대가 될 것이다.

청정경제에서는 녹색기술에 기초한 환경친화적 생산방식과 개발 방식이 도입된다. 생태계를 보전하는 친환경농업인 생태농업이 영위 된다. 생태주의적 생활양식을 함양하는 것 또한 청정경제를 유지하는 조건이 된다. 환경파괴적인 개발을 통한 성장이 아니라 생태계 보전 을 통한 성장이란 새로운 성장 패러다임이 실현된다.

이와 같이 창조경제-협력경제-청정경제가 결합된 '사람중심 선 진경제'는 시장만능주의-성장지상주의-자유기업주의를 이념으로 하는 신자유주의가 지배하는 경제에서는 실현될 수 없다. 왜냐하면 신자유주의의 자유시장경제에서의 고삐 풀린 시장이 인간과 자연을 파괴하고 인간과 인간의 관계를 적대적 경쟁관계로 만드는 경향이 있기 때문이다.

다른 한편 '사람중심 선진경제'는 협력경제의 요소가 강하고 창조 경제와 청정경제의 요소는 미약한 기존의 사회민주주의에서도 건설 되기 어렵다. 왜냐하면 종래의 사회민주주의는 주로 유효수요를 증대 시키는 수요측면의 정책에 집중하고 인적자원개발 정책을 통해 노동 자들의 직업능력을 높이는 공급 측 정책에는 소홀했으며, 환경파괴적 인 대량생산체제와 대량소비에 기반하고 있었기 때문이다.

따라서 '사람중심 선진경제'는 기존의 사회민주주의와 현재의 신 자유주의를 모두 넘어서는 '제3의 길'을 통해 비로소 실현될 수 있다. 한국의 경우 사람중심 선진경제의 요소들을 거의 완전히 결여한 기 존의 개발독재와 현재의 신자유주의를 모두 넘어서 한국형 제3의 길을 걸을 때 '사람중심 선진경제' 실현을 기대할 수 있을 것이다.

2007년 대선은 대한민국이 '사람중심 선진경제'에 기초한 Great Korea 로 웅비하는가 아니면 '자본중심 구식경제'에 기초한 Divided Korea(갈라 진 한국)로 정체하는가를 가르는 역사적 분기점이 될 것이다. 냉전사대 주의, 중앙집권주의, 시장만능주의, 성장지상주의에 고착된 보수세력은 Great Korea 실현을 주도할 수 없다. 폐쇄적 민족주의, 단순평등주의, 정 부만능주의에 집착하는 낡은 진보 세력도 Great Korea를 실현할 수 없다.

평화통일을 추구하고 열린 애국주의와 애향주의로 글로벌화와 지 방분권화를 동시에 지향하며, 양극화를 줄이고 생태계를 보전하는 '공생적 시장경제'를 건설하고 시장실패와 정부실패를 동시에 극복 할 수 있는 새로운 창조적 진보세력만이 Great Korea 건설을 선도할 수 있다.

2007년의 시대정신인 Great Korea를 구현할 수 있는 창조적 진보 세 력이 대선에서 승리하느냐 아니냐에 나라의 장래가 달려 있다.

(2·28 민주화기념사업회, 『2·28의 횃불』, 2007년 11월호)

19 | 새로운
희망의 연대를
기대하며

　　　반전에 반전을 거듭하는 한 편의 드라마 같은 대선에
서 노무현 후보가 극적인 승리를 거두었다. 선거일을 전후한 며칠 동
안 필자는 일본 교토에 머물고 있었다. 경북대와 교토대의 공동심포
지엄에 참가하기 위해서였다.

　심포지엄에 참가한 몇몇 교토대 교수들은 10년의 장기침체에 빠져
기가 죽어 있는 자기네 일본 사람들에 비해, IMF 경제위기를 조기에
극복하고 이번 대선에서 새로운 정치 패러다임을 향한 선택을 한 한
국 사람들이 참으로 부럽다고 했다. 탈정치화한 일본의 젊은이들과는
대조적으로, 새로운 정치주체로 부상하고 있는 한국의 젊은 세대들이
한국사회에 새로운 가능성을 열어줄 것이라고 전망했다.

　그들의 지적대로 한국처럼 역동적으로 진보하고 있는 사회는 지금
이 지구상에서 찾기 어렵다. 지난 2002년에 일어난 일들, 예컨대 6월

의 뜨거운 여름을 더욱 달구었던 수백만의 월드컵 거리응원, SOFA 개정을 요구하는 수십만의 촛불시위, 쌀 개방에 반대하는 수만의 농민시위, 전국 각 지역에서 요원의 불길처럼 일어난 지방분권운동 등등을 보라.

이처럼 변화와 개혁을 향해 요동치는 역동적인 상황에서 전개된 16대 대선에서는 우리 사회의 발전방향을 둘러싼 참으로 중요한 쟁점들이 제기됐다. 정권교체냐 낡은 정치 청산이냐, 전쟁이냐 평화냐, 서울공화화냐 지방공화화냐, 재벌체제 유지냐 재벌개혁이냐, 자유시장이냐 규제된 시장이냐, 성장이냐 분배냐를 둘러싸고 특히 여야 두 유력 후보 사이에 치열한 공방전이 전개됐다.

낡은 패러다임을 '선명히' 거부하자

이러한 공방을 지켜본 끝에 국민들은 다소 냉전－보수적인 정치기조 아래 신자유주의적 경제정책을 지향한 한나라당의 이회창 후보보다는 평화－개혁적인 정치기조를 가지며 다소 경제민주주의적 경제정책을 지향한 민주당의 노무현 후보를 선택했다. 이는 대한민국 국민들이 글로벌 신자유주의에 무비판적으로 굴종하고 낡은 정치의 포로가 되는 것을 거부하고 있음을 나타내주는 푸른 신호가 아닐까 싶다.

이제 격동의 2002년을 보내고 2003년 새해를 맞이하면서, 이러한 청신호가 희망의 새로운 패러다임으로 발전하기를 기대한다. 새해가 낡은 패러다임이 희망의 새로운 패러다임으로 바뀌는 전환점이 되기 위해서는 무엇을 어떻게 해야 할 것인가.

우선 이번 대선에서 나타난 국민들의 욕구를 한마디로 요약하자면

'낡은 패러다임에 대한 거부'가 아닐까 한다. 노무현 후보를 선택한 이번 대선은 정치, 경제, 문화 등에서 새로운 패러다임을 갈구하는 국민들이 더 많음을 확인시켰다. 그런데 노무현 대통령 당선자의 공약 속에는 새로운 패러다임에 대한 청사진이 흐릿한 상태로 제시돼 있을 뿐이다. 자칫하면 희미하게 있다가 사라질 우려가 있는 매우 취약한 청사진으로 보인다.

대안적 발전모델을 연구하고 있는 경제학도로서, 그리고 지방분권운동에 참가하고 있는 시민으로서, 새로운 패러다임을 향한 보다 선명하고 강건한 청사진이 만들어지는 데 일조할 수 있기를 바라면서 필자 나름의 약간의 제안을 하고자 한다.

먼저 정치영역부터 보자. 청산대상인 낡은 정치는 무엇인가. 지역주민들의 소박한 애향심을 볼모로 잡고 배타적인 지역감정을 부추겨 정권을 잡으려는 지역패권주의 정치, 보스 1인에 의해 사유화되고 독점된 붕당을 통한 패거리 보스정치, 그 보스들에 의한 밀실야합정치, 반대당과 정치적 반대자를 배척하는 배제의 정치가 아니겠는가.

그렇다면 이제부터 실현해야 할 새 정치는 무엇일까. '영남당'·'호남당'을 넘어, '호남정권'·'영남정권'을 넘어 진정한 국민정당과 국민정권을 통해 지역갈등을 치유하고 서울과 지방 간의 격차를 줄이는 지역통합 정치, 주권자인 국민이 각 수준의 직접 정치적 결정에 참여하는 대중참여정치, 이해관계가 상충하는 노사 간, 서로 다른 단체 간에 대화와 타협을 통해 상생의 해결책을 모색하는 사회적 합의 정치, 반대당과 정치적 반대의 의견을 경청하고 그들의 이해를 포괄하는 포용의 정치가 바로 그것일 것이다.

연대 통해 공동체주의 복원

　다음으로 경제영역을 보자. 극복해야 할 낡은 경제는 무엇인가. 족
벌경영과 문어발식 경영을 하고 정경유착을 하며 하청중소기업을 수
탈하는 재벌들이 지배하는 재벌지배경제, 결정권과 세원이 중앙정부
에 있고 인적 자원과 물적 자원이 서울에 집중돼 있는 중앙집권경제,
각종의 특권·특혜와 독점과 투기에 기초해 불로소득을 획득하는 지
대추구경제, 대규모 설비투자와 단순반복노동에 기초해 중저가품을
대량 생산하는 대량생산경제, 부익부 빈익빈을 초래하고 일자리를 없
애며 생태계를 파괴함에도 불구하고 성장만을 강조하는 성장지상주
의경제, 모든 것을 시장에 맡기면 잘 해결된다고 보는 시장근본주의
에 기초해 시장에 대한 일체의 국가개입을 배제하는 자유시장경제
등이 낡은 경제의 모습이다.

　이런 낡은 경제 대신에 실현해야 할 새로운 경제는 무엇인가. 전문
경영인 체제를 가진 대기업들과 그들과 파트너십을 형성하는 중소기
업들, 벤처기업들로 구성된 전문기업경제, 중앙정부로부터 자치단체
로 권한이 이양되고 서울에서 지방으로 자원이 분산돼 산업자치가
이루어지는 지방분권경제, 창조적 파괴를 하는 혁신적 기업가들이 주
도하는 혁신추구경제, 창조적 지식과 정보 그리고 고숙련의 지식노동
에 기초해 고부가가치 제품을 생산하는 지식기반경제, 성장과 분배가
균형을 취하고 일자리 창출을 우선하는 정책을 실시하며 생태계를
보전하는 경제성장을 추구하는 경제, 합리적 제도에 기초한 국가의
개입과 시민사회에 의한 민주적 통제를 통해 시장의 불안정성과 불
공평성을 줄이는 착근된 경제(embedded economy) 등이 새로운 경제의

비전이다.

끝으로 문화영역을 보자. 우리 사회가 버려야 할 낡은 문화는 무엇인가. 여성차별을 당연시하는 남성중심주의, 학력차별을 조장하는 학력주의, 지방차별을 초래하는 서울중심주의, 대중을 배척하는 엘리트중심주의, 적자생존과 우승열패의 경쟁을 통한 효율성 증대를 최우선시하는 경쟁지상주의, 분배와 복지를 소홀히 하고 성장만을 중시하는 성장지상주의, 학연과 지연을 강조하는 정실주의를 버려야 한다.

이러한 낡은 반인권적이고 비인간적이며 생태계 파괴적인 낡은 문화 대신 우리 사회가 지향해야 할 새로운 문화는 무엇인가. 정부, 기업, 사회 조직의 의사결정과정에 일반국민 혹은 이해관계자들이 대등하게 참여하는 참여민주주의, 시장경쟁에서 탈락하거나 불리한 처지에 있는 사람들도 인간답게 살 수 있는 최저한의 조건이 보장됨으로써 더불어 사는 공동체가 형성되는 연대주의, 생태계 보전을 통해 지속 가능한 발전을 추구하는 생태주의를 장기적으로 지향하면서 양성평등주의, 실력주의, 지방우선주의를 옹호해야 한다.

지방분권과 시장경제의 효율성

이처럼 낡은 정치, 경제, 문화를 버리고 새로운 정치, 경제, 문화를 지향할 때 비로소 새로운 발전모델을 전망할 수 있을 것이다. 낡은 패러다임인 과거 개발독재의 박정희 모델을 넘어서 새로운 패러다임의 대안적 발전모델 실현을 기대할 수 있을 것이다. 민주주의와 시장경제의 병행발전과 생산적 복지로 요약되는 김대중 정권의 이른바 디제이노믹스(DJnomics)는 대안적 발전모델의 맹아들을 가지고 있었지만, 기존의 박정희 모델을 넘어서는 데는 실패했다.

노무현 대통령 당선자는 경제민주주의와 사회통합에 기여할 공약들을 다수 제시한 바 있다. 특히 재벌개혁과 성장－분배 균형에 기초한 신성장 전략, 지방분권개혁 공약은 대안적 발전모델 실현의 주춧돌의 일부가 될 수 있을 것으로 생각한다. 만약 '엠에이취노믹스(MHnomics)'라는 말을 쓸 수 있다고 한다면, 그것은 '지방분권적 민주국가와 착근된 시장경제'로 요약되지 않을까 싶다.

오늘날 한국에서 지방분권은 가치분배라는 공평성의 관점에서뿐만 아니라 가치창출이라는 효율성의 관점에서도 요청된다. 그리고 21세기 한국경제의 새로운 성장기반은 지식기반, 복지기반, 지역기반, 동북아 기반임을 인식할 필요가 있다. 따라서 '지방이 살아야 나라가 산다'는 문제의식 아래, '지역경제의 총화로서의 국민경제'란 개념에 입각해, '지방분권－주민자치－지역혁신'의 결합에 기초한 지역경제의 내발적 발전을 추구하고 '참여－연대－생태'의 가치를 지향한다면 노무현 정권 5년 동안 대안적 발전모델 실현을 전망할 수 있을 것이다.

비판적 대화와 사회적 합의의 기틀

이러한 대안적 발전모델을 실현하는 데는 국민 각계각층의 노력이 요구되지만 특히 대학과 교수들의 역할이 매우 중요하다. 대학은 낡은 패러다임을 깨고 새로운 패러다임을 구현할 비판의식과 지식을 가진 전문가를 창출하고 새로운 사회패러다임을 확산시킬 문화혁명의 요람이 될 수 있는 가장 유력한 기관이기 때문이다. 특히 지방대학은 지식기반경제에서 지역혁신체제 구축의 중심이 되고 지역문화 혁신의 주도자가 될 수 있다.

이러한 역할을 하려면 대학의 혁신이 요청된다. 불합리하게 서열화된 불공정 독점체제인 대학체제를 공정경쟁체제로 개혁하고, 고시학원과 취업학원으로 전락한 대학을 비판적·혁신적 지식 창출의 원천으로 거듭나게 하는 것이 무엇보다 시급하다. 여기서 지방대학 육성은 전체 대학의 경쟁력 강화와 지역발전을 위해 전략적 중요성을 가진다. '지방이 살아야 나라가 산다'는 명제와 함께, '지방대학이 살아야 지방이 산다'는 명제가 타당성을 가지기 때문이다.

이제 대학의 핵심 구성원인 교수들의 자기혁신이란 과제가 남는다. 새로운 패러다임을 위한 이론과 정책대안 제시에 연구역량을 집중해야 한다. 같은 학문 내의 서로 다른 경향의 교수들 간의 비판적 대화와 다른 학문들 간에 동일 이슈를 둘러싼 다학문적 공동작업을 활성화해야 한다. 다양한 사회주체들과 대화를 하면서 새로운 패러다임 구축을 위한 사회적 합의 도출에 기여해야 한다. 정부 및 자치단체와의 관계에서는 '비판적 파트너십'을 형성하는 지혜가 필요한 때다.

(교수신문, 신년특집시론, 2003.1.17)

경세제민의 길

2부 · 한국경제 제 3의 길

01 │ '1 대 99 사회'와 한국경제의 미래

　　　　　　　지금 지구촌에는 월가 점령(OWS) 운동이 요원의 불
길처럼 일어나고 있다. 미국뿐만 아니라 전 세계의 금융중심지 뉴욕
월가에서 시작된 이 운동은 미국 내 주요 도시로 확산되었고 마침내
국경을 넘어 전 세계 80여 개 국가로까지 번지고 있다. 우리나라도
서울 여의도 금융가에 이 운동이 상륙하였다.

　월가의 은행들과 투자회사들의 최고경영층과 펀드매니저로 대표
되는 최상위 1%에 대한 나머지 99% 사람들의 분노, '1 대 99 사회'라
는 극단적인 양극화 사회를 초래한 금융자본주의에 대한 항의, 이것
이 월가 점령 운동의 본질이다. 이 운동은 2008년 세계금융위기로 일
자리나 재산을 잃었거나 소득이 줄어든 광범한 미국시민들과 세계시
민들의 절망감에서 비롯되고 있다.

　미국의 경우 1970년대까지는 최상위 1%의 소득이 일반 노동자 임

금의 30배였으나 금융위기가 발생하기 전 2008년에는 300배로 증가하였다. 2008년 금융위기 발생 이후 국민세금으로 막대한 구제금융을 받은 월가 은행들과 투자회사들의 최고경영층은 대불황에도 불구하고 고액연봉 잔치를 벌인 반면, 미국의 실업률은 9%를 넘어서고 중산층이 더욱 무너지고 빈곤율이 증가하였다. 최상위 1%는 더욱 부자가 되었는데 나머지 99%는 살기가 더 어려워졌다.

세계최고 경제대국 미국이 왜 이 지경에 처하게 되었는가? 그것은 지난 30년간 금융에 대한 규제를 완화하고 부자에 대해 감세를 하였으며 노동권을 약화시켰을 뿐만 아니라, 금융회사와 대기업에 유리하고 제조업과 중소기업과 자영업에는 불리한 경제정책들을 폈기 때문이다. 이러한 정책기조는 특히 금융위기 발생 당시 집권하고 있었던 부시정부에서 크게 강화되었다.

부시정부의 이러한 정책이 지난 미국 대선 때 도마에 올랐다. 오바마 후보 진영은 그것을 하향식 경제학(top-down economics)이라 불렀다. 대기업과 부자에 대한 감세를 하고 금융에 대한 규제를 완화하여 투자를 활성화함으로써 경제의 상층부분(top)을 먼저 성장시키고 그 성장의 과실 중 일부를 중소기업과 노동자와 빈자에게 재분배하여 경제전체의 성장을 달성하려는 것이 하향식 경제학의 정책이다.

이러한 정책은 경제성장률을 높이지도 못하고 부익부 빈익빈의 양극화를 심화시켰으며 마침내 2008년의 파국적 금융위기를 초래하였다. 오바마 후보 진영은 상향식 경제학(bottom-up economics)을 제시하였다. 경제의 밑바닥(bottom)인 중소기업과 자영업과 노동자와 빈민에 대해 집중투자를 하고 금융에 대한 규제를 강화하며 제조업에 대한 지원을 강화하여 동반성장을 달성하려는 것이 상향식 경제학의 정책

기조다.

그런데 오바마 정부는 집권 후 3년차에 든 지금까지 상향식 경제학에 기초한 정책을 제대로 추진하지 못하고 있다. 이런 사이 지난 1990년대에 출현한 '20 대 80 사회'란 말이 어느덧 '1 대 99 사회'란 말로 바뀔 정도로 상황은 악화되었다. 동반성장이 아니라 양극화 침체를 초래한 하향식 경제학 때문에 미국 경제는 망가졌고 사회는 무너져 내리고 있다.

그렇다면 지금 한국경제는 어디로 가고 있는가? 재벌 대기업과 금융과 수도권에 대한 규제를 완화하고 부자에 대한 감세의 방향으로 가고 있는가, 아니면 금융과 수도권에 대한 규제를 강화하고 중소기업과 자영업과 노동자와 비수도권에 대한 투자와 지원을 강화하는 방향으로 가고 있는가? 전자와 같이 하향식 경제학을 따르면 한국경제의 미래는 없고 한국도 미국처럼 '1 대 99 사회'가 될지 모른다. 한국경제는 미국경제의 실패를 타산지석으로 삼아야 한다.

제조업과 중소기업과 자영업과 노동자와 비수도권에 집중 투자하고 금융을 이들의 성장에 헌신하도록 규제하는 상향식 경제학을 지향해야 지역경제와 한국경제 전체에 희망이 있다. 밑바닥이 튼튼해야 상층이 건실할 수 있다. 한국경제의 지속 가능한 성장을 위해서는 동반성장을 가능케 하는 상향식 경제학을 추구해야 한다.

(매일신문, 계산논단, 2011.10.24)

02 | 창조·협력·청정의 경제로 나아가자

　　2008년 세계경제 위기 이후 한국 경제에 던져진 과제는 지속 가능한 선진경제를 실현하는 것이다. 경제적·사회적·환경적 지속가능성이 동시에 달성돼야 지속 가능한 경제가 실현될 수 있다. 선진경제는 글로벌화 시대의 지식 기반 경제를 선도해야 한다. 환경친화적 방식으로 역동적으로 성장하면서도 양극화가 해소돼 사회가 통합되는 경제가 선진경제다.

　　21세기 글로벌화와 지식 기반 경제 시대에 지속 가능한 선진 지역경제는 '창조경제(Creative Economy)', '협력경제(Cooperative Economy)', '청정경제(Clean Economy)' 세 가지로 구성돼야 한다. 이를 '3C 경제'로 부르자. 3C 경제의 기본적 특성은 다음과 같다.

　　창조경제는 창의성에 기초해 성장하는 경제다. 학생, 노동자, 기술자, 경영자 등 사람들의 창의성을 높이는 교육과 문화의 창달이 창조경제를 실현하는 길이다. 지식 기반 경제에서 요구되는 혁신은 창의성을 발휘해야 지속될 수 있다. 글로벌 경제에서 불가피하게 요구되는 경쟁우위의 핵심적 요소는 창의성이다.

개인과 조직의 자율성, 사회의 개방성과 다양성은 창의성이 발휘될 수 있는 또 다른 사회·문화적 조건이다. '창의성은 이질성에서 나온다'는 명제가 있다. 서로 이질적인 사람들이 한 조직 속에 섞여 있어야 조직 구성원들이 창의성을 발휘할 수 있다는 것이다. 창조경제가 실현되려면 사회가 동질적·획일적이어서는 안 된다. 다양한 가치를 지향하고, 서로 다른 생활양식을 가진 사람들로 구성돼야 한다.

아울러 사람들의 창의성을 높이는 교육정책과 문화정책이 요청된다. 보편적 복지가 실현되는 사회보장제도는 전 국민이 안정된 생활 속에서 학습하는 여유를 제공함과 동시에 실패를 두려워하지 않고 새로운 시도를 하는 모험 성향을 높여 창조경제 실현에 중요한 토대가 된다. 창조경제를 추동하는 가치는 '자율(Autonomy)'이다.

협력경제는 경제주체 간 협력을 통해 동반성장하는 경제다. 신뢰에 기초한 협력은 사회적 비용을 줄이고 생산성을 높이는 효과가 있다. 노사협력, 도농 간 협력, 기업 간 협력, 산학 협력, 민관 협력 등은 기업, 지역경제, 국민경제의 생산성을 높인다.

경쟁보다는 협력을 촉진하는 제도의 설계, 협력을 촉진하는 파트너십과 공동체 정신의 강화는 협력경제를 실현하는 데 필요한 요소다. 협력경제는 노사 간, 대-중소기업 간, 도농 간, 수도권과 지방 간 공생을 통해 양극화를 극복하는 사회 통합을 가능하게 한다. 시장경쟁을 절대시하는 신자유주의, 주주의 단기적 이익 실현에 집착해 노사협력이나 기업 간 협력을 저해하는 금융주도경제와 주주자본주의에서는 실현되기 어렵다. 따라서 노동자·주주·경영자 등이 참가해 협력하는 이해관계자 자본주의, 협동조합이나 사회적 기업으로 구성된 '사회적 경제(Social Economy)'라는 새로운 경제 패러다임이 강화돼야 협력경제를 실현할 수 있다. 사회적 대화가 활발하고 타협이 잘 되는 나라에서 협력경제가 실현될 수 있다. 협력경제를 추동하는 가치는 '연대(Solidarity)'다.

청정경제는 '녹색기술(Green Technology)'과 '녹색제도', '녹색문화'를 통해 유지되는 경제다. 화석에너지로부터 재생에너지로의 에너지 전환을 통해 탄소의존성을 줄이고 에너지 효율성을 높이는 녹색기술은, 청정경제의 토대다. 녹색기술로 개발된 태양에너지와 수소에너지에 기초한 태양경제와 수소경제의 실현이란 장기적 전망 아래 에너지 전환 계획을 수립하고 일관되게 실행하는 것이 무엇보다 중요하다.

인류의 생존 기반을 송두리째 파괴할 위험이 있는 원자력 의존을 줄이는 로드맵을 작성해야 한다. 일본 후쿠시마 원전 재앙은 원전을 축소하고 재생에너지 비중을 높이는 것이 얼마나 절실한 과제인지 웅변으로 증명해준다. 원전 안전 설비와 장치가 허술한 채 무모하게 원전을 확대하는 정부 정책은 중단돼야 한다. 이런 에너지 전환 계획은 물론 지구온난화를 억제하기 위한 기후변화협약에서 한국 경제에 요구되는 CO_2 감축 계획과 연계해 추진해야 한다. 생산 시스템의 탈물질화와 탈독성화가 강도 높게 추진돼야 한다. 생산과 소비에서 증가하는 엔트로피를 줄이는 '관류 혁신(Throughput Innovation)'을 위한 제도를 구축하고 문화를 함양해야 한다. 정부는 탄소세 도입 같은 '생태적 조세 개혁(Eco-tax Reform)'을 추진하고, 시민은 생태주의적 생활양식을 갖춰야 한다. 아울러 생태적 농업과 지역 자원순환형 농업으로 전환해 나가야 한다. 청정경제를 추동하는 가치는 '생태(Ecology)'다.

이와 같이 창조·협력·청정 경제가 결합할 때 지속 가능한 선진경제가 실현될 수 있다. 이를 위해서는 높은 수준의 지식투자와 사회투자, 녹색투자를 해야 한다. 연구·개발과 인적자원개발로 구성된 지식투자는 창조경제를, 사회보장 지출을 중심으로 한 사회투자는 협력경제를, 에너지 효율성을 높이고 화석에너지에서 재생에너지로의 에너지 전환을 추진하는 녹색투자는 청정경제를 실현하는 데 각각 기여할 것이기 때문이다.

지속 가능한 선진경제가 가까운 장래에 우리나라에서 실현되려면, 현재의 한국 경제를 이끄는 경제정책 기조를 획기적으로 바꾸어야 한다. 주주자본주의, 금융주도경제, 하향식 경제학을 극복해야 한다. 주주만이 의사결정권을 가지고 주가수익의 극대화를 지향하는 주주자본주의가 아니라, 주주·노동자·경영자 등 기업의 이해관계자가 의사결정에 함께 참여하고 이해관계자의 공동자산 가치를 극대화하는 이해관계자 자본주의를 실현해야 한다. 금융이 자유화하고, 금융자본이 산업자본과 노동자를 지배하고 수탈하는 금융주도경제가 아니라, 노동과 자본에 체현된 지식이 부가가치 창출과 경제성장의 원동력이 되는 지식주도경제를 실현해야 한다.

부자 감세와 대기업에 대한 규제 완화를 통해 부자의 소비와 대기업의 투자를 활성화해 경제성장을 달성하고, 그 과실을 빈자와 중소기업에 일부 배분해 사회를 통합하는 하향식 경제학이 아니라, 빈자와 노동자, 그리고 중소기업에 대한 투자를 강화해 생산성을 높여 경제성장과 사회 통합을 동시에 달성하려는 상향식 경제학을 실천해야 한다. 3C 경제와 이해관계자 자본주의, 지식주도경제, 상향식 경제학이 결합하면 지속 가능한 선진경제를 실현할 수 있다.

(이코노미 인사이트, 13호, 2011.5.1)

03 | 창조경제의 비전과 전략, 무엇이 문제인가

창조경제는 박근혜 정부의 제1의 국가 의제다. 과거 노무현 정부의 균형발전과 이명박 정부의 녹색성장처럼, 박근혜 정부는 창조경제를 최고의 국가의제로 설정하고 있다. 지난 6월 정부는 관계부처 합동으로 창조경제의 청사진을 제시하였다. 여기에 담긴 창조경제의 비전과 전략에는 긍정적 측면과 함께 적지 않은 문제점이 있는 것으로 보인다.

그동안 우리나라 경제성장의 특징이었던 모방을 통한 추격형 성장에서 벗어나 창의성에 기초한 선도형 성장으로 전환하기 위해 창조경제를 실현해야 한다는 청사진의 문제인식은 매우 적확하다. 모방에 기초한 성장이 한계에 도달한 현 단계 한국경제에서 '모방에서 창조로의 전환'은 한국경제의 지속적 성장을 위한 가장 중요한 과제이기 때문이다. 1997년 외환위기 이후 급격히 하락한 경제성장률과 성장잠재력을 높이기 위해서는 창의성에 기초하여 성장하는 창조경제 실현이 필수적이다.

그런데 문제는 창의성이 어디에서 나오는가를 올바르게 파악하는 것이다. 창의성에 관한 연구나 창조경제론에 의하면, 창의성은 주로 문학적 상상력과 예술적 감수성에서 나온다. 특히 기존의 틀과 통념을 벗어난 무한한 상상력은 창의성의 가장 중요한 원천이다. 따라서 상상력을 높이는 교육은 창조경제의 주춧돌이 된다. 주입식, 암기식 교육, 정형화된 지식 습득 중심의 교육에서 탈피하여 학생들의 상상력을 높이는 교육으로 나아가는 교육혁신은 창조경제 실현의 제1의 전략이 되어야 한다.

하지만 정부가 제시하고 있는 창조경제 실현 전략에는 이에 대한 강조가 보이지 않는다. 창의적 융합형 인재 양성을 강화한다고 되어 있지만, 상상력을 높이는 교육프로그램 개발, 상상력을 높이는 학습과 교수방식의 필요성에 대한 강조를 찾을 수 없다. 이와 관련한 대학입시제도의 전면적 개혁 의제도 빠져 있다. 다만 초·중등생을 위한 융합인재 교육콘텐츠 개발, 대학에서의 융합과정 및 융합학과 설치 등은 적절하게 강조되고 있다.

창의성은 또한 자율성으로부터 나온다. 중앙집권체제, 상명하달(上命下達)의 위계체제, 타율의 조직문화에서는 개인의 자율성이 억압되어 창의성이 발휘될 수 없다. 국무회의에서 토론이 없이 장관들이 대통령 말씀을 받아만 적는 정부는 창조정부가 될 수 없고, 중앙정부가 결정권을 가지고 지방정부는 중앙정부의 지시에 따르는 나라에서는 창조적 지역(creative region)이 생길 수 없다. 사장의 목소리만 있고 직원의 목소리는 들리지 않는 기업은 창조적 기업이 될 수 없다. 교육부가 대학과 초·중등학교를 관료적 지시로 통제하는 나라에서는 창의적 인재가 제대로 양성될 수 없다.

중앙집권체제에서 지방분권체제로, 상명하달에서 하의상달(下意上達)로, 관료주의·권위주의로부터 민주주의로, 타율에서 자율로, 시스템과 조직문화가 일대 전환해야 창조경제가 실현될 수 있다. 개인과 기층(bottom)과 현장의 자율성이 보장되어야 자유로운 영혼과 의지를 가진 개인들로부터 창의성이 나온다. 따라서 시스템 혁신과 조직 혁신을 위한 정부 혁신과 기업 혁신을 추진해야 한다. 대통령이 중앙부처 간 칸막이를 없애라고 지시했는데 이와 함께 관료주의와 권위주의를 없애라는 주문도 해야 한다. 아울러 대통령의 통치스타일과 리더십도 창조경제에 걸맞게 바꾸어야 한다.

창의성은 또한 다양성과 개방성에서 나온다. 획일적 사고가 지배하는 곳, 구성원이 전부 동질적인 조직, 특이한 생각과 행동을 하는 괴짜를 왕따 시키는 조직, 일사불란하게 뭉치는 조직에서는 창의성이 발휘되지 않는다. "창의성은 이질성에서 나온다"는 조직이론의 명제처럼, 다양한 가치관과 사고방식과 행동양식을 가진 사람들이 공존하는 조직과 지역이 창조적 조직과 지역으로 될 가능성이 높다. 모방적 다수가 창조적 소수를 배척하여 악화가 양화를 구축하는 조직문화를 타파하는 일대 혁신이 일어나야 한다.

그리고 폐쇄적 조직에서는 새로운 혁신적 사조와 문물이 내부로 들어올 수 없기 때문에 개방성은 창조경제 실현을 위해 필수적이다. 전략적이고 능동적인 개방경제의 유지, 개방적 지역사회의 실현, 개방적 혁신을 하는 기업의 확산은 창조경제를 실현하는 데 필수불가결하다.

특히 우리나라의 지역들은 매우 폐쇄적인데, 외지에서 온 사람들을 이방인 취급하고 따돌리는 지역사회 문화를 청산하지 않으면 지역에서 창조경제를 실현할 수 없다. 다양한 생각을 가진 다른 지역, 다른 국가 사람들이 몰려 들어와서 서로 북적되며 자유롭게 소통할 때 무언가 새로운 아이디어와 패러다임이 출현하여 창조적 지역경제가 실현될 수 있다. 따라서 지역사회에서 문화혁신을 일으키는 의제가 창조경제 추진 전략에 반드시 포함되어야 한다.

유엔(UN)의 창조경제 보고서가 잘 지적하고 있는 것처럼, 창조경제는 지역에서 실현되는 것이다. "창조경제는 하나의 단일한 간선 고속도로가 아니다. 그것은 서로 다른 지역적 궤적들의 군집이다(United Nations Creative Economy Report 2013)." 요컨대 창조경제는 국민경제 전체수준에서 실현되기보다는 공동체, 도시, 지역 수준에서 실현된다. 지역의 창조도시(creative city)에 창조계급(creative class)이 몰려들어 창조산업(creative industry)을 일으킬 때 창조경제가 실현되는 것이다.

따라서 창조경제 전략은 기본적으로 지역정책 차원에서 추진되어야 하고 지역이 스스로 설정한 비전에 따라 다양한 방식으로 추진되어야 한다. 현재 중앙부처가 중앙집권적으로 전국단위로 추진하고 있는 창조경제 실현 전략은 전면 수정되어야 한다. 지역에 권한과 재원을 대폭 이전하는 획기적인 지방분권 개혁의 토대위에서 지방정부, 지역대학, 지역기업, 지역 NGO가 상호작용하는 지역혁신클러스터를 구축하고 암묵적 지식들이 공유되는 지식생태계를 조성하는 전략을 추진해야 한다.

창조경제를 실현하기 위해서 결코 소홀히 해서 안 되는 것은 적절한 보상체계를 구축하는 것이다. 창의적인 학생이 좋은 대학에 들어

갈 수 있고, 창의적 기업가가 실패하더라도 재기할 수 있어야 하며, 도전정신을 가진 직원이 우대되고, 창의적 공무원의 승진 가능성이 높아야 한다. 모방이 아니라 '창의성이 이익이 되게 하는(Make Creativity Pay)' 인센티브 시스템을 구축해야 한다.

특히 내신 성적과 스펙을 넘어 창의성의 잠재력을 가진 학생을 우대하여 뽑는 대학입시제도의 전면 개혁이 필요하다. 아울러 창조경제의 상징인 미국 실리콘 밸리의 혁신문화인 모험 장려('OK to Venture')와 실패격려('OK to Failure') 문화를 우리나라에 뿌리내리게 해야 한다. 뿐만 아니라 규정에 얽매이지 않고 창의적으로 공무를 수행하다 과오를 범한 공무원이 불이익을 당하지 않도록 감사제도와 인사고과 제도를 개혁해야 한다. 단기적 양적 성과에 따라 보상하는 성과급적 연봉제를 폐지해야 한다.

위대한 경제학자 슘페터(J. A. Schumpeter)는 자본주의를 지속하게 하는 혁신(innovation)의 본질을 창조적 파괴(creative destruction)라 했다. 낡은 패러다임을 파괴하지 않고는 창조가 이루어질 수 없다. 한국사회 곳곳에서 발목을 잡고 있는 낡은 패러다임을 파괴하는 혁신이 없이는 창조경제는 실현될 수 없다.

그런데 혁신은 낡은 균형을 파괴하는 것이기 때문에 혼돈과 양극화를 초래하기 쉽다. 창조경제 그 자체도 창조경제를 선도하는 부문과 기존 경제 부문 간에 양극화를 수반한다. 따라서 지속 가능한 창조경제가 되기 위해서는 양극화를 극복할 수 있는 동반성장 체제의 구축이 필요하다. '모두를 위한 창조경제(Creative Economy for All)'란 비전이 지향되어야 한다. 이를 위해서는 창조경제가 경제민주화와 복지국가 의제와 결합되어야 한다.

끝으로 유의할 점이 있다. 노무현 정부 시절에 지역혁신을 한다면서 기구를 만들고 이런저런 행사를 했지만 지역혁신은 일어나지 않았다. 이명박 정부 시절에서는 녹색성장을 한다면서 4대강의 생태계를 파괴하여 녹색을 죽였다. 박근혜 정부는 이전 정부의 이런 전철을 밟아서는 안 된다. 창조경제를 한다면서 국민의 창의성을 억압하는 우를 범하지 않아야 한다.

박근혜 정부는 창조경제의 진정한 의미를 숙고하여 비전과 전략을 재정립해야 한다. 그래야만이 창조경제가 대한민국의 새로운 발전모델이 될 수 있을 것이다.

(보스턴 단상, 2013.12.5)

04 공생적 시장경제: 새로운 경제질서

2008년 세계경제위기 이후 1930년대 대공황에 버금가는 '대침체'가 지속되고 있다. 미국과 유럽에서 경제위기 극복의 뚜렷한 전망이 보이지 않고 빈부격차 확대로 인한 사회양극화가 크게 진전되고 있는 가운데 새로운 경제질서 수립의 필요성이 제기되고 있다.

이러한 상황에서 개최된 2012년 세계경제포럼의 주제는 '대전환: 새로운 모델 만들기'였다. 이 포럼에서는 자본주의의 지속가능성이 문제가 되었고 자본주의의 재설계 방향이 논의되었다.

세계경제위기 이후 고삐 풀린 자유시장경제는 지속 불가능하다는 반성이 일어나고 있다. 지난 30년 동안 미국을 비롯한 선진국 경제는 신자유주의 이념에 따라 자유시장경제 질서가 수립되어 규제철폐, 부자 감세, 민영화, 사회복지의 축소가 진전되었다. 그 결과 경제성장이 지체되고 사회는 양극화되었다. 중산층은 붕괴되고 빈곤층은 더욱 살기가 어려워졌다.

우리나라에서는 부자와 빈자 간, 대기업과 중소기업 간, 수도권과 비수도권 간, 정규직과 비정규직 간의 양극화가 갈수록 심화되고 있다. 이명박 정부에 들어와서 재벌, 부동산, 수도권에 대한 규제를 완화하고 종부세 인하와 같은 부자 감세를 하였으며 대기업과 수도권 중심의 정책을 폈기 때문에 양극화가 심화되었다.

'1:99 사회'라는 극단적 양극화를 초래한 자유시장경제는 더 이상 지속될 수 없고 지속되어서도 안 된다는 합의가 폭넓게 이루어지고 있다. 세계금융계의 거물인 조지 소로스는 자유시장경제를 옹호하는 경제학과 다른 경제학을 모색하기 위해 '새로운 경제사상 연구소(INET)'를 창립하였다.

자유시장경제의 대안이 될 수 있는 새로운 경제질서에 대해 지금 경제학자들 사이에 활발한 논의가 진행되고 있다. 필자는 자유시장경제를 넘어서는 새로운 경제질서를 '공생적 시장경제'로 부르고자 한다.

공생적 시장경제는 시장에 참가하는 경제주체들의 권력이 대등한 상태에서 거래하고 서로 협력하여 자유, 평등, 호혜가 실현되는 시장경제를 말한다. 시장에서 권력이 없거나 약한 중소기업, 자영업자, 노동자, 농민 등의 경제적 약자들이 단결하여 경제적 강자와 대등한 권력을 가지고 시장에서 거래할 때 공생적 시장경제가 실현될 수 있다. 따라서 협동조합과 노동조합은 공생적 시장경제를 위해 필수적으로 요구되는 조직이다.

경제적 강자와 경제적 약자 간의 힘의 불균형을 시정하기 위해 정부가 법률과 정책을 통해 시장에 개입할 수 있다. 경제력 집중을 막기 위한 반독점법 내지 공정거래법, 단결권, 단체교섭권, 단체행동권 등 노동 3권의 인정, 해고제한과 같은 고용보호제도 등은 시장에 대한 정부의 규제를 통해 기업 간 공생과 노사 간 공생 실현을 촉진할 수 있다. 시장경제에서 탈락하거나 불리한 처지에 있는 사람들도 인간답게 살 수 있게 하는 사회보장제도는 공생적 시장경제 실현에 필수적이다.

중소기업이 협동조합을 통해 대기업과 집단 거래하는 것을 반대하고 경제적 약자 보호를 위해 정부가 시장에 개입하는 것을 반대하는 자유시장경제 논리로는 공생적 시장경제를 실현할 수 없다. 경제주체들이 갑과 을의 관계가 아니라 대등한 입장에서 거래하고 계약을 맺고 서로 협력할 때 공생적 시장경제 질서가 수립될 수 있다. 현재 한국에서는 재벌의 경제력 집중과 수도권 집중을 막는 경제민주화가 공생적 시장경제 실현에 가장 중요한 정책이다.

공생적 시장경제를 위해서는 인간과 인간 사이의 공생만이 아니라 인간과 자연 사이의 공생이 이루어져야 한다. 생태계를 보호하고 지속 가능한 발전을 추구하는 저탄소 녹색경제를 구현해야 한다.

(영남일보, 아침을 열며, 2012.3.5)

하향식 경제학이냐
상향식 경제학이냐

1997년 외환위기 이후 10여 년간 한국사회의 빈부격차는 크게 확대됐다. 국회 예산정책처에 의하면, 소득 불평등도를 나타내는 대표적 지표인 지니계수는 1995~2008년에 0.268에서 0.325로 커졌고, 소득계층의 하위 20% 저소득층 소득점유율과 상위 20% 고소득층 점유율의 비율인 5분위 소득배율은 같은 기간에 4.1배에서 6.2배로 증가하였다. 중위소득의 50% 이하인 빈곤가구의 비율인 상대적 빈곤율은 9.3%에서 15.4%로 늘어났다.

한국노동연구원의 분석에 의하면, 1997~2007년 10년 사이의 소득 불평등도(하위 10% 저소득층 소득점유율에 대한 상위 10% 고소득층 소득점유율의 비율) 상승폭이 OECD 22개국 중 한국이 가장 컸다. 소득불평등 정도는 미국 다음으로 높게 나타났다.

이러한 소득 불평등의 증대는 1997년 이후 한국경제의 여러 부문에서 진전된 양극화에서 비롯되었다. 대기업과 중소기업 간, 수출부문과 내수부문 간, 수도권과 비수도권 간, 정규직과 비정규직 간, 고학력자와 저학력자 간 격차 확대 등 복합적 격차가 이러한 소득불평등의 확대를 초래한 것이다. 요컨대 경제부문 간 양극화와 노동자 내부의 양극화가 소득불평등을 높인 것이다.

따라서 소득불평등을 줄이는 근본적 처방은 양극화를 완화하는 것이다. 중소기업, 내수부문, 비수도권, 비정규직, 저학력자 등 취약부문의 역량을 강화하는 것이 병의 뿌리를 다스리는 길이다. 중소기업의 혁신능력을 높이고 중소기업에 대한 대기업의 단가 인하를 막으며, 수출부문과 내수부문 간의 산업연관을 증대시키고, 비수도권에 대한 투자를 강화하며, 비정규직과 저학력자에 대한 지식투자를 강화함과 동시에 그들에 대한 차별을 철폐하는 등의 정책을 실시해야 한다.

이처럼 경제 취약부문에 정부가 집중 투자하고 지원함으로써 그 생산성과 소득을 높여 경제성장을 실현하고 양극화를 해소하려는 것이 바로 상향식 경제학(bottom-up economics)이다. 상향식 경제학은 양극화 없는 성장인 동반성장을 추구한다.

미국의 오바마 정부가 지향하고 있는 것이 바로 이 상향식 경제학이다. 대규모 금융회사와 화이트칼라가 밀집하고 있는 월가(Wall Street)가 아니라 중소 제조회사와 블루칼라가 모여 있는 메인가(Main Street)를 강화하려는 것이 오바마 정부의 정책 기조이다.

반면 이전의 부시정부는 대기업에 대한 규제 완화, 금융시장 자유화, 부자 감세 등을 통해 대기업의 투자와 부자의 지출을 증대시켜 경제성장을 달성하고 그 과실로 중소기업과 빈자에게 지원하려는 하향식 경제학(top-down economics)을 지향하였다. 그 결과 중산층이 붕괴하고 사회양극화가 진전되었으며 마침내 2008년의 파국적 경제위기가 초래되었다.

이명박 정부는 출범 초기에 비즈니스 프렌들리 정책을 지향하였는데, 이는 재벌 대기업, 수도권, 부자에 대한 규제 완화와 감세를 통해 투자를 활성화하여 경제성장을 달성하겠다는 점에서 부시 정부의 하향식 경제학을 추종하는 것이었다. 그 결과 지난 2년간 양극화는 완화되지 않고 오히려 심화되었다.

지난해 이명박 정부는 '친서민·중도'를 내걸고 사회통합을 지향하겠다고 방향 전환했다. 만약 사회통합 담론이 정치적 책략이 아니라 진정성이 있는 것이라면, 올해부터는 상향식 경제학을 지향할 것임을 분명히 할 필요가 있다. 부자 감세를 철회하고, 금융시장 규제를 강화하며, 수도권 규제 완화를 중단해야 한다. 세종시 문제도 원안대로 가는 것이 옳다. 중소기업과 지방을 살리고, 비정규직 및 저학력 노동자의 지식수준을 높이는 획기적 투자를 해야 한다.

(한국일보, 아침을 열며, 2010.1.25)

06 | 녹색성장을 넘어 녹색경제로

　　녹색성장은 이명박 정부가 지난해 8월부터 내건 가장 중심적 국정 의제다. 출범 초기에 이명박 정부는 규제 완화, 감세, 민영화 등을 핵심 내용으로 하는 신자유주의적 경제정책 기조인 MBnomics를 지향하였다. 녹색성장은 이러한 MBnomics의 새로운 콘텐츠로 등장하였다.

　지구온난화라는 기후변화에 대응하여 이산화탄소를 비롯한 온실가스를 감축할 필요성이 전 지구적 의제로 대두하고 세계경제위기가 발생한 데 대응하여 유엔과 미국과 영국 등 선진국들은 녹색 뉴딜(Green New Deal)을 주창하고 추진하고 있다. 저탄소 녹색경제 실현을 위한 정부 지출을 통해 경제위기를 탈출하려는 것이 녹색 뉴딜의 기본 전략이다.

　이러한 녹색 뉴딜의 한국판이 이명박 정부의 녹색성장 전략이라고 할 수 있다. 정부는 녹색성장위원회를 설치하고 녹색성장기본법을 제정한 것과 더불어 글로벌녹색성장연구소를 창립하는 등 녹색성장을 가장 중심적인 국가전략으로 추진하고 있다. 경제성장과 환경보호를 조화시키겠다는 녹색성장 전략은 분명 새로운 성장 전략이라 할 만하다. 이는 일방적인 성장주의에 기초한 애초의 MBnomics와도 다르다. 한국의 녹색성장 전략은 유엔을 중심으로 세계적 주목을 받고 있다.

그런데 내용을 자세히 들여다보면, 녹색성장 전략은 녹색보다는 성장에 초점이 놓여 있다는 것을 알 수 있다. 녹색기술에 기초한 녹색산업을 통해 신성장 동력을 창출하는 것이 중심적 정책으로 되어 있기 때문이다. 녹색은 목표가 아니라 경제성장을 위한 수단으로 쓰이고 있다는 느낌을 지울 수 없다. 녹색기술 개발과 녹색산업을 지원하는 정책 수립이 제도 설계의 중심이 되고 있다. 온실가스를 줄이고 생태계 보호를 촉진할 수 있는 녹색제도 설계와 생태주의적 생활양식을 확산시킬 녹색문화를 함양하는 부분은 매우 취약한 것으로 보인다.

정부는 녹색성장을 내걸고 있으면서도 수도권 규제 완화와 부동산 시장 규제 완화를 통해 녹색을 파괴하는 개발을 부추기고 있다. 녹색성장 전략의 상징적 프로젝트로 추진하고 있는 4대강 살리기 사업은 강 생태계를 되살리기보다 오히려 파괴할 것이라는 우려가 많다. 이 때문에 국토 전체에 심각한 환경 재앙을 초래할 위험성이 높은 사업이라는 다수 국민의 반발에 직면하고 있다.

멀쩡한 강바닥까지 깊이 파내고 보를 높이 세워 강을 저수지처럼 만들고 있는 4대강 살리기 사업은 녹색 뉴딜이 아니라 회색 뉴딜이고, 녹색성장이 아니라 회색 성장을 위한 것이며 강 살리기가 아니라

강 죽이기 사업이라는 비판이 끊이질 않고 있다. 그뿐만 아니라 정부
는 화석 에너지에서 원자력 에너지 중심으로 에너지 전환 전략을 세
우고 있어 한반도 전체의 방사능 노출 위험이 더욱 커질 전망이다.

따라서 현재 4대강 살리기 사업과 원자력 에너지 의존 강화 쪽으로
가고 있는 이명박 정부의 녹색성장 전략에 대한 국민적 불신이 매우
높다. 적지 않은 국민이 녹색성장 전략에서 푸른 희망을 보는 것이 아
니라 잿빛 공포를 느끼고 있다. 많은 전문가들은 녹색성장 전략을 환
경을 파괴하는 개발주의와 성장주의의 새로운 형태로 보고 있다.

이러한 위험과 불신과 의혹을 없애려면 녹색성장을 넘어 녹색경제
를 지향해야 한다. 녹색이 성장의 수단이 아니라 새로운 경제운영 원
리이자 사회구성 원리가 되는 녹색경제를 구현해야 한다. 대량생산경
제에서 녹색경제로의 경제 패러다임의 거대한 전환을 위해서는 개발
주의와 성장주의에 갇혀 있는 녹색성장을 넘어, 생태주의의 기초 위
에 녹색기술과 녹색제도와 녹색문화가 결합된 녹색경제로 나아가야
한다. 녹색경제 실현의 관점에서 현재의 녹색성장 전략을 전면적으로
수정・보완해야 한다.

(한국일보, 아침을 열며, 2010.7.19)

07 | 경제민주화에 대한 시스템적 접근

바야흐로 경제민주화가 대선의 핵심 의제로 떠올랐다. 현재 정치권에서 경제민주화는 재벌 대기업의 불공정거래를 규제하고 재벌에의 경제력 집중을 완화하기 위한 재벌개혁을 중심으로 논의되고 있다.

재벌기업이 하도급업체에 부당한 납품단가 인하를 할 경우 징벌적 손해배상을 하도록 하고, 부당 내부거래를 통해 일감 몰아주기를 하는 것을 금지하며, 중소기업 업종에 침입하거나 골목상권에 진출하는 것을 막는 조치를 하겠다고 모든 대선 후보가 한목소리를 내고 있다.

재벌총수들이 기업집단에 대한 지배권을 유지하는 수단인 순환출자를 금지하고 출자총액제한제도를 부활하며 금산분리를 강화하자는 재벌개혁안에 대해서는 진보와 보수 후보 간에 뚜렷한 차이를 보이고 있다. 새누리당 후보들은 순환출자 금지와 출자총액제한제도 부

활 그리고 금산분리 강화에 반대하거나 신중론을 펴고 있다. 반면 민
주통합당 후보와 안철수 원장은 이에 찬성하고 있다.

하지만 현재의 경제민주화 논의에는 규제하고 금지하는 정책만 보
이고 경제시스템의 근본적 개혁 대안이 없다. 즉, 경제민주화 논의가
병의 뿌리를 다스리는 근본 처방이 아니라 증상을 완화하려는 대증
요법에 머물고 있다.

심각한 경제력 집중과 양극화를 초래하고 있는 근본 원인에 대한
진단에 기초하여 한국경제의 지속 가능한 발전의 관점에서 처방을
제시해야 한다. 공평성과 효율성을 동시에 실현하는 방향으로 경제민
주화 정책대안을 제시해야 한다.

한국에서 경제력 집중과 양극화를 초래하고 있는 근본 원인은 '재벌
체제-중앙집권체제-수도권 집중체제'라는 3중의 정치경제적 독점체
제이다. 따라서 재벌체제와 중앙집권체제, 수도권 집중체제를 극복하
는 3중의 개혁이 동시에 추진되어야 경제민주화가 실현될 수 있다.

재벌체제 개혁은 재벌총수가 제왕처럼 기업집단에 군림하는 재벌
자본주의도 아니고, 주주만이 의사결정권을 가지고 주주 가치의 극대
화를 위해 기업경영을 하는 주주자본주의도 아닌, 이해관계자 자본주
의 원리에 따라 이루어져야 한다.

주주, 노동자, 협력업체, 지역주민이 기업 의사결정에 직간접으로
참여하고 이들의 공통이익 실현을 위해 기업 경영을 하는 이해관계
자 자본주의로 기업지배구조가 개혁되어야 경제민주화가 실현될 수
있다. 현재와 같은 들러리 사외이사제도를 혁파하고 노동조합과 신뢰
할 만한 NGO가 추천하는 이사들이 주주가 선임하는 이사와 함께 이
사진을 구성하도록 관련법을 개정해야 한다. 대기업에 납품하는 중소

기업들이 협동조합을 통하여 단가를 협상할 수 있는 권리를 가지도록 공정거래법을 개정해야 한다.

기업집단은 성장잠재력과 국제경쟁력 향상에 도움이 된다는 사실이 인정되므로, 기업집단을 해체할 것이 아니라 유지해야 한다. 하지만 기업집단이 이해관계자 자본주의 원리에 따라 기업지배구조를 갖추고 공정거래를 하도록 규제하는 기업집단법을 제정해야 한다.

중앙집권체제와 수도권 집중체제를 개혁하기 위해 지방분권형 개헌을 통해 지방분권국가를 만들고 수도권 규제를 강고하게 실시해야 한다. 특히 지방정부가 과제자주권을 가지는 재정분권과 지방정부 간 경제력 격차를 고려하여 지방재정을 조정하는 재정조정제도가 헌법에 명시되어야 한다.

시장거래에서 권력이 약하여 피해를 보고 있는 경제주체인 비정규직 노동자, 중소기업, 영세자영업자 등의 교섭력을 높이고 그들의 역량을 강화하는 제도개혁은 경제민주화의 필수적 요소다. 시장경제에서 상생은 경제적 강자의 시혜가 아니라 경제적 약자의 교섭력과 역량에 기초한 힘의 형평을 통해 실현된다는 진실을 잊어서는 안 된다.

(영남일보, 아침을 열며, 2012.7.23)

08 | 경제민주화와 지역발전

　　　　　　경제민주화가 바야흐로 시대정신이 되었다. 진보 진영에서는 오래전부터 경제민주화를 주장해 왔다. 그런데 지금은 보수 진영도 경제민주화를 주장하고 있다. 지난 총선에서 민주통합당뿐만 아니라 새누리당도 경제민주화를 주요 정책으로 제시하였다. 연말 대선에서는 경제민주화가 핵심 의제로 떠오를 전망이다.

　경제민주화는 소수의 수중에로의 경제력 집중이 해소되고 경제적 의사결정에 다수가 참가하는 것을 말한다. 보다 많은 경제주체로의 경제력의 분산과, 주주만이 아니라 기업 이해관계자들이 기업의 의사결정에 참가하고 다수 국민이 경제정책 결정에 참여하는 것이 경제민주화다.

　현재 우리나라에서 경제민주화 정책의 초점은 재벌개혁에 모아지고 있다. 시장에서의 재벌의 불공정 행위에 대한 규제에서부터 재벌기업의 출자총액제한제도와 순환출자 금지와 금산 분리 그리고 재벌 해체에 이르기까지 제안되고 있는 재벌개혁 정책의 스펙트럼은 다양하다.

경제민주화 정책의 근거는 대한민국 헌법에서 찾을 수 있다. 헌법 제119조 제2항은 "경제의 민주화를 위하여 경제에 관한 규제와 조정을 할 수 있다"고 규정하고 있다. 그런데 제119조 제1항에서는 "개인과 기업의 경제상의 자유와 창의를 존중함을 기본으로 한다"고 규정하고 있다.

헌법 제119조 제1항은 경제적 자유주의를 규정하고 있는 반면 제2항은 경제민주주의를 규정하고 있다. 경제민주주의를 실현하려면 경제적 자유주의를 불가피하게 제한해야 하기 때문에 제1항과 제2항은 상충한다.

헌법 제119조 제1항과 제2항의 관계를 진보와 보수는 서로 다르게 해석한다. 보수주의자들은 제1항이 기본이므로 제2항이 제1항을 침해해서는 안 된다고 본다. 반면 진보주의자들은 제2항을 더 중요시한다.

제119조 제2항은 1987년 헌법 개정 때 삽입되었다. 그런데 1987년 민주헌법 체제가 성립한 이후 재벌과 수도권으로의 경제력 집중이 크게 강화되었다. 지난 25년 동안 진전된 대기업과 중소기업 간, 수도권과 비수도권 간의 양극화 심화와 계층 간 불평등의 증가라는 한국경제의 문제점을 해결하기 위해서는 헌법 제119조 제1항보다 제2항이 더 중요시되어야 한다.

경제적 자유주의자들은 재벌규제와 수도권 규제에 반대한다. 중소기업을 살리기 위해서는 재벌규제가 필수적이고 비수도권을 살리기 위해서는 수도권 규제가 불가피하다. 수도권에 본부를 둔 재벌에 지배당하고 있는 중소기업들로 구성된 비수도권의 지역경제를 살리기 위해서는 재벌규제와 수도권 규제는 반드시 필요하다.

시장경제에서 경제민주화가 실현되려면 시장에서 거래하는 경제주체들이 서로 대등한 권력을 가지고 서로 경쟁도 하고 협력도 해야 한다. 특히 대기업이 부당한 단가인하를 통해 중소기업을 수탈하는 것을 막으려면 중소기업이 협동조합을 통해 대기업과 집단거래를 할 수 있도록 해야 한다. 집단거래는 대기업과 중소기업 간 권력의 불균형을 시정할 수 있기 때문이다. 이를 위해서는 중소기업의 집단거래를 담합으로 보고 금지하는 공정거래법을 개정하는 것이 시급하다. 재정분권을 포함한 지방분권과 지역균형발전은 경제민주화의 필수적 요소다.

현재 경쟁력이 약한 중소기업과 비수도권에 집중 투자하여 그 역량을 획기적으로 증대시켜 대기업과 중소기업이, 그리고 수도권과 비수도권이 동반성장하는 경제시스템을 구축하는 것은 지역발전에 결정적으로 중요한 경제 민주화 정책이다. 무엇보다 정부가 '대기업 먼저', '수도권 먼저'가 아니라 '중소기업 먼저', '비수도권 먼저'의 철학을 확고하게 세우고 재벌과 수도권을 합리적 방식으로 일관되게 규제해야 한다.

(영남일보, 아침을 열며, 2012.5.28)

대 – 중소기업
상생하려면

　　　　요즈음 새삼스런 화두로 떠오르고 있는 대 – 중소기업 상생 담론이 포퓰리즘에 기초한 일회용 이벤트로 끝나지 않고 진정한 상생 질서 수립으로 연결되려면, 이번 기회에 대 – 중소기업 간 관계를 근본적으로 변화시키는 제도개혁을 해야 한다.

　　한겨레21의 조사 분석에 의하면, 2010년 1분기에 삼성전자와 현대자동차의 순이익률은 각각 12.78%와 11.39%였는 데 반해, 이 회사들에 납품하는 부품업체들의 순이익률은 각각 3.0%와 0.16%에 불과했다. 이 자료는 원청업체와 하도급업체 간에 상생이 아니라 엄청난 양극화가 일어나고 있음을 말해준다.

　　원청업체와 하도급업체 간의 이러한 현격한 순이익률 격차를 기술력 격차로만 설명할 수 없다. 원자재 가격이 올라도 납품가격은 오르지 않고, 하도급업체가 확보한 이윤을 원청업체가 납품단가 인하로

후려쳐 가기 때문에, 그렇게 큰 이익률 격차가 나고 있는 것이다. 대기업과 중소기업이 파트너로서 상생하고 있는 독일이나 일본과 달리 우리나라는 납품단가 인하를 통해 하도급업체의 이윤이 상당 부분 원청업체로 이전되기 때문에 대-중소기업 간 상생이 안 되고 있다.

납품단가 인하로 인한 낮은 이익률은 중소기업의 연구개발 투자와 인적자원개발 투자의 여력을 없애 '저생산성-저이윤, 저임금-저투자-저생산성'이라는 악순환을 초래한다. 따라서 대기업의 납품단가 인하 행위를 막는 것이 대-중소기업 상생의 출발점이 되어야 한다.

납품단가 인하는 시장에서의 중소기업의 약한 협상력에서 비롯된다. 중소기업의 약한 협상력은 재벌이 지배하는 경제구조 아래서의 경제력 집중, 중소기업의 낮은 기술력, 중소기업들 간의 과당경쟁 때문이다.

따라서 대-중소기업 간 상생을 위해서는 경제력 집중을 완화시키도록 재벌규제를 강화하고, 중소기업의 기술력을 높이는 종합정책을 실시해야 하며, 시장에서 중소기업의 협상력을 높이도록 중소기업이 대기업과 개별거래를 넘어 집단거래를 할 수 있게 해야 한다. 이와 보조를 맞추어 현행 기업별 노조를 산업별 노조로 개편해야 한다.

우선 당장은 대기업의 대표적 불공정행위인 납품단가 인하를 막을 수 있는 효과적인 제도를 도입해야 한다. 4월부터 시행 중인 납품단가 조정협의제는 협상력이 약한 개별 하도급업체가 대기업을 상대로 협의하는 것이므로 실효성이 없다. 따라서 업종별 중소기업 협동조합에 납품단가 조정협의권을 위임하여 대기업과 납품단가를 단체 협상할 수 있도록 해야 한다.

이에 대해 공정거래위원회는 담합의 소지가 있다는 이유로 부정적인 반응을 보이고 있다. 하지만 카르텔을 엄격히 금지하고 있는 독일의 경쟁법이 중소기업에 한해서는 대기업과의 교섭력이 약하기 때문에 카르텔 형성을 허용하고 있는 사실을 참고할 필요가 있다.

이와 관련하여 중소기업협동조합의 협동화 사업에 한해서 공동판매라는 담합을 인정하자는 한나라당 이한구 의원의 제안은 적극적으로 검토할 만하다. 시장에서의 중소기업의 협상력을 높이는 이러한 제도개혁이 있어야 대-중소기업 상생 담론이 '하청으로부터 파트너십으로'라는 대-중소기업 간 관계의 근본적 전환으로 이어질 수 있을 것이다.

아울러 일본의 중소기업 정책처럼, 산업 고용 교육 복지 금융 재정 정책들이 상호 보완성을 가지는 하나의 패키지로 결합된 중소기업 종합지원정책을 중앙정부와 지방자치단체가 공동으로 시행할 필요가 있다. 여기에다 지역 중소기업의 혁신능력을 높이기 위한 지역대학의 산학협력이 획기적으로 강화되어야 한다.

(한국일보, 아침을 열며, 2010.8.9)

10 | 경제안전망을 구축하자

　　2008년 미국발 세계경제위기가 불안한 회복세로 막 돌아서고 있는 상황에서 그리스발 금융위기의 파도가 밀려들고 있다. 주가는 폭락하고 환율이 급등하였다. 제3 금융위기가 올 것이라는 우려도 나오고 있다. 1990년대 이후 지난 20여 년간 선진경제, 신흥경제, 개발도상경제, 이행경제 등 지구촌 곳곳에서 수차례 거듭되어 온 금융위기와 그로 인한 파국적 경제위기를 보면서, 경제안전망 설치가 절실히 필요함을 느낀다.

　　그동안 사회안전망에 대한 논의는 많았다. 시장경쟁에서 탈락하거나 불리한 위치에 있는 사람들의 실업과 빈곤에 대응해 국가가 사회보장제도를 통해 이를 구제하는 것이 사회안전망이다. 실업자도 먹고 살 수 있고 극빈층도 최저생활을 할 수 있게 하는 사회안전망을 촘촘하고도 강하게 설치해야 시장경제에서 어느 정도의 사회통합을 실현할 수 있다.

그런데 사회통합에 기초한 지속 가능한 성장을 위해서는 이러한 사회적 안전망만으로는 부족하다는 점이 점차 분명해지고 있다. 사회적 안전망은 경쟁에서 탈락한 사람들을 사후적으로 보호하는 장치이다. 그것은 시장경제가 직면할 수 있는 위기나 위험에 대한 사전적인 안전장치는 결코 되지 못한다. 경제적 글로벌화가 진전되면서 세계경제의 변화가 국민경제에 미치는 영향은 직접적이고 매우 민감하게 되었다. 특히 수출비중이 매우 높은 한국경제는 세계경제의 변화가 큰 폭의 변동을 초래하는 격변성(volatility)을 보이고 있다.

따라서 이러한 격변성에 대응해 한국경제를 사전적으로 안정화시킬 수 있는 경제안전망을 구축하는 것이 매우 중요하다. 경제안전망(economic safety net)은 금융안전망과 고용안전망이라는 두 개의 기둥으로 구성되어야 한다. 금융안전망은 세계 금융시장의 불안정성이 국민경제에 미치는 나쁜 영향을 차단하기 위해, 국제 단기자본이동을 규제하는 토빈세의 도입, 금융위기 조기경보제도의 도입 등을 통해 금융시장을 규제하거나 감독하는 것을 말한다. 특히 2008년 세계 금융위기를 통해 그 문제점이 크게 노정된 금융파생상품에 대한 규제를 강화해야 한다.

고용안전망은 노동자들이 실업이나 빈곤에 빠지지 않도록 하고 실직하고 빈곤에 처했을 경우 거기서 탈출할 수 있도록 해주는 안전장치를 말한다. 실업자의 재취업을 위한 직업훈련을 실시하는 적극적 노동시장정책을 강화하는 것, 노동시간 단축을 통해 일자리 나누기를 실시하는 것, 민관협력으로 사회적 일자리를 창출하는 것, 고용안정을 위한 노사협약과 사회협약을 체결하는 것 등등.

이러한 제도와 정책들은 고용안전망의 역할을 한다. 평생직장을 기대하기 어렵게 된 지식기반경제에서 평생고용이 이루어질 수 있도록 실시하는 평생교육은 고용안전망의 주요한 장치 중 하나다. 지구온난화에 대응해 대량생산경제에서 녹색경제로의 이행이 요구되고 있는 대전환기에서 좋은 녹색 일자리를 창출하고 유지하기 위한 고용안전망 구축이 필요하다.

그런데 이번 2008년 세계경제위기를 통해서 확인된 한 가지 사실은 사회안전망이 잘 갖추어진 복지국가에서는 실업보험제도나 조세제도가 경기 후퇴의 정도를 약화시키는 자동안전장치 역할을 했다는 것이다. 요컨대 사회안전망이 경제안전망 기능을 했다는 점이다.

우리나라는 사회안전망이 취약하고 조세부담률이 낮기 때문에 자동 안전장치가 미약하다. 그 결과 세계경제위기로 인한 경기후퇴가 그만큼 심각했으며 그에 따라 세계에서 상대적으로 가장 높은 지출 수준의 경기부양책을 실시해야만 했다.

금융안전망을 잘 구비하지 않은 채 금융 주도경제로 가고 있고 고용안전망을 잘 정비하지 않은 채 노동시장의 유연화를 추구하려는 현 정부의 경제정책은 매우 위태롭게 보인다. 금융안전망과 고용안전망으로 구성된 경제안전망을 사회안전망과 함께 촘촘하고도 강건하게 구축해야 지속 가능한 선진경제를 실현할 수 있을 것이다.

(한국일보, 아침을 열며, 2010.5.17)

11 | 국가경쟁력 강화해야 선진국 진입

10년 전까지만 해도 경쟁력이란 곧 기업경쟁력을 의미하였다. 그러나 1990년대 들어와 글로벌화가 급격히 진전되면서 국가경쟁력이 경쟁력 개념의 중심 개념으로 떠올랐다. 이에 경제 활동을 둘러싼 기업과 기업 간의 경쟁뿐만 아니라 국가와 국가 간의 경쟁이 중요시되게 된 것이다.

사회주의 체제의 붕괴로 종래의 자본주의 대 사회주의의 체제 경쟁이 끝나고, 자본주의 대 자본주의의 경쟁이 시작되었다. 자본주의 대 자본주의의 경쟁은 결국 서로 다른 자본주의 시스템 혹은 발전모델 간의 경쟁이라 할 수 있다. 따라서 지금 국가경쟁력은 곧 자본주의 시스템의 경쟁력이라 할 수 있다.

국가경쟁력은 무한경쟁의 세계시장에서 국가의 생존문제와 직결되어 있다. 싫든 좋든 우승열패와 적자생존의 시장경쟁 원리가 국가

경영의 중심에 자리 잡고 있는 오늘날, 문명세계의 거의 모든 나라들이 국가경쟁력 강화를 부르짖고 있다.

그렇다면 과연 국가경쟁력은 어디에서 나오는가?

국가경쟁력은 국민 개개인의 경쟁력과 개인들이 소속되어 있는 개별 조직의 경쟁력으로 구성된다. 조직의 경쟁력은 생산조직인 기업의 경쟁력, 지식창출조직인 대학의 경쟁력, 통치조직인 정부의 경쟁력, 그리고 사회 시스템의 경쟁력 등으로 구성된다.

개인의 경쟁력은 개인의 자기개발과 자기혁신을 통해 향상된다. 그런데 개인의 경쟁력은 개인이 시장경쟁 속에서 생존하고 자기 이익을 추구해야 하기 때문에 적자생존의 시장 메커니즘에 의해 강제되지만, 상당 정도 개인의 자기개발과 자기혁신을 촉진하는 제도에 달려 있다. 제도는 개인들의 행동을 특정한 방향으로 유도하는 규칙이므로 개인들이 자기개발을 하거나 자기혁신을 할 때 그 개인에게 이익이 되도록 하는 제도를 정비하면 그만큼 개인의 경쟁력을 높이는 데 기여할 것이다.

조직의 경쟁력은 조직 속의 사람들 간의 관계, 조직의 행동규칙인 제도, 조직 속의 사람들의 가치관, 사고방식과 행동방식, 요컨대 문화에 달려 있다. 사람들 간의 관계가 '만인에 대한 만인의 투쟁'이나 원자적 경쟁에 지배되면 사람들이 서로 대립하고 갈등하여 조직의 경쟁력이 떨어질 수밖에 없다.

따라서 조직 내에서 효율성을 높이는 경쟁과 공평성을 실현하는 연대가 적절히 결합될 때 조직의 경쟁력이 지속적으로 향상될 수 있을 것이다. 공평성 없이 효율성만 추구하면 단기적으로는 경쟁력이 향상될지 모르나 조직의 통합이 깨어져서 장기적으로는 오히려 경쟁력이 약화될 수 있다.

능력과 노력의 차이를 무시한 나누어 먹기 식 분배 원칙, 이른바 '1/n 원칙'이 지배하면 조직의 경쟁력이 높아질 수가 없을 것이다. 반면 조직 내 자원분배의 결과가 '부익부 빈익빈' 현상을 초래하여 조직의 구성원들을 양극화시키면 상대적 박탈감을 느끼는 구성원들의 사기저하로 조직의 효율성이 떨어질 수밖에 없다. 완전 수평적 평등주의나 완전 수직적 차등주의 모두 조직의 경쟁력 향상을 가로막는다.

지식기반경제에서는 경제활동에 참가하는 개인들의 창의성이 경쟁력을 결정하는 아주 중요한 요소가 된다. 창의성은 유전자에 의해 결정되는 개인의 천재성에서 나올 수도 있지만, 개인들의 자유로운 개성이 발현되고 왕성한 비판정신이 존재하는 개방적이고 진취적인 '열린사회'에서 잘 나타날 것이다. 개성을 죽이는 사회에서는 현상을 유지하는 몰개성적인 집단적인 '평균치의 독재'가 지배하여 사회가 역동적으로 발전할 수 없다. 기성의 패러다임에 대한 비판적 태도가 없으면 새로운 더 나은 패러다임의 발상이 나올 수 없다.

획일과 굴종이 지배하는 폐쇄적이고 퇴영적인 '닫힌사회'에서는 개인들의 창의성이 제대로 함양될 수 없다. 노예제 사회에서 인격이 부정된 '말하는 도구'인 노예는 창의성을 가질 수 없었다. 따라서 노예제에 기초한 고대 로마제국이 멸망한 것이나 노예제에 기초한 미국 남부가 남북전쟁에서 북부에 패배한 것은 역사의 필연이었다고 할 수 있다.

무엇인가 독특하고 이색적인 것을 추구하는 사람들이 '왕따'당하지 않으며, 기존의 패러다임을 비판하고 '창조적 파괴'를 시도하는 사람들이 환영받는 사회, 외래의 선진 문물을 적극 수용하고 합리적인 새로운 것을 적극 추구하는 사회에서 창의성 있는 개인들이 많이 존재할 때 높은 국가경쟁력이 발휘될 것이다. 속칭 '튀는 사람'이 박수를 받고 차이가 관용되는 사회, 새로운 시도를 하다가 실패한 사람들을 격려하는 사회 분위기가 국가경쟁력을 높일 것이다.

가부장제 아래 여성을 억압하고 차별하는 사회에서는 '하늘의 반을 떠받치고 있는' 여성의 잠재력이 개발될 수 없어 국가경쟁력이 제대로 높아지지 않을 것이다. 남자보다 똑똑한 여자가 단지 여자라는 이유만으로 교육을 더 받지 못하고 취업이 되지 못한다면, 그 사회에서는 여성 자신만 불행한 것이 아니라 국가경쟁력도 낮을 수밖에 없을 것이다.

기업의 경쟁력은 기술이 주어져 있을 경우 고생산성과 고품질을 가능케 하는 것은 작업조직과 노사관계에 달려 있다. 세계 초우량기업들의 사례가 보여주듯이 생산현장 노동자들이 자율성을 가지고 구상기능을 수행하며 의사결정에 참여하는 기업들이 높은 경쟁력을 나타낸다.

아무런 생각 없이 시키면 시키는 대로 행하는 노동자들은 고품질의 제품을 만들기 어렵다. 독인 벤츠 자동차 회사의 사장 얘기대로 노동자들의 혼이 들어 있는 제품만이 고품질이 될 수 있다. 노동자들이 손발만 쓰는 것이 아니라 머리를 쓸 때 고부가가치 상품을 만들 수 있다. 노동자들이 머리를 쓸 수 있으려면, 다시 말해서 구상기능을 수행하려면 노동자들에게 자율성이 주어져야 하고 노동자들이 기업경영의 의사결정에 참여해야 한다. 흔히 말하듯이 노동자들이 주인의식을 가질 때 회사 일을 자기 집안일처럼 책임감을 가지고 신바람 나게 일할 수 있을 것이다. 즉, 노동자들의 창의력은 신바람 나게 일할 때 발휘될 수 있다.

이처럼 자율성 없는 창의는 없고, 참여 없는 창의는 없는 것이다. 이와 같이 볼 때 기업경쟁력은 참여와 자율에 기초한 노사관계가 정립될 때 향상될 가능성이 높다 할 수 있다. 정부당국과 기업주들이 그토록 강조하는 노사협력도 직장에서의 노동자들의 자율성과 참여 없이는 기대할 수 없을 것이다. 그동안 독일과 일본 기업의 높은 경쟁력은 노동자들의 참여와 창의에 기초한 고부가가치 생산에서 비롯되었다는 사실은 널리 알려져 있다.

조직의 효율성 내지 조직의 경쟁력을 높이는 인센티브 시스템은 무엇일까? 요즈음 유행처럼 확산되기 있는 연봉제와 성과급제는 과연 경쟁력을 높이는 믿을 만한 제도일까? 완전 개별화된 연봉제와 성과급제는 개인의 경쟁력을 높이는 자극 요소가 됨에 틀림없다. 고액 연봉과 많은 성과급을 받으려고 개인들이 자기개발을 하고 열심히 일할 것이기 때문이다.

그런데 연봉제와 성과급은 개인별로 업적 평가와 성과 평가가 가능한 일에만 효력이 있음을 알아야 한다. 예컨대 타율이나 방어율로 결정되는 야구선수의 연봉이나 기금증식 실적으로 평가되는 펀드 매니저의 연봉과 같이 개별적으로 명확한 정량적 업적 평가가 가능할 경우에는 연봉제는 효과가 있고 따라서 구단과 투자회사의 경쟁력을 높이는 데 기여할 것이다.

그러나 조직구성원 간의 협력이나 팀 작업이 성과 달성에 필수적인 직종의 경우 개별화된 연봉제와 성과급은 적용되기 어렵다. 그런 직종에 만약 그것이 적용되면 효과가 없고 부작용이 나타날 가능성이 높다. 군인의 월급을 전투에서 사살한 적군의 수로 정하고 경찰의 월급을 검거한 범죄자의 수로 계산하며 교사의 월급을 학생 성적으로 책정한다고 상상해 보라. 얼마나 끔찍한 일이 일어나겠는가.

경쟁력을 높일 수 있는 합리적 인센티브제도는 직종에 따라 다양하게 도입하되, 생활급을 기본으로 하고 거기에 '플러스알파'의 성과급을 더하여 조직의 안정성과 역동성을 높이는 방향으로 설정해야 할 것이다. 근속연수가 늘고 나이만 먹으면 자동적으로 월급이 오르는 단순한 연공임금제도는 조직의 경쟁력 향상에 저해요인이 될 것이다.

한편 대학의 경쟁력은 오늘날 지식기반경제에서 국가경쟁력 강화에 결정적 요소가 되고 있다. 새로운 과학기술을 창출하고 새로운 이론과 합리적 정책대안을 제시할 수 있는 대학의 능력, 창의성 있는 지식을 가진 인재를 양성하는 대학의 능력이 국가경쟁력을 좌우한다.

현재 우리나라 대학의 경쟁력은 형편없이 낮은 실정이다. 교수들이 현실에 안주하고 학생들이 열심히 공부하지 않는다는 비판이 쏟아지고 있다. 교육인적자원부의 지시에 따라 수동적으로 움직이는 대학, 교수들의 참여가 없는 대학, 교육투자가 빈약한 대학에서 높은 수준의 고등교육을 기대하기 어렵다. 교수들의 자기 혁신과 대학 교육 시스템의 혁신, 그리고 대학교육에 대한 대대적인 정부투자가 대학의 경쟁력을 높일 수 있을 것이다.

아울러 고질적인 입시위주의 교육, 주입식·암기식 교육으로는 학생들의 창의력이 높아질 수 없다. 대학교육 시스템과 함께 학생들의 창의성을 높이는 방향으로의 초·중등교육의 전면적 개혁 없이는 국가경쟁력을 높일 수 없다. 미국의 국가경쟁력이 창의성을 높이는 미국의 교육시스템에서 비롯되고 있다는 것은 이미 정평이 나 있다.

국가경쟁력을 높이는 데 있어서는 통치조직인 정부의 선도적 역할이 요청된다. 21세기 신기술인 IT(정보기술), BT(생명기술), NT(나노기술), CT(문화기술) 등에 대한 대대적인 투자는 물론 필수적이다. 그러나 이에 못지않게 중요한 것은 경쟁력을 높이는 제도를 구축하고 정책을 실시하는 정부의 능력이다.

우선 개별 경제주체들 간 혹은 조직들 간에 공정경쟁 질서를 확립하는 일이 무엇보다 중요하다. 재벌에 의한 경제력 독점, 1인 보스정치에 의한 권력독점, 특정대학에 의한 교육독점, 특정 언론기관에 의한 언론독점 등 사회 각 부문의 독점체제를 해체하고 공정경쟁체제를 구축해야 한다. 이런 독점체제는 특혜, 불평등, 차별, 소외를 빚어내어 사회갈등을 초래함으로써 사회 전체의 경쟁력을 떨어뜨리고 있기 때문이다.

그리고 공정한 인사제도를 통해 유능한 인재를 적재적소에 배치하는 것이 중요하다. 그동안 잘못된 관행을 고치고 고질적인 지역패권주의를 타파해야 국가경쟁력이 높아질 수 있는 것이다.

아울러 세계적으로 그 유례를 찾을 수 없는 중앙집권-서울집중체제를 해체해야 한다. 중앙정부의 권력독점은 부패와 비효율의 온상이 되고 있으며, 인적 및 물적 자원의 과도한 서울집중은 서울에는 과밀로 인한 비효율과 환경오염을, 지방에는 과소로 인한 비능률과 황폐화를 발생시키고 있기 때문이다. 따라서 중앙정부로부터 지방자치단체로 권한을 이양하고 서울에서 지방으로 자원을 분산시키는 획기적인 지방분권을 단행해야 국가경쟁력을 높일 수 있다.

오늘날 이미 상당 정도 분권화되어 있는 OECD 국가들이 세계화 시대에 국가경쟁력을 강화하기 위해 지방분권을 더욱 추진하고 있는 까닭은 바로 국가경쟁력은 지방의 경쟁력의 합이라는 인식을 하고 있기 때문이다. 지방분권과 지역혁신, 그리고 주민자치가 경합되어, 주민참여에 기초한 지역의 내생적 발전을 추진할 때 지역의 경쟁력도 높아지고 따라서 국가경쟁력도 높아질 수 있을 것이다.

끝으로 지적할 것은 국가경쟁력 강화가 국민들의 삶의 질 향상으로 연결되어 모든 국민들이 인간다운 삶을 누릴 때 국민 개개인의 잠재력이 충분히 발휘되어 지속적으로 국가경쟁력이 높아질 수 있을 것이라는 점이다. 소수 엘리트 중심의 경제발전과 편중된 소득분배로 부익부 빈익빈이 초래되어 '20 대 80의 사회'가 되면, 사회갈등의 심화로 장기적으로 국가경쟁력이 약화될 것이다.

국가경쟁력 강화를 위한 제도를 정비하고 정책을 수립할 때, '열린 사회가 경쟁력 있다', '공평성 없는 효율성 없다', '분권과 자율이 효율적이다'라는 명제들을 명심해야 할 것이다. 이러한 인식으로부터 국가경쟁력의 진정한 원천은 지방분권적이고 자율적인 공평한 열린 사회의 실현에 있다는 결론에 도달하게 된다.

(국방부, 『국방저널』 제339호, 특별기고, 2002.3.1)

12 | 노무현 정부가 남긴 경제정책 과제

"국민은 참여정부가 무엇을 잘했는지 몰랐고

참여정부는 자신이 무엇을 잘못했는지 몰랐다."

I. 노무현 정부의 경제정책 기조

노무현 정부는 '국민과 함께하는 민주주의', '더불어 사는 균형사회', '평화와 번영의 동북아 시대'라는 3대 국정목표를 설정하였다. 이러한 목표에 따른 국정관리 기조는 ① 민주주의의 심화·발전, ② 정부혁신을 위한 '유능한 정부' 실현, ③ 진보적 가치의 실현, ④ 혁신주도형 경제·사회로의 전환, ⑤ 장기적 접근과 갈등과제에 대한 정면 대응 등으로 설정되었다.

이러한 국정목표와 국정관리 기조에서 찾아볼 수 있는 경제정책

기조는 다음과 같았다.

우선 '더불어 사는 균형사회'란 국정 목표에서, 지역 간·계층 간 불균형을 시정하여 사회적 갈등을 해소하고, 이를 통해 사회통합과 새로운 경제성장 동력을 확보한다는 것, 국가균형발전 정책을 추진하여 지방의 자립적 발전역량을 강화하고 수도권의 질적 발전을 도모한다는 것, 적극적인 사회투자 정책을 시행하고 이로써 성장과 분배의 선순환을 추구한다는 것 등이 경제정책 기조와 관련되어 있었다.

'진보적 가치의 실현'이란 국정관리 기조는 ① 성장과 분배, 시장경쟁과 사회적 연대의 동시 추구, ② 경제정책과 사회정책의 통합적 추진, ③ 유연한 진보와 개방적 진보 추구로 설정되어 있었다. 여기서 동반성장, 균형발전, 사회투자가 3대 진보전략으로 제시되었다. 즉, 대－중소기업 간 및 수출부문과 내수부문 간 동반성장, 지역 간 균형발전, 저소득층과 일반국민을 위한 사회투자라는 '상생의 진보전략'을 적극적으로 추진한다는 것이었다.

'혁신주도형 경제사회로의 전환'이란 국정관리 기조에서는 요소투입형 경제성장의 한계를 극복하기 위한 혁신정책으로서, 연구개발 투자 확대, 산학협력의 활성화, 혁신형 중소기업의 육성, 미래성장동력산업 육성, 혁신클러스터 조성 등 기술산업 혁신정책이 제시되었다. 이러한 혁신정책을 통해 요소투입형 경제를 혁신주도형 경제로 전환하고자 하였다. 이와 관련하여 10대 성장동력산업을 선정하고 인적자원개발 투자에 집중하고자 하였다.

'장기적 접근과 갈등과제에 대한 정면대응'이란 국정관리 기조에서, 단기적 경기부양을 위한 경제정책이 아니라 장기적 전망에서 경제체질을 강화하기 위한 안정적 거시경제관리를 하겠다는 의지를 분명히 하였다. 아울러 저출산·고령화 대책, 빈부격차 및 차별 해소, 국가균형발전, 지속 가능 발전, 동북아중심국가건설 등 미래지향적 국정과제를 정책화하고 로드맵을 만들어 지속적으로 추진하고자 하였다.

한편 이러한 국정 목표와 국정 관리 기조에 따른 경제운용의 원칙과 방향으로서 ① 자유롭고 공정한 시장 조성, ② 경제의 체질 강화, ③ 동반성장, ④ 능동적 개방, ⑤ 미래 성장동력 확충, ⑥ 사회투자국가의 기반 구축 등이 제시되었다. 경제운용에서 단기적 경기 정책보다는 사회투자국가 기반 구축이라는 장기 발전 전략이 추구되고 동반성장과 개방과 성장 동력 확충이 강조되었다. 한미 FTA 체결, 경제자유구역 설치, 자본시장통합법 제정 등 적극적 개방과 금융의 자유화와 글로벌화를 추진하였다.

2. '한국형 제3의 길'을 추구한 노무현 정부

노무현 정부의 경제정책 기조를 말해주는 키워드는 '혁신주도형 경제', '동반성장', '균형발전', '사회투자국가', '능동적 개방', '선진통상국가' 등으로 요약될 수 있다. 아울러 '성장과 분배의 선순환' 혹은 '경제정책과 사회정책의 통합'이란 관점도 노무현 정부의 경제정책 기조의 특징을 나타내준다. 그런데 노무현 정부 초반에는 균형발전과 혁신주도형 경제가 강조되다가 후반에는 동반성장과 사회투자국가가 강조되었다. 아울러 한미 FTA 추진을 뒷받침하는 선진통상국가와 동북아 금융허브 전략이 추진되고 그것이 '자본시장통합법' 제정으로 귀결되었다.

혁신주도형 경제와 사회투자국가를 지향하였다는 점에서 노무현 정부는 선진 복지국가들이 글로벌화와 지식기반경제 시대에 대응하여 1990년대에 추구하였던 슘페터주의적 노동연계 복지국가(Schumpeterian Workfare State)를 실현하려고 했다고 볼 수 있다. 슘페터주의적 노동연계 복지국가는 노동자들에 대한 인적 자원 투자를 통해 혁신능력을 높여 생산성을 향상시키는 한편, 고용가능성을 높여 일자리를 통한 복지를 실현하려는 것이다. 따라서 그것은 곧 사회투자국가(social investment state)를 지향한다고 볼 수 있다. 사회투자국가는 평등을 실현하기 위해 소득재분배보다는 기회의 재분배에 주력하고 노동자에 대한 인적 자원 투자를 강조하기 때문이다.

소득재분배 중심의 케인즈주의적 복지국가가 아니라 슘페터주의적 노동연계복지국가를 통해 지속 가능한 성장을 추구하였다는 점에서 노무현 정부의 정책은 유럽연합의 리스본 전략(Lisbon Strategy)과 맥을 같이한다고 볼 수 있다. 리스본 전략은 글로벌화와 지식기반경제 시대에 전통적 복지국가 모델을 지향해 온 유럽사회모델(European Social Model)의 갱신을 시도하는 것으로 혁신과 사회통합을 결합하여 지속 가능한 성장을 실현하는 것을 목표로 하였다.

혁신주도형 경제는 국민경제 전체수준에서뿐만 아니라 지역경제 수준에서도 실현하려고 하였다. 지역균형발전을 최고 국정의제 중의 하나로 설정한 노무현 정부는 지방분권과 지역혁신에 기초한 균형발전을 통해 자립적 지방화를 추진하고자 하였다. 혁신클러스터 형성을 포함한 지역혁신체제 구축을 시도하였고 지역혁신을 위한 거버넌스인 지역혁신협의회가 설립되었다. 혁신이 추동하는 '역동적 균형발전' 개념이 강조되었다.

한편에서 균형발전과 동반성장을 지향하면서 다른 한편에서 혁신주도성장과 개방을 지향하였다는 점에서, 경제성장과 사회통합을 동시에 추구했다는 점에서, 경쟁의 원리와 연대의 원리를 함께 관철시키려 했다는 점에서 노무현 정부는 '한국형 제3의 길'을 추구하였다고 볼 수 있다.

그런데 노무현 정부가 집권 후반기에 추진한 한미 FTA와 동북아 금융 허브 전략은 '제3의 길'이라기보다는 신자유주의적 길에 가까웠다 할 수 있다. 한미 FTA는 완전한 자유무역주의를 수용하였다는 점에서, 동북아 금융 허브 전략은 금융의 자유화와 글로벌화를 전면적으로 추진하려고 했다는 점에서, 각각 신자유주의 정책을 그대로 추종하는 것이었다.

노무현 정부의 경제정책 기조에 대해 보수진영에서는 분배와 균형을 강조한다고 좌파적이라고 공격하였고, 진보진영에서는 성장과 경쟁력과 자유무역을 강조한다고 신자유주의적이라고 비판하였다. 이러한 좌우협공에 대해 노무현 대통령은 그렇다면 자신의 정부를 '좌파 신자유주의'라고 부르라고 항변하였다. 참여정부 스스로는 좌파도 신자유주의도 아닌 '개방형 복지국가'의 길을 지향하였다고 주장하였다. 어느 주장이 맞는 것일까?

출범 초기에 노무현 정부의 경제정책 기조는 '제3의 길'에 가까웠지만 후반기로 갈수록 점차 신자유주의에 경도되었다고 보는 것이 온당할 것이다. 양극화가 심화되고 민생경제가 어려워짐에 따라 집권 후반기에 비록 동반성장이 강조되고 사회투자국가론에 따른 복지확충 시도를 하였지만 특히 무역과 금융 면에서 신자유주의 정책이 압도적으로 강조되었다. 경제정책과 사회정책을 종합해보았을 때 노무현 정부는 애초에 중도 진보의 길을 지향하였다가 점차 중도 보수의 길로 나아갔다고 평가할 수 있다.

5. 노무현 정부 경제정책의 빛과 그림자

노무현 정부의 경제정책의 성과를 제대로 평가하기란 결코 쉽지 않다. 왜냐하면 어떤 정책과 제도의 효과는 장기에 걸쳐 나타나기 때문이다. 뿐만 아니라 보수적인 이명박 정부가 등장하면서 노무현 정부의 정책이 중단되거나 축소되거나 유명무실화된 경우가 많았기 때문에 정책의 성과를 온전히 평가하기가 더욱 어렵게 되었다. 그럼에도 불구하고 노무현 정부의 정책 지향점과 정책 추진의지와 집권기간 동안의 객관적 지표를 보고 대략의 거친 평가는 해 볼 수 있을 것이다. 여기서는 세부적 정책 평가를 할 여유는 없고 경제정책에 대한 전체적이고 개략적인 평가만을 해 보고자 한다.

우선 객관적 경제지표를 보면 노무현 정부 5년 동안의 연평균 경제성장률은 4.5%이었다. 이 경제성장률은 과거 정부에 비해서는 저성장이었지만 OECD 국가(2003~2007년 평균 3.9%)에 비해서 높은 편이었다. 1인당 국민소득 2만 달러를 달성하고 수출 3천만 달러를 달성하였다. 경상수지도 계속 흑자를 기록하였고 외환보유고가 급증하여 2007년 말 2,622억 달러로 세계 5위의 외환보유국이 되었다. 종합주가지수가 상승세를 지속하여 'KOSPI 2000시대'가 개막되었다. 실업률은 3.5% 수준으로 유지되었고 물가상승은 3% 수준으로 안정되었다. 부동산 가격은 2006년까지는 계속 상승하다가 종합부동산세 등 보유세 강화에 따라 2007년에 들어와 안정세로 돌아섰다. 노무현 전

대통령 말대로 '올라갈 것은 올라가고 내려갈 것은 내려갔다.'

이러한 경제지표들이 보여주는 것처럼 노무현 정부 5년간의 경제 성적표는 좋은 편이었다. 물론 이러한 성과가 노무현 정부의 경제정책의 효과 때문이라고는 단정할 수는 없다. 하지만 이러한 지표는 노무현 정부의 경제정책 실패로 경제위기가 발생했다거나 경제가 파탄이 났다는 비난은 잘못임을 말해준다.

위와 같은 경제적 성과가 노무현 정부 경제정책의 빛에 해당한다면, 다음 몇 가지 사항은 그 그림자에 해당한다고 할 수 있다.

먼저 1997년 외환위기 이후 급격히 진전된 양극화를 완화하는 데성공하지 못한 점을 지적하지 않을 수 없다. 노무현 정부가 양극화 문제의 심각성을 인식하고 동반성장 의제를 설정한 것은 집권 후반기였다. 양극화가 파국적 외환위기, 세계화, 숙련편향 기술진보 등과 같은 구조적인 요인 때문에 발생한 것이었기 때문에, 한두 가지 정책에 의해서 단기간에 완화될 수 있는 성질의 것은 아니었다. 그럼에도 불구하고 양극화 해소를 전망할 수 있는 종합적인 동반성장 정책을 조기에 착수하여 일관되게 실시하지 못한 점에서 정책실패가 있었다. 특히 대－중소기업 간, 수출부문과 내수부문 간 심회되는 양극화를 완화시킬 효과적인 기업정책과 산업정책을 실시하지 못하였다. 양극화 완화 정책은 문제인식으로부터 정책 실행까지의 시차가 너무 길어 실기(失機)하였다. 동반성장 정책은 사실상 의제로 논의되는 상태에 머물고 효과적인 정책으로 실행되지 못했다 할 수 있다.

둘째, 국가균형발전정책의 한계를 지적하지 않을 수 없다. 사실 공공기관 지방이전, 국가균형발전특별회계 설치, 지역혁신체제 구축 등의 내용을 포함한 노무현 정부의 균형발전 정책은 전례가 없는 획기적인 것이었다. 그것은 내생적 발전, 혁신주도 발전이란 새로운 지역 발전 패러다임으로의 전환의 계기를 제공하였다. 균형발전정책 추진으로 지역내총생산(GRDP), 노동생산성, 인구 등에서 수도권과 비수도권 간의 격차가 다소 줄어든 성과가 나타났다. 그러나 수도권과 지방 간의 현격한 지식격차, 교육격차, 문화격차를 좁히는 데는 성공하지 못하였다. 아울러 행정구역 단위로 분절된 균형발전정책이 추진된 결과, 세계적 경쟁력을 갖출 수 있는 초광역경제권 형성 정책이 추진되지 못하였다. 특히 청와대와 국회 등 권력 핵심부가 빠진 행정중심 복합도시, 11개 광역행정단위로 파편화되어 건설되는 혁신도시가 수도권 집중을 완화하고 지역혁신의 거점이 될 수 있을지는 현재로서는 매우 불확실하다.

셋째, 한미 FTA 체결 정책은 가장 대표적인 정책실패 사례로 들 수 있다. 경제시스템의 업그레이드를 통한 국가경쟁력 제고와 수출 및 외국인 투자 증대 효과를 명분으로 추진된 한미 FTA 그 자체는 마땅히 필요한 것이었다. 하지만 금융의 자유화와 글로벌화의 가속화, 투자자국가소송제와 같은 독소조항, 지적재산권의 과잉 보장 등의 문제점을 안고 있는 한미 FTA가 경제주권을 침해하고 금융위기를 초래하며 첨단기술 및 지식의 국내 이전을 저해할 우려가 있다는 점을 노무현 정부는 과소평가하였다. 한미 FTA의 발효 이후 초래될 경제적 위험에 대응하여 금융 안정망과 고용 안전망을 내용으로 하는 경제 안전망(economic safety net)과, 구조 조정될 부문에서 발생할 실업자와 취약계층에 대한 사회 안전망(social safety net)을 설치하는 준비를 불실하게 한 상태에서 졸속하게 한미 FTA를 추진하였다. 능동적 개방을 한다면서 결국 무방비 개방으로 치닫고 치밀하게 방비된 전략적 개방을 하지 못하였다.

넷째, '동북아 금융 허브 구축' 정책을 21세기 한국경제의 생존 전략이자 발전전략의 하나로 선정하고 이를 뒷받침하는 '자본시장통합법'을 제정하였는데, 이는 금융위기를 초래할 위험이 높은 정책이었다. 자본시장통합법은 금융회사 간 영역의 장벽을 허무는 금융 빅뱅을 통해 세계적 경쟁력이 있는 투자은행을 육성하고 이 투자은행이 다양한 파생금융상품을 비롯한 금융 서비스를 자유롭게 제공하도록 금융규제를 완화하여 완전한 시장금융시스템을 구축하는 것을 목표로 하였다. 2008년 세계금융위기는 이러한 미국식 시장 금융시스템이 파국적 경제위기를 초래할 위험이 있음을 웅변으로 보여주었다. 그럼에도 불구하고 노무현 정부는 이러한 위험성을 과소평가하고 금융시장 선진화란 명분으로 자본시장통합법을 제정하였다.

다섯째, 거시경제적 성과가 좋았음에도 불구하고 민생경제를 회복하는 데는 실패하였다. 단기적 경기부양 정책을 실시하지 않고 장기적 관점에서 경제의 체질을 강화한다는 경제운용 원칙은 현실에서는 중소기업이나 영세자영업이나 취약부문의 민생경제 회복 노력을 소홀하게 만들었다. 민생경제의 회복이 지체된 데는 1997년 외환위기 이후 급격히 진전된 양극화 속에서 중소기업과 영세자영업의 경영조건이 악화되고, 중소영세기업 노동자 및 비정규직 노동자의 노동조건이 열악해지며, 지방경제가 침체하는 상황이 지속되었기 때문이다. 김대중 정부가 1997~1998년 외환위기 때 164억 원의 공적자금을 투입하여 대기업과 금융기관을 구제하는 정책을 폈다면, 노무현 정부는 이어서 중소기업과 영세자영업과 비정규직 노동자와 빈민을 구제하는 데 그 금액에 버금가는 공적자금을 투입하는 '민생 뉴딜' 정책을

실시했어야만 했다. 긴급하게 '민생 뉴딜'을 실시하면서 장기적인 양
극화 해소 정책을 추진했어야 했다. 단기적 경기 부양 정책은 추진하
지 않는다는 원칙에 완고히 집착하여 대담한 '민생 뉴딜' 정책을 실
시하지 못한 것이 양극화 심화를 초래한 정책실패 요인이었다고 할
수 있다.

4. 노무현 정부 미완의 경제정책 과제

노무현 정부의 국정목표와 국정기조 그리고 경제정책 기조는 대체
로 올바르게 설정되었다고 할 수 있다. 세계적 수준에서 신자유주의
가 아직도 건재하던 시기에 집권한 노무현 정부는 '글로벌 신자유주
의'의 지배라는 대외적 제약조건과 1997년 외환위기 이후 IMF 관리
체제 아래에서 도입된 신자유주의적 정책의 지속이란 국내적 경로의
존성 속에서 중산층과 서민을 위한 중도 진보 노선의 정책을 펴려고
다각도로 노력하였다고 할 수 있다.

동반성장, 균형발전, 사회투자란 노무현 정부의 3대 진보 전략은
적절하게 선택되었다고 평가할 수 있다. 그러나 이러한 전략이 종합
적으로 기획되고 조정되는 가운데 체계적이고 일관되게 실행되지 못
하였다. 전략 컨트롤 타워가 취약하였다. 게다가 그러한 전략의 실행
이 막 일정에 오른 단계에서 참여정부가 막을 내렸다. 보수적인 이명
박 정부로 정권교체가 이루어지면서 이러한 진보 전략은 중단되어
버렸다. '노아닌 것은 무엇이든지'(Anything but Roh)의 입장을 취했던
이명박 정부가 노무현 정부의 정책을 대부분 폐기해 버렸기 때문이다.
그래서 동반성장체제, 균형발전사회, 사회투자국가는 중도 반단된 미

완의 과제로 남게 되었다.

　이런 까닭에 국민대중은 노무현 정부의 진보 전략이 자신들의 실생활을 향상시킨다는 것을 체험하지 못하게 되었다. 민생경제가 지속적으로 침체하는 가운데 민중들은 노무현 정부가 실시한 경제정책의 혜택을 보지 못하고 생활고를 겪게 되었다. 그 결과 민중의 삶의 질을 향상시키겠다는 노무현 정부의 진정성이 민중에게 전달될 수 없었다. 수많은 정책들을 내놓았으나 자신들의 실생활을 개선시키지 못한 노무현 정부를 민중은 '무능한 정부'로 간주하기 시작하였다. 노무현 정부는 '민주주의가 밥 먹여주냐'는 민중의 질문에 응답하지 못했다. 여기서 민심이 이반하였다. 민중은 경제를 살려 밥 먹여주겠다는 공약을 한 이명박 후보를 대통령으로 뽑았다.

　이명박 정부는 노무현 정부의 좋은 정책은 계승하지 않고 나쁜 정책을 계승하였다. 균형발전 정책과 혁신주도 발전 전략은 폐기되고 동반성장 전략은 배제되었다. 사회투자는 경시되었다. 반면 한미 FTA는 국회 비준을 강행하려 했고 자본시장통합법은 시행에 들어갔으며 금융규제 완화를 통해 미국식 시장 금융 시스템을 구축하는 작업을 계속하고 있다. 노무현 정부가 부분적으로 채택한 신자유주의 정책을 전면적으로 추진하고 있다. 부자 감세 정책의 일환으로 종부세를 완화시켰다. 전기, 가스, 수도의 민영화를 추진하려 했고, 교육과 의료를 시장원리에 맡기려는 정책을 추진하고 있다. 여기에 더하여 법과 질서란 이름으로, 실용이라 명분으로 인권과 민주주의를 후퇴시키고 있다. 경제위기 속에서 민생경제는 더욱 피폐해졌고 민주주의는 후퇴하고 있다. 이로 인해 이번에는 이명박 정부로부터 민심이 이반하고 있다.

　노무현 시대가 남긴 경제정책 과제는 동반성장체제, 균형발전사회,

사회투자국가를 통해 민중의 실생활을 개선할 수 있는 좋은 경제정
책을 펴는 것이다. 그러기 위해서는 이명박 정부가 지향하고 있는 신
자유주의, 금융주도경제, 주주자본주의를 넘어서는 신진보주의, 지식
주도경제, 이해관계자 자본주의라는 대안적 정책담론이 전문가들, 정
책기획자들, 나아가 국민 대중들 사이에서 지배 담론이 되어야 한다.
이명박 정부의 녹색성장 담론을 넘어서는 진보적 경제정책 담론을
만들어야 한다. 추상적 이념이 아니라 실생활을 중시하는 실사구시의
경제정책을 제시해야 한다. 그래서 '민주주의가 밥을 먹여준다'는 것
을 대중에게 보여줘야 한다.

이명박 정부가 폐기한 '균형', '혁신'이란 담론을 보다 세련된 모습으
로 복원시켜야 한다. 이명박 정부가 지향하는바, 대기업과 수도권과 부
자에 우선 투자하고 특혜를 주는 '하향식 경제학(top-down economics)' 대
신, 중소기업과 지방과 빈자에 우선 투자하고 배려하는 '상향식 경제학
(bottom-up economics)'을 제시해야 한다. 이명박 정부가 추진하고 있는
토건산업 대기업을 위한 녹색 뉴딜이 아니라 '모두를 위한 녹색 뉴딜
(Green New Deal for All)'을 주장해야 한다.

이러한 방향으로 경제정책이 실시될 수 있기 위해서는 '시장에 넘
어간 권력'이 유능한 진보 정부와 성찰적인 시민사회의 손으로 넘어
와야 한다. 유능한 진보 정부와 성찰적 시민사회가 함께 고삐 풀린
시장을 순치할 수 있을 때 비로소 '사람 사는 세상'을 만들 수 있을
것이다.

(故 노무현 전 대통령 추모 토론회 '노무현의 시대정신과 그 과제',
발표문, 2009.7.8)

13 | 이명박 정부의 경제정책: 비판과 대안

1. 이명박 정부의 경제정책의 기조

이명박 정부의 전체적 국정기조는 선진화다. 선진화의 방향은 자유화, 시장화, 법치화로 설정되어 있다. 따라서 여기서의 선진화는 자유시장경제를 지향한다는 것을 의미한다. 시장화는 교육, 의료 등과 같은 사회 서비스의 상업화나 국영기업의 민영화를 의미한다. 법치화는 자유시장경제를 뒷받침하는 법적 질서를 확립하는 것이다. 이러한 정책기조를 실현하기 위한 두 가지 주요 정책수단은 규제완화와 감세로 제시된다. 주지하는 바대로 규제완화는 신자유주의 정책의 핵심적 요소이다.

이러한 국정 기조에 비추어볼 때 결국 이명박 정부가 공식적으로 지향하는 바는 영미형 신자유주의적 자유시장경제 모델이다. 구미의 선진경제에는 자유시장경제와 조정시장경제라는 두 모델이 있는데, 이명박 정부는 '선진화＝자유시장경제화'라는 등식을 설정하고 있다. 여기서 정부의 역할은 '작은 정부'로 주어진다. 이러한 정책기조는 1980년대 미국과 영국의 Reagan 정부와 Thatcher 정부의 신자유주의 정책을 그대로 답습하는 것이다.

그런데 이러한 공식적 경제정책 기조와 함께 지난 8개월 동안 이명박 정부는 과거의 개발독재 시대의 국가개입을 시도하는 모습을 보였다. 특정 품목의 물가를 행정적으로 집중 관리하는 것이라든가 수출 증대를 위한 고환율 정책을 실시하는 것, 대통령과 기획재정부 장관이 기업들에게 쌓아둔 달러를 매도하라는 메시지를 보낸 것 등이 그 대표적 사례들이라 할 수 있다. 민주주의와 글로벌 경제 시대에 이러한 개발독재적 경제관리 방식은 더 이상 작동하기 어렵다. 그럼에도 불구하고 이러한 구태의연한 경제운영을 해 왔다. 자유시장경제를 국정 철학으로 내건 정부가 반시장적 개입을 시도한 것이다.

이뿐만 아니라 한반도 대운하 건설 프로젝트에서 본 것처럼 토목사업을 통한 경제성장을 추구하려고 했는데, 이는 지식기반경제에 부적합한 시대에 뒤떨어진 낡은 전략이라 할 수 있다. 한반도 대운하가 아무리 환경친화적으로 건설된다 하더라도 그것은 어디까지나 건설공사일 뿐이다. 지금 한국에서 절실히 필요한 것은 도로 건설, 운하 건설과 같은 사회간접자본 형성을 위한 대규모 국책 사업이 아니고 지식기반경제로의 완전한 이행을 위한 인프라 구축이다. 재앙적 수준의 환경파괴를 수반할 것이라는 경고와 투자비용에 비해 예상 수익이 미미하다는 분석에 따른 국민 반대 여론의 악화로 한반도 대운하

프로젝트는 일단 유보되었지만, 이명박 정부의 핵심 정책 구상자들의 대규모 토목·건설 사업 지향은 불변인 것처럼 보인다. 그래서 최근까지 발표된 성장 촉진 관련 정부 정책들 속에서 이러한 지향성이 많든 적든 비치고 있는 것이다. 이 때문에 이명박 정부의 정책은 신개발주의라는 성격이 규정되기도 한다.

한반도 대운하 건설과 같은 개발지향적 대규모 국책사업을 통해 경제성장을 달성하려던 계획이 촛불집회로 표출된 국민 저항의 벽에 부딪혀 좌절되자, 이명박 정부는 지난 8월 15일 광복절 대통령 경축사를 통해 이른바 '저탄소 녹색 성장'이라는 새로운 성정 전략을 제시한다. 현재 가장 중요한 글로벌 이슈인 기후변화에 대응하여 CO_2 발생을 줄이는 녹색기술로 새로운 성장 동력을 창출하겠다는 것이다. 녹색성장은 녹색기술에 기초한 성장으로서 CO_2 발생과 환경파괴를 줄이는 녹색기술에의 투자를 통해 경제성장을 하고 일자리를 창출하려는 새로운 성장 패러다임이다. 그것은 오늘날 선진국에서 지속가능한 선진경제의 한 구성요소인 청정경제(clean economy)를 실현하면서 경제성장을 달성하겠다는 것이다.

이러한 녹색성장론은 지금 이명박 정부 경제정책의 중추적 지위로 급부상하고 있다. '녹색성장으로 선진한국'이라는 슬로건이 제시되고 있다. 이것만 보면 이제 애초에 이명박 정부가 국정 방향으로 내건 선진화의 내용이 녹색성장으로 전환된 것으로 보인다. 그렇지만 녹색성장이 성장에 강조점이 찍힌 하나의 성장전략인지, 아니면 녹색에 강조점을 둔 새로운 국가전략인지, 과연 어느 것인지 현재로서는 불분명하다. 녹색성장론이 만약 성장전략으로 귀결된다면 그것은 녹색기술 투자로 성장률을 높이겠다는 것으로서 녹색은 단순히 성장의 수단으로 이용될 뿐이다. 반면 만약 국가전략으로 격상된다면 그것은 이명박 정부가 대선시기와 인수위 시기를 거쳐 현재까지 지향해 온 '자유주의적 생산력주의(liberal productivism)' 패러다임을 완전히 포기하고 녹색을 경제와 사회의 구성 원리로 설정하는 생태주의적 패러다임으로 대전환하지 않으면 안 될 것이다. 왜냐하면 녹색성장은 자유주의적 생산력주의와 원리적으로 상충하기 때문이다.

이명박 정부를 구성하는 핵심인사들의 성향, 보수정당인 한나라당의 성격, 한나라당의 핵심 지지기반인 대기업과 부유층의 행동양식과 사고방식 등에 비추어 볼 때, 아무래도 녹색성장론은 단순한 성장전략으로 귀결될 공산이 크다. 특히 대통령을 비롯하여 국정을 직접 담당하는 각부 장관, 청와대 참모, 국가경쟁력위원회 등 주요 대통령 소속 자문위원회 위원장들은 대부분, 과거 개발독재 시절의 성장지상주의와 개발주의, 즉 '선성장－후분배', '선성장－후환경' 관점에 편향되거나 아니면 신자유주의 이외의 '대안이 없다'는 명제를 확신하고 있는 것으로 보이기 때문에, 더욱 이러한 추정을 하게 된다. 만약 녹색성장론이 단순한 성장론으로 귀결된다면 그것은 결국 대규모 녹색투자를 할 재원이 있는 대기업에게 새로운 투자기회를 제공하고 그 대기업들에게 국가예산을 지원하는 '대기업 프렌들리 정책'으로 끝나 버리고 말 가능성이 높을 것이다.

2. 국민의 지지와 시장의 신뢰를 상실한 경제정책

위에서 본 것처럼 이명박 정부의 경제정책 기조는 한편에서는 한국의 1987년 이전의 개발독재 모델－박정희 모델－의 잔상을 좇고 있고 다른 한편으로는 1980년대에 미국과 영국에서 먼저 등장한 신자유주의 모델을 추구하고 있다.

신자유주의 모델은 김대중 정부 시절 초기 IMF 관리체제하에서 외적 강제와 자신의 선택을 통해 부분적으로 도입되고 노무현 정부 아래에서 주저하면서 절충적으로 선택했던 것인데, 이명박 정부에 들어와서 전면적이고 본격적인 도입이 시도된다. 그러나 신자유주의로의 급선회는 예기치 못한 촛불시위로 제동이 걸린다. 이후 신자유주의 정책을 변형된 형태로 우회로를 통해 실현하는 방향으로 전략이 수정된다. 전체적으로 보면, 이명박 정부는 세계화 시대와 민주화 시대에 이미 작동 불가능한 개발독재 모델과 최근의 미국발 세계금융위기 발발을 계기로 더 이상 지속 불가능한 것임이 입증된 신자유주의 모델 둘을 동시에 좇고 있는 형국이다.

개발독재 모델은 물론이고 신자유주의 모델은 더 이상 선진화 모델이 아니다. 만약 선진화를 보다 인간적이고 민주적인 체제로의 진화로 이해한다면, 이명박 정부가 선진화를 지향한다고 선포해 놓고 비민주적이고 비인간적인 결과를 초래할 개발독재 모델과 신자유주의 모델을 따르는 것은 자가당착이라 할 것이다. 지금 한국에서 진정한 선진화는 개발독재와 신자유주의를 넘어서는 새로운 발전모델을 지향하는 것이다. 그럼에도 불구하고 이미 생명력을 다한 1970년대 한국형 개발독재 모델과 1980년대 영미형 신자유주의 모델 사이에 오락가락하는 일관되지 못한 정책 노선을 이명박 정부가 출범 후 지난 8개월 동안 걸어왔다. 그 결과 압도적 지지를 받고 당선된 이명박 대통령과 그 정부에 대한 국민의 지지가 폭락하고, 시장을 강조하는 정부가 시장의 신뢰를 잃게 되었다.

우선 국민의 지지 급락은 물론 미국산 쇠고기 수입을 졸속으로 재개한 것이 직접적이고 결정적인 계기가 되었지만, 국민의 평균적 의식 및 정서와 동떨어진 정책을 실시하고 인사를 단행한 것에도 크게 기인한 것이라 할 수 있다. 무엇보다 먼저 지적할 수 있는 것은 이명박 정부의 민주의식이 국민의 평균적 민주의식보다 낮다는 점이다. 이러한 정부와 국민 간의 민주의식 격차는 국민과의 소통 부족 상황에서 국민들이 이명박 정부를 비민주적인 정부로 인식하게 만들었다. 노무현 정부가 국민의 평균적 민주의식보다 너무 앞선 '민주의식 과잉' 때문에 국민의 지지를 잃었다면, 이명박 정부는 그 반대로 국민의 평균적 민주의식보다 너무 낮은 '민주의식 부족' 때문에 지지를 상실한 것이라 할 수 있다.

'섬기는 정부'는 이명박 정부의 제1의 국정 방향으로 설정되어 있다. 여기서 물론 섬기는 대상은 국민이다. 하지만 국민의 정서에 반하는 치부를 해 온 장관들과 참모를 기용한 인사 실패, 금산분리 완화와 종부세·상속세·법인세 인하 정책과 같이 경제 살리기란 명분으로 재벌과 부유층의 요구를 수용하는 정책 추진, 미국산 쇠고기 수입재개 과정에서 보는 것처럼 미국을 맹종하는 태도 등 때문에, 이명박 정부는 '국민을 섬기는 정부'가 아니라 '미국과 재벌과 부자를 섬기는 정부'라는 이미지가 형성되었다. 뿐만 아니라 국제경쟁력 강화란 명분으로 수도권 규제를 완화하려는 정책 의지는 비수도권 주민들에게 '수도권을 섬기는 정부'란 인상을 심어주고 있다. 이런 까닭에 이명박 대통령이 기업 활동에 장애가 되는 각종 규제를 완화하거나 철폐하는 '비즈니스 프렌들리' 정책을 펴겠다고 했을 때, 다수의 국민은 그것을 '재벌 프렌들리', '부자 프렌들리', '수도권 프렌들리'로 받아

들였다.

　한편 정책의 일관성 결여와 사회 갈등 심화는 이명박 정부에 대한 시장의 신뢰를 잃게 만든 계기가 되었다. 시장에 참여하는 경제주체들에게 있어서 정부의 일관된 정책기조의 유지는 미래에 대한 불확실성을 줄여주는 역할을 한다. 그런데 이명박 정부는 출범 이후 정책에 일관성이 없었다. 한반도 대운하를 강력히 추진하겠다고 하다가 반대 여론에 부딪히자 중단하겠다고 발표한 뒤 최근에는 국토해양부 장관이 국민이 원한다면 다시 추진할 수도 있다는 의중을 보인 점, 혁신도시 건설을 재검토하겠다고 하다가 지방자치단체의 반발이 일자 계획대로 추진하겠다고 입장을 바꾼 점, 공기업 민영화를 추진하려다 반대에 부딪히자 민영화가 아닌 '선진화'를 하겠다고 모호하게 후퇴한 점, 수도사업 민영화 방침을 철회한 점, 고환율 정책을 실시하다가 저환율 정책으로 선회한 점 등등은 정책의 일관성 결여를 말해주는 대표적 사례들이다. 특히 고환율 정책은 수출증대를 통한 경제성장을 목표로 실시된 것이지만, 수출증대 효과는 거의 없고 오히려 수입품 가격의 상승으로 국매물가를 상승시켜 국민의 실질소득을 하락시키고 수입 원자재를 사용하는 수품의 원가를 상승시켜 가격 경쟁력을 떨어뜨리는 역효과만 초래하고 만 것으로 이명박 정부의 대표적 경제정책 실패 사례이다. 이 고환율 정책의 실패가 분명해지자 다시 저환율 정책으로 선회했지만, 이러한 일관성 없는 환율정책은 시장의 불신을 받아 환율의 폭등에 기여하고 말았다.

　이와 같은 정책 일관성 결여는 시장에 참여하는 경제주체들에게 혼란과 불신을 초래하여 경제불안정성을 증폭시켰다. 시장에게 일관되지 못한 엇갈리는 신호를 보냄에 따라 경제의 불확실성이 커지고 경제주체들의 불안이 증폭되었다. 그 결과 투자 심리가 위축되는 반면 투기 심리는 조장되었다. 특히 최근 세계 금융위기에 대응하여 미국과 유럽에서 금융시장에 대한 규제를 강화하고 은행을 국유화하는 등의 강력한 규제정책을 실시하려고 하는 것과는 반대로 금융위기 속에서도 규제완화를 계속 추진하겠다는 대통령의 입장 표명이 한국 경제의 장래에 대한 국민과 시장의 우려를 더욱 강하게 만들었다.

1997년 외환위기 이후 금융의 자유화가 진전되고 시장 금융시스템이 도입되며 금융주도 축적체제 요소가 강화되는 등 미국식 금융 자본주의가 글로벌 스탠더드의 확립이라는 이름으로 이식되어 왔음은 주지하는 바와 같다. 바야흐로 세계 금융위기의 발발로 마침내 미국식 시장 금융시스템의 파탄이 분명해진 상태임에도 불구하고, 취약한 금융 감독 시스템을 그대로 둔 채 금산분리를 완화하여 재벌의 은행 소유를 가능하게 하고 금융규제를 완화하겠다는 정책의지를 보이고 있다. 세계금융위기에 직면하여 차제에 그동안 도입된 불안정한 미국식 금융시스템을 전면 개혁하여 안정적인 새로운 금융시스템을 구축해야 마땅함에도 불구하고 오히려 미국식 금융시스템의 강화를 위한 금융규제 완화 정책을 추진하겠다는 이명박 정부의 완고한 역행이 시장의 불신을 강화하고 따라서 외국인 투자자의 철수를 가속화시키고 있다.

다른 한편, 광우병이 의심되는 미국산 쇠고기 수입 재개, 국토를 파괴하고 환경재앙을 초래할 우려가 있는 한반도 대운하 추진, 사교육을 강화하고 계층 간 학력격차를 확대시킬 영어몰입교육 실시, 의료소외 계층 양산과 의료서비스 양극화를 초래할 병원 영리법인 설립 허용과 의료보험 당연지정제 폐지 시도, 수도 요금 인상을 초래할 가능성이 높은 수도 민영화, 공기업 노동자의 고용불안을 초래할 공기업 민영화 등, 환경, 의료, 교육, 복지, 고용 등 국민의 실생활을 위협하는 이명박 정부의 정책에 대한 국민적 저항이 전례 없는 대규모 장기간 촛불 시위로 나타났다. 최근의 고환율 정책은 유가인상과 함께 물가상승을 초래하여 국민들의 실질소득을 크게 감소시켰다. 이러한 서민의 생활고와 사회 갈등으로 인해 사회가 불안해지고 경제가 불확실해짐에 따라 이명박 정부에 대한 시장의 불신 특히 외국인 투자자의 불신이 커지게 되었다.

아울러 참여정부에서 강력히 추진되어 온 국가균형발전정책이 이명박 정부에 들어서서 후퇴함에 따라 비수도권 주민의 반발이 일어나고 있다. 또한 정부 공문서에 '혁신'이란 말을 빼라는 지시에 따라 참여정부에서 추진되어 온 '혁신주도 지역발전'이란 새로운 발전패러다임이 비수도권에 뿌리내리기도 전에 유실될 지경에 이르렀다. '균형'과 '혁신'이란 두 개의 키워드가 빠지면 중앙집권－수도권 일극발전체제를 지방분권－다극발전체제로 전환시킬 동력이 사라진다. 이명박 정부가 새로운 지역경제정책으로 제시한 '5＋2 광역경제권' 형성 정책은 수도권과 비수도권 간의 균형발전이란 문제의식이 없이 수도권 경제과 비수도권 경제를 동일하게 광역경제권으로 설정하고 정책지원을 하려고 한다는 점에서 지방의 발전을 저해할 우려가 있다. 아울러 광역경제권에 대한 투자계획은 대부분 도로 건설과 같은 건설투자 계획 중심으로 되어 있어 지식기반경제에서 지역경제를 활성화시킬 수 있는 연구개발(R&D)과 인적자원개발(HRD) 투자 계획을 찾아볼 수 없다. 그리고 최근 발표된 수도권 규제 전면 완화 정책은 수도권 집중을 더욱 심화시킬 우려가 있다. 이렇게 되면 그동안 미약

하나마 형성되어 온 지방의 희망, 즉 지방의 자립적 발전이란 희망이 없어지게 된다.

민주주의와 시장경제 아래에서는 정치적으로 국민의 지지를 받지 못하고 경제적으로 시장의 신뢰를 얻지 못하는 정책은 효과가 없고 지속 불가능하다. 이미 민주주의와 시장경제가 정착되어 있는 한국에서 이와 같이 국민의 지지와 신뢰를 받지 못하는 경제정책이 성공할 리가 없다. 무엇보다 정책일관성의 결여가 국민의 지지와 시장의 신뢰를 잃게 만든 최대의 요인이었다 할 수 있다. 더욱이 촛불시위에 따른 정치적 위기를 슬기롭게 극복하지 못했고 세계금융위기로 인한 경제위기를 타개할 효과적 방책을 아직 찾지 못하고 있다. 요컨대 이러한 정치적 및 경제적 위기를 극복하는 위기관리 능력을 보여주지 못한 것이다. 그래서 '무능한 보수정부'란 국민의 질타가 이명박 정부에 가해지고 있다.

3. 경제위기를 타개할 정책 대안은 무엇인가?

현재 한국은 1997년 외환위기 이후 급격히 진전된 양극화를 해소하고 당면한 경제위기를 극복해야 할 과제가 주어져 있다. 미국발 세계금융위기가 제2의 외환위기로 볼 수 있는 한국경제의 전면적 위기로 전이되는 조짐을 보이고 있는 현 시점에서, 이 경제위기를 타개하기 위해서는 어떤 정책기조를 견지하고 어떤 정책에 역점을 두어야 할 것인가?

무엇보다 먼저, 개발독재적 경제운영방식과 신자유주의적 경제정책 양자 모두를 넘어서는 새로운 경제정책 패러다임을 구현해야 한다. 그것은 곧 과거의 한국 모델인 개발독재 모델 혹은 발전국가 모델과 미국형 신자유주의 모델이 아닌 '한국형 제3의 길'로 나아가야 한다.

이명박 정부가 맹종하고 있는 미국형 모델은 금융위기로 파탄지경에 이르러 부시정부 8년간의 신자유주의 – 자유시장경제 – 에 대한 반성이 일어나고 있다. 미국 대선에서 민주당의 오바마 후보가 당선됨에 따라 미국은 새로운 발전모델을 모색할 것으로 예상된다. 그것은 한편으로 금융주도 자본주의를 배격하고 다른 한편으로 사회경제적 양극화를 극복하는 길이 될 것이다. Wall Street에 대한 금융구제에 이어 금융규제를 강화하고, 무너진 중산층을 재건하여 American Dream을 재현하려고 할 것이며, 인종 간 및 계층 간 벽을 허무는 '하나의 미국(One America)'을 만드는 길로 나아갈 것이다. 금융자본이 산업자본에 헌신하는 새로운 금융시스템이 구축될 것이고, 자유시장경제에서 미국형 조정시장경제로의 전환이 이루어질 것이다. 그것은 단순히 경제에 대한 국가의 개입을 강화하는 케인즈주의적 개입주의 국가 내지 기존의 뉴딜 체제로의 회귀가 아니라, 글로벌화와 지식기반경제 시대에 적합한 새로운 발전모델로서, 기존의 뉴딜체제와 신자유주의를 넘어서는 '제3의 길' 혹은 '뉴 뉴딜(New New Deal)'로 나아갈 것으로 예상된다.

이명박 정부가 명시적으로 혹은 암묵적으로 지향하는 미국형 시장경제에서 이와 같은 전환이 예상되고 있는 정세 속에서, 마침내 실패한 미국형 금융주도 신자유주의 모델을 추종하는 것은 1997년 외환위기 때처럼 한국경제를 또 한 번 추락하게 만들고 양극화를 더욱 심화시킬 가능성이 높다는 점에서 매우 위험하다. 이미 그러한 경제위기 국면으로 접어들고 있는 현 시점에서 위기의 심화를 차단하기 위해서는 이명박 정부는 자신의 경제정책 기조를 대전환하지 않으면 안 된다.

개발독재와 신자유주의를 넘어서는 제3의 길로 나아갈 것을 분명히 밝혀야 한다. 금융시장에 대한 규제와 감독을 강화하고 사회경제의 양극화를 극복하는 동반성장의 길로 나아갈 것임을 천명해야 한다. 금융주도 경제가 아니라 지식주도 경제로 나아가고 '혁신주도 동반성장체제'를 확립해야 한다. 여기에 생태주의를 지향하는 녹색성장이 결합되어야 한다. 금융위기를 차단할 경제안전망(economic safety net)과 양극화를 해소할 사회안전망(social safety net)을 동시에 구축해야 한다.

경제안전망의 설치를 위해서는 특히 금융시장에 대한 규제완화와 투자은행 육성을 중심으로 한 금융선진화 정책을 중단하고 2009년 2월 시행 예정인 자본시장통합법 시행을 유보하고 전면 재검토해야 한다. 자본시장통합법은 금융권 내의 장벽을 허물고 다양한 금융상품을 허용하여 한국판 골드만삭스나 메릴린치와 같은 국제경쟁력을 갖춘 대형 투자은행이 탄생할 수 있게 하려는 법률인데, 이 법이 초래할 가공할 위험성은 이번의 미국발 금융위기가 웅변으로 보여주고 할 것이다. 아울러 파생금융상품 발행과 거래에 대한 규제를 완화하려는 방침을 철회하고 더욱 엄격한 규제를 해야 한다. 헤지펀드 허용방침도 철회해야 한다. 요컨대 최근의 세계금융위기로 이미 파탄한 미국식 시장 금융시스템과 다른 새로운 관계 금융시스템을 구축하고 은행이 그 고유의 자금중개기능에 충실하도록 해야 한다.

이러한 경제정책 기조의 설정과 함께 다음과 같은 몇 가지 핵심 정책에 역점을 두어야 한다. 금산분리 완화가 아니라 금산분리를 견지해야 한다. 부유층을 위한 감세가 아니라 중산층과 서민을 위한 감세를 해야 한다. 따라서 종부세 완화 정책은 중단되어야 한다. '재산소득 증세−근로소득 감세' 정책을 실시해야 한다. 교육과 의료의 공공성과 책임성을 동시에 확대하는 방향으로 정책이 설계되어야 한다. 국가균형발전 정책과 지역혁신 정책을 버릴 것이 아니라 효과적인 새로운 방식으로 강화해야 한다. 이런 점에서 '국가균형발전특별법'을 '지역발전특별법'으로 개정하려는 시도는 중단되어야 한다. 지방경제의 경쟁력을 강화하려는 광역경제권 형성 정책은 바람직하지만 이 정책이 성공하기 위해서는 지방으로의 획기적인 권한이양과 자원분산이 전제되어야 한다. 물적자본에 대한 지출 중심에서 인적 자원에 대한 지출 중심으로 정부의 재정계획을 새롭게 설계해야 한다. 연구개발(R&D)투자와 인적자원개발(HRD) 투자가 균형을 이루도록 정부예산 지원 방향을 전환해야 한다. 국영기업은 민영화할 것이 아니라 투명성과 책임성을 높이는 방향으로 기업지배구조를 개선하는 합리화를 해야 한다. 노동시장 정책은 유연성과 안전성이 결합된 유연안전성(flexicurity) 실현의 방향으로 설정해야 한다. 현재 한국의 노동시장은 충분히 유연화되어 있기 때문에 노동시장의 안전성 실현을 위해 실업급여의 소득대체율을 높이고 적극적 노동시장 정책을 강화해야 한다. 비정규직 축소와 차별 해소를 위해 정부, 사용자, 정규직, 비정규직이 동참하는 사회적 타협을 도출하는 데 정부가 적극 나서야 한다. 이런 의제를 논의하고 합의하는 경제사회발전노사정위원회의 위상과 기능이 강화되어야 한다.

이러한 정책들은 결국 사회통합이 이루어지는 혁신주도경제, 다시 말해서 혁신주도 동반성장체제에 기초한 '한국경제 제3의 길'로 인도할 것이다. 심각한 경제위기 국면에서 지금 시급히 요구되고 있는 것은 중산층과 서민을 위한 뉴딜(New Deal)이다. 1997년 위기 때 공적자금으로 재벌기업과 금융기관을 회생시켰다면 2008년 경제위기에서는 중산층, 중소기업, 영세 자영업, 지역경제를 회생시키기 위해 공적자금을 투입하는 플랜이 필요하다. 이 뉴딜은 건설투자를 비롯한 공공사업 중심의 1930년대식 구 뉴딜이 아니라 인적자원개발 투자와 녹색투자 중심의 새로운 뉴딜(New New Deal)이어야 한다. 그런데 보수정권인 이명박 정부가 이러한 길로 나아가기는 결코 쉽지 않을 것이다. 하지만 갈수록 심각해지고 있는 경제위기에서 탈출하기 위해서는 이러한 방향으로의 선택이 불가피할 것이다. 만약 그러한 선택이 이루어진다면 아마도 그것은 '제3의 길의 보수 버전'이 될 것이다.

(사회경제학계 공동학술대회, 발표문, 2008.11.14)

14 | 친서민 중도실용과 MBnomics

최근 이명박 정부가 이른바 '친서민 중도실용' 노선을 내걸고 사회통합에 나서고 있다. 서민은행을 설립하고 저소득층에 대한 주택 및 육아 지원을 하며 지방투자를 강화하는 등 서민을 배려하는 정책을 쏟아내고 있다. 이와 함께 이명박 정부의 정책을 비판해온 진보성향의 인사를 국무총리로 지명한 것은 친서민 중도실용 노선이 단순한 정치적 수사가 아니라 불리한 정국의 반전과 정권재창출을 위한 책략인 것으로 보인다.

그런데 이러한 중도실용 노선은 이명박 정부가 집권 초기에 제시한 MBnomics와 상충한다. '줄푸세' 정책, 즉 세금은 줄이고 규제를 풀며 법질서를 세운다는 MBnomics는 바로 감세, 규제 완화, 사유재산질서강화를 내세운 1980년대 미국 레이건 정부와 영국 대처 정부의 신자유주의 정책의 한국판이라 할 수 있다. 또한 부자에 대한 감세,

수도권·대기업·금융부문에 대한 규제 완화를 통해 소비와 투자를 촉진하여 경제성장을 달성하고 그 과실로 빈자, 지방, 중소기업을 지원한다는 점에서 미국 부시 정부의 하향식 경제학과 맥을 같이한다.

신자유주의 혹은 하향식 경제학에 기초한 경제정책은 특히 미국과 영국에서 부익부 빈익빈을 초래하여 중산층을 붕괴시키고 사회양극화를 심화시켰을 뿐만 아니라 파국적 금융위기를 초래했다. 2008년 세계경제위기를 계기로 이러한 경제학은 파산했다. 미국 버락 오바마 정부는 부시 정부의 하향식 경제학을 버리고, 금융시장 규제 강화, 부자 감세 철회, 중산층에 대한 감세, 노동자·자영업자·중소기업에 대한 투자를 통해 경제를 성장시키려는 상향식 경제학을 추구하고 있다. 상향식 경제학은 금융시장 규제를 강화하고 취약한 경제주체들의 역량을 강화시키기 위한 투자를 우선하여 금융위기와 양극화 없는 지속 가능한 성장을 실현하려고 한다.

이명박 정부가 진정하게 '친서민 중도실용' 노선을 걸으려면, 신자유주의적 하향식 경제학인 지금까지의 MBnomics를 버리고 상향식 경제학을 지향해야 한다. '친서민 중도실용'이 정치적 수사나 얄팍한 책략이 아니라면 '친부자 보수 이데올로기'에 기초한 MBnomics를 버려야 한다. 사실 세계경제위기에 따른 급격한 경제침체에 대응하여 이명박 정부는 확장적 재정정책을 실시하고 사회안전망을 강화하는 등 시장에 대한 정부개입을 강화함에 따라 MBnomics는 상당 정도 희석된 것으로 보인다.

그러나 아직 MBnomics의 핵심인 종부세 인하, 금산분리 완화와 파생금융상품 허용과 같은 금융시장 규제 완화, 4대강 사업 등의 정책은 지속되고 있다. 이 정책은 부자, 재벌, 금융자본가, 수도권 건설 대기업에 유리한 친부자 정책이고 빈민, 노동자, 자영업자, 중소기업의 일자리, 생활과 사업을 악화시킬 우려가 큰 반서민 정책이다. 그뿐만 아니라 그것은 금융위기와 환경파괴를 초래할 위험이 큰 정책이다.

따라서 이명박 정부가 명실공히 '친서민 중도실용' 노선을 취하겠다면, 우선 종부세 완화와 수도권 규제 완화를 철회하고 4대강 사업을 전면 재검토하겠다는 선언부터 해야 한다. 다음으로 금산분리를 유지하고 금융시장 규제를 강화하는 방향으로 금융지주회사법과 자본시장통합법을 개정해야 한다. 나아가 애매한 중도를 특권화하기보다는 합리적 진보와 개혁적 보수 간의 상생체제를 구축하는 데 힘써야 할 것이다. 그리고 대통령의 친서민 행보는 시장통을 누비는 것이 아니라 용산참사 현장에 가서 피해자들을 어루만지는 일에서 시작해야 할 것이다.

(경향신문, 시론, 2009.9.25)

15 | 박근혜 정부는 '박정희 모델'로 회귀하는가?

　　　　박근혜 대통령은 취임사에서 '제2 한강의 기적'을 이루자고 호소했다. 지난 10월 전국새마을지도자대회 축사에서는 '제2 새마을운동'을 일으키자고 주문했다. 한강의 기적과 새마을운동은 '박정희 모델'의 상징적 표현이다. 박근혜 대통령은 지난 5월 청와대에서 무역투자진흥회의를 개최했다. 1965년 박정희 대통령이 시작한 같은 이름의 월례회의를 38년 만에 부활시킨 것이다.

　'제2 한강의 기적' 담론과 '제2 새마을운동' 추진, 무역투자진흥회의 개최 등 일련의 현상들은 박근혜 정부가 '제2 박정희 모델'을 지향하는 것처럼 느끼게 만든다. 더욱이 아버지와 딸이라는 관계는 박근혜 정부가 '박정희 모델'을 지향할 개연성을 크게 높인다. 아버지에 대한 향수가 아버지가 주도한 '박정희 모델'에 대한 향수로 이어지는 것은 자연스러운 현상일 것이다.

'박정희 모델'은 박정희 대통령이 주도한 경제발전모델이다. 국제학계에서는 이를 개발독재 모델 혹은 발전국가 모델이라고 규정한다. 이 발전모델을 통해 한국은 고도경제성장을 달성하여 후진국에서 중진국으로 발돋움하고 선진국 진입을 위한 발판을 마련하였다. '박정희 모델'은 성공한 반면 김일성의 '주체모델'은 실패하여 대한민국이 북한에 대해 압도적인 경제적 우위를 확보할 수 있게 되었다.

이를 두고 외국 언론들은 독일의 '라인 강의 기적'에 빗대어 '한강의 기적'이라 격찬했다. 세계 경제학계에서는 '박정희 모델'을 동아시아 발전모델의 전형으로 주목하고 그 성공 요인을 집중 분석해 왔다. 해외의 진보적 경제학자들조차 '박정희 모델'을 높이 평가한다. 말레이시아와 중국 등이 박정희 모델을 벤치마킹하여 경제성장에 성공했다.

'박정희 모델'은 개발과 독재가 결합되어 야누스와 같은 두 얼굴을 가지고 있었다. 경제개발계획, 산업정책, 산업자본을 위한 금융자본 통제 등이 개발의 얼굴이었다. 유신체제와 인권탄압, 노동권 억압 등이 독재의 얼굴이었다. 그동안 민주세력은 '박정희 모델'의 독재＝반민주 측면만을 부각시켜 왔다. 보수세력은 눈부신 개발의 측면만을 강조해 왔다.

국제학계에서는 '박정희 모델'을 높이 평가할 때 개발의 성공 측면을 강조한다. 독재에 대해서는 개발을 위한 필요악이었다고 보는 입장과 정권 유지와 연장을 위한 수단이었다고 보는 입장으로 나뉜다. 제3세계의 많은 나라들처럼 민간의 부를 수탈하는 약탈국가가 아니라 '박정희 모델'에서의 국가는 기업의 자본축적을 적극적으로 지원한 발전국가였다. 산업정책과 은행국유화를 통한 금융자본에 대한 통제는 고도경제성장의 주된 성공요인으로 분석된다.

　만약 박근혜 정부가 '제2 한강의 기적'을 만들고 '제2 새마을운동'을 한다면서 '박정희 모델'의 독재 측면으로 기울어진다면 이는 나라의 장래를 위해 큰 불행일 것이다. '유신체제 시절이 좋았다', '독재는 정당했다', '5·16쿠데타는 구국의 결단이었다'는 말들이 횡행하게 만든다면, 과거 반독재운동을 했던 민주세력의 반발을 야기하여, '민주 대 반민주'라는 낡은 소모적인 갈등을 초래할 것이다.

　수구우파세력과 수구좌파세력 간의 소모적 갈등이 재연되면 나라 장래는 암울하다. 국정원 댓글 사건을 둘러싼 최근의 정세 속에서 나타나고 있는바, 종북몰이를 하는 수구우파세력과 대선불복을 하려는 수구좌파세력 간의 충돌은 극히 우려스럽다. 박근혜 정부 출범 1년이 다 되어 가는데 아직도 대선이 끝나지 않은 것처럼 혼란스런 상황은 나라의 장래를 위해 불행한 일이다.

　박근혜 정부는 '박정희 모델'의 개발 측면에 주목하여 그 합리적 핵심을 계승하도록 해야 한다. '박정희 모델'의 부정적 측면과는 과감히 단절하고 그 긍정적 측면을 현 시대에 맞게 창조적으로 계승하는 작업을 해야 한다. 인사와 정책 측면에서 아버지 대통령 시대의 부정적 유산과는 단절하고 그 긍정적 자산을 계승 발전시켜야 한다. 이를 통해 '제2 박정희 모델'로 회귀할 것이 아니라 박근혜 정부 독자 모델을 창출하는 것이 바람직하다.

　경제정책 측면에서 '박정희 모델'의 긍정적 자산은 산업정책과 금융자본에 대한 통제다. 수도권집중체제와 재벌지배체제는 그 부정적 유산이다. 1987년 이후 민주화와 자유화가 진전되면서 박정희 모델의 긍정적 자산이 사라져 갔다. 금융자유화가 진전되고 전략산업을 집중 육성하는 산업정책은 약화되었다. 신자유주의 이념과 정책을 도입하면서 고도경제성장을 추동한 산업정책과 금융통제를 포기한 것이다. 국가가 물러선 자리를 재벌이 대신하면서 재벌지배체제는 더욱 공고해졌다. 시장에 대한 국가개입은 약화된 반면 국민경제에 대한 재벌지배는 강화되었다. 그 결과 대중소기업 간 격차가 심화되고 소득분배는 크게 악화되었다.

1997년 외환위기 이후 IMF 구조조정 프로그램에 의해 '박정희 모델'은 최종적으로 붕괴하였다. 그런데 2008년 미국발 세계경제위기 이후 고삐 풀린 자유시장경제를 지향하는 신자유주의는 경제불안정과 양극화를 초래하여 지속 불가능하다는 점이 확인되었다. 제조업을 경시하는 금융주도의 성장은 경제를 황폐화시킨다는 점이 입증되었다. 따라서 재산업화를 위한 산업정책과 금융자본에 대한 통제의 필요성이 선진국에서 논의되고 있다. 이와 관련해 동아시아 발전모델의 장점이 재조명되고 있다. 동아시아 발전모델의 장점이란 '박정희 모델'의 긍정적 자산에 다름 아니다.

박근혜 정부의 역사적 임무는 금융자유화를 포함한 규제완화, 민영화, 감세를 지향하는 신자유주의 질서의 강화도 아니고 '박정희 모델'로의 회귀도 아니다. '박정희 모델'의 긍정적 자산을 지방분권, 경제민주화와 복지국가라는 시대적 과제와 결합하여 대한민국의 새로운 발전모델을 실현하는 것이다. 박근혜 정부가 설정한 제1의 국가의제인 창조경제도 산업정책, 금융통제, 지방분권, 경제민주화, 복지국가 의제와 결합되지 않으면 새로운 발전모델 정립에 기여할 수 없을 것이다.

아버지 대통령이 주도한 '박정희 모델'의 긍정적 자산을 계승하여 미래로 전진하느냐, 아니면 그 부정적 유산에 사로잡혀 과거로 회귀하느냐는 박근혜 대통령의 결단에 달려 있다. 진정으로 국민행복시대를 열려면 전자의 길로 가야 함은 두말할 필요가 없다.

(보스턴 단상, 2013.12.6)

16 | 해방 60주년에 되돌아본 '박정희 모델'

       해방 60주년을 맞이하는 대한민국의 최대과제는 무엇일까? 거의 모든 사람들이 민족통일이라고 답할 것이다. 그러나 통일을 이루어낼 조건들을 깊이 생각해 본다면, 1960년대 초반에서 1997년까지 지배한 '박정희 모델'을 넘어서, 한국 경제의 새로운 도약을 실현하고 민족통일을 주도할 새로운 발전모델을 정립하는 것이 아닐까 한다.

  국내외 학계에서 '개발독재' 모델로 개념화되고 있는 박정희 모델은 후진국이었던 한국을 단기간의 압축적 성장을 통해 중진국으로 진입시킨 성공사례로 크게 주목받았고, 몇몇 동아시아 국가들의 벤치마킹 대상이 되었다. '개발 없는 독재'를 했던 이승만 독재와 달리 박정희 독재는 '개발 있는 독재'를 통해 높은 경제성장을 달성하였다. 박정희 모델은 개발과 독재라는 야누스적 두 얼굴을 가지고 있었다.

　박정희 대통령이 설계한 개발독재 모델은 독재정부에 의한 투자조정·신용할당·행정규제와 같은 국가주의적 통제를 통해 경제성장을 기획하고, 국가안보와 경제성장의 명분 아래 인권과 노동권을 탄압하고 민주주의를 짓밟은 발전모델이었다. 개발독재체제 아래 외국 자본과 기술이 도입되어 '대량생산-고생산성-저임금-대량수출'에 기초한 대량생산경제가 작동하였다. '선성장 후분배' 정책과 자율성 없는 단순반복의 장시간 노동체제가 유지되고 있었다. '잘살아 보세'라는 성장지상주의와 위계적이고 획일적인 군사 권위주의 문화가 지배하고 있었다.

　이러한 개발독재 모델의 경제적 성과는 실로 대단하였다. 세계적으로 유례없는 연평균 10%대의 고도성장을 달성하여 불과 20년 사이에 식민지배와 전쟁의 참화를 당한 후진 농업국을 중진 공업국으로 도약시킨 '한강의 기적'을 이루었다. 자원의 생산적 사용, 투자의 선택과 집중, 효과적인 산업육성 정책 등 다른 제3세계 정권에서는 찾아볼 수 없는 유능함을 보여주었다.

　그러나 개발독재의 이러한 경제적 성과는 엄청난 비용과 부작용을 발생시키고 거둔 것이었다. 식민잔재의 미청산, 인권유린과 노동탄압, 민주주의 말살, 환경파괴, 행정규제 만능주의, 위계적이고 획일적인 군사문화의 지배, 빈부격차, 재벌지배와 중소기업 위축, 과도한 중앙집권과 지방자치 말살, 수도권 집중과 지방의 황폐화, 지역패권주의 등 개발독재 모델의 짙고 긴 그림자는 아직까지 우리를 덮고 있다.

　박정희 모델은 노동자의 창의성과 자율성이 요구되는 21세기 지식기반경제에서는 더 이상 경제적으로 지속될 수 없다. 민주화의 진전, 빈부격차와 사회갈등 심화, 심각한 환경파괴 상황에서 개발독재 모델은 정치·사회·환경적으로 지속 가능할 수 없다. 1987년 노동자투쟁과 시민항쟁 이후 쇠퇴하기 시작하던 박정희 모델은 1997년 외환위기를 계기로 최종적으로 붕괴된다.

박정희 모델 붕괴 이후 글로벌 신자유주의의 외압이 강화되고 있는 가운데, 김대중 정부에서는 '민주주의와 시장경제의 병행발전'이 시도되었고, 현재 노무현 정부에서는 지방분권과 국가균형발전, 성장과 분배의 선순환, 대·중소기업 간 동반성장 등 새로운 발전정책들이 추진되고 있다.

그러나 아직 박정희 모델을 넘어서는 새로운 대안적 발전모델이 정립되지 못하고 있는 가운데 경제성장이 둔화되고 있다. 박정희 대통령에 대한 향수가 여전히 현실정치의 주요 변수로 작용하고 박정희 모델의 유령이 아직도 떠돌고 있는 것은 바로 이 때문이 아닌가 싶다. 이제 박정희 모델의 빛과 그림자를 정당히 평가하여 역사박물관에 안치시키고, 그것을 넘어서는 경제·사회·환경적으로 지속 가능한 대안적 발전모델을 정립하여 제2의 경제도약과 민족통일의 토대를 구축하는 것, 이것이야말로 해방 60주년을 맞이하는 우리 민족에게 주어진 최대의 과제가 아닐까.

(조선일보, 아침논단, 2005.8.21)

17 | 제2도약을 위한 새 발전모델

한국경제는 지금 저성장과 양극화라는 양대 문제에 직면해 있다. 1997년 이후 나타나는 저성장 추세는 무엇보다 기존의 개발독재 모델이 해체되었음에도 불구하고 이를 대신할 새로운 발전모델이 아직 확립되지 못하여 성장잠재력이 떨어졌기 때문이다. 따라서 현재의 저성장은 순환적 위기의 성격을 가지는 불황 때문이라기보다 근본적으로 구조적 위기의 성격을 가지는 발전모델의 위기 때문으로 봐야 한다.

저성장 상황에서 경제의 양극화가 심화되고 있다. 수출산업과 내수산업 간, 대기업과 중소기업 간, 지식기반의 첨단산업과 대량생산의 전통산업 간, 수도권 경제와 지방경제 간, 정규직과 비정규직 간 양극화가 중첩되어 나타난다. 글로벌화의 진전에 따른 보호산업의 쇠퇴와 국내 산업연관의 약화, 지식기반경제에 적응하지 못하는 전통산업과 중소기업의 쇠퇴, 중앙집권·수도권집중에 따른 지방경제의 침체, 노동시장 유연화에 따른 비정규직의 양산 등이 경제의 양극화를 초래하는 요인들이다.

그런데 더욱 심각한 문제는 양극화와 저성장 간의 악순환이 나타나고 있다는 점이다. 양극화로 인해 중산층이 붕괴되고 근로대중의 구매력이 떨어지니까 경제성장이 둔화되고, 저성장이 지속되니까 경쟁에 취약한 내수산업·중소기업·지방경제가 더욱 쇠퇴하여 양극화가 심화되는 것이다.

이 같은 악순환의 고리를 끊고 사회통합과 경제성장 간의 선순환 구조를 만들려면 새로운 대안적 발전모델을 구축해야 한다. 그것은 1997년 이전의 개발독재 모델도, 1997년 이후의 신자유주의적 시장주도 모델도 아닌, '제3의 길'을 말한다. 개발독재 모델로는 더 이상 성장을 추동할 수 없고 신자유주의적 시장주도 모델로는 양극화에 따른 정치사회적 갈등 심화로 성장이 지속 가능할 수 없기 때문이다.

사회통합이 실현되는 경제성장을 담보하는 대안적 발전모델의 핵심은 '참여·연대·생태'의 가치를 지향하는 '분권·혁신·통합' 정책을 통해 새로운 성장체제를 구축하는 것이다.

참여민주주의를 통해 다양한 이해관계자들이 함께 의사결정을 하면서 자신들의 생산적 역량을 결집하는 '참여', 시장경쟁에서 탈락되거나 불리한 처지에 있는 사람들에게도 최저한의 인간다운 생활이 보장되는 '연대', 지속 가능한 발전을 지향하고 생태주의적 삶을 영위하려는 '생태' 등 이 세 가지 원리에 의해 제어되는 시장경제를 건설하려는 것이 대안적 발전모델의 비전이다.

중앙집권·수도권일극발전체제를 지방분권·다극발전체제로 전환시키는 '분권', 대량생산경제를 지식기반경제로 전환시키는 혁신주도 발전이 이루어지는 '혁신', 복지국가의 확충과 국내산업연관의 강화를 통해 사회통합을 실현하는 '통합' 등 이 상호보완적인 3대 정책이 하나의 패키지로 추진될 때 새로운 성장잠재력의 창출과 양극화 완화를 기대할 수 있을 것이다.

　여기서 혁신은 고성장과 고복지를 통해 통합을 실현하고, 통합은 경제주체들 간의 갈등 해소와 협력 증진을 통해 장기적으로 낮은 사회적 비용과 높은 사회적 효율을 가능하게 하여 나라 전체의 혁신역량을 높인다. 이러한 혁신과 통합 간의 선순환을 통해 고성장이 이루어지는 체제가 바로 '혁신주도 동반성장체제'다.

　'혁신주도 동반성장체제'에 기초하여 제2 한강의 기적, 금강의 기적, 낙동강의 기적, 영산강의 기적이 어우러질 때, 한국경제는 1960년대 이후의 제1도약기에 이어 선진국에 진입하는 제2의 도약기를 맞이하게 될 것이다. 지금, 전국수준과 지역수준에서 노사정민(勞使政民)이 함께 대안적 발전모델 실현을 위한 사회적 대화에 나서야 할 때다.

（조선일보, 아침논단, 2005.9.19）

18 | 비정규직을 위한 '3시1반'

비정규직 법이 실시된 지 2년이 넘었다. 비정규직을 2년 이상 채용할 경우 정규직으로 전환해야 한다는 비정규직법이 시행되면 실업대란이 일어날 것이라는 노동부의 예측은 빗나갔다. 실업대란은 없었다.

비정규직은 정규직으로 전환되거나 계속 고용되는 비정규직으로 기업에 남거나 해고되어 실업자가 되었다. 비정규직법이 시행되었음에도 불구하고 비정규직은 처음에는 줄었지만 다시 증가하였다. 현재 전체 취업자의 약 3분의 1이 비정규직이다.

비정규직에 대한 차별도 여전하다. 임금, 고용, 복지의 3중 차별이 비정규직에 대해 행해지고 있다. 임금차별은 연구자에 따라 약간 다른 분석결과가 나오고 있지만 정규직과 비정규직 간 순임금 격차는 대체로 15% 안팎이다. 임금차별보다 더 심각한 것이 복지차별이다.

정규직의 국민연금, 건강보험, 고용보험 가입률은 각각 78.9%, 79.8%, 67.6%인 데 비해, 비정규직의 경우에는 각각 38.2%, 43.4%, 42.7%에 불과하다.

하는 일의 난이도에 차이가 있고 숙련 수준에 차이가 난다면 그에 상응한 임금격차는 합리적일 수 있다. 그러나 정규직과 비정규직 간에 '동일노동－차별임금'이 나타나는 경우가 적지 않다. 예컨대 은행 창구에서 같이 금전출납 일을 하는데도, 자동차 공장에서 동일한 부품을 조립하는데도 정규직과 비정규직 간에는 임금과 복지가 현격하게 차이가 난다.

비정규직에 대해서는 교육훈련이 실시되는 경우가 드물기 때문에 숙련형성이 안 된다. 그래서 비정규직 노동자는 '저숙련－저생산성－저임금'의 악순환에 빠지게 된다. 비정규직에게 미래가 없는 까닭은 바로 이러한 저숙련과 저복지에 있다.

비정규직 문제에 대한 올바른 해법은 무엇인가? 우선 가능한 범위에서 비정규직을 정규직으로 전환하는 것이다. 취업포탈 '사람인'이 125개 기업을 대상으로 한 '2009년 정규직 전환비율 조사'에 의하면, 비정규직의 정규직 전환 비율이 평균 33%다. 향후 5년 이내 정규직 전환비율 50% 달성을 목표로 로드맵을 작성하여 단계적으로 비정규직을 줄이는 정책을 실시해야 한다.

정규직 전환 정책은 공공부문이 먼저 실시해야 한다. 일본 하토야마 정부는 일본우정의 20만 4,000명 가운데 10만 명을 향후 3～4년에 걸쳐 정규직으로 전환하겠다고 발표했다. 우리 정부도 공공부문의 비정규직의 정규직 전환 계획을 발표해야 한다. 아울러 대기업들의 정규직 전환 계획 발표가 잇달아야 한다.

비정규직의 정규직 전환 촉진을 위한 노-사-정 간의 사회적 합의가 도출되어야 한다. 이때 정규직 전환을 위한 재원을 사용자, 정부, 정규직이 분담하는 말하자면 '삼시일반(三匙一飯)'의 정신을 발휘할 필요가 있다. 사용자의 임금기금 확대, 정부의 재정 지원, 정규직의 임금 양보를 통해 비정규직 한 사람을 정규직으로 전환시키자는 것이 삼시일반의 정신이다.

다음으로 비정규직에 대한 3중의 차별 중 적어도 복지차별을 없애고 나아가 임금차별도 없애서 스웨덴, 덴마크, 네덜란드와 같은 선진국처럼 고용차별만 남도록 해야 한다. 비정규직 직업훈련에 대한 정부의 재정 지원이 확대되어야 한다.

비정규직을 줄이려면 정규직 노동시장을 유연화해야 한다는 주장이 있다. 정규직을 쉽게 해고하지 못하니까 기업들이 비정규직을 채용하려 한다는 것이다. 그런데 정규직 노동시장을 유연화하려면, 실업급여를 대폭 인상하고 실업자에 대한 직업훈련을 강화하여, 노동시장의 유연안전성이 실현되도록 해야 한다.

보다 근본적으로는 비정규직을 양산하게 만드는 한국경제의 시스템을 개혁해야 한다. 기업으로 하여금 단기 유연성을 추구하게 만드는 주주자본주의, 금융주도경제를 더 이상 지향해서는 안 된다. 비정규직의 80%가 고용되어 있는 중소기업의 열악한 경영여건을 획기적으로 개선하기 위한 종합대책이 필요하다.

(한국일보, 아침을 열며, 2010.4.5)

19 | 일자리 있는 성장은 가능한가

　　2008년 경제위기가 마침내 실업대란으로 이어지고 있다. 1월 현재 공식 실업자가 121만 6,000명인데, 여기에 구직 단념자 19만 6,000명, 그냥 쉬고 있다는 153만 5,000명, 주당 18시간 미만 취업자 108만 2,000명을 합한 '사실상 실업자'는 무려 400만 명에 달한다. 경제위기는 회복되고 있다는데 실업자는 오히려 늘고 있다.

　　일자리 위기는 1997년 외환위기 이후 이른바 '일자리 없는 성장'이 현실화하면서 발생하였다. 취업자 수 증가율을 GDP 성장률로 나눈 값인 고용탄력성이 1990년대 0.36에서 2000년대 0.32, 2008년 0.28로 점점 낮아졌다. 현재 한국의 고용탄력성은 OECD 국가 중에서 가장 낮다.

　　이와 같은 고용 없는 성장은 한국경제의 구조적 특성에서 비롯되고 있다. 수출을 주도하는 재벌 대기업들에서 수출이 늘어도 고용이 늘지 않고, 수출이 증가해도 내수가 늘지 않아 중소기업의 고용도 증가하지 않는다. 수출을 주도하는 대기업들이 설비투자를 통해 생산규모를 확장하면서 인원은 줄이기 때문에 수출이 늘고 설비투자가 늘어도 고용은 오히려 감소한다.

더욱이 기관투자가의 영향력이 강한 기업지배구조에서 단기 주가수익의 극대화를 추구하는 재벌 대기업의 상시적 구조조정이 감원을 초래하여 일자리를 줄인다. 또한 이미 다국적 기업화한 수출 대기업들은 수출로 획득한 이윤으로 해외투자를 하는 경향이 강해지고 있기 때문에 일자리는 국내보다 해외에서 창출된다. 게다가 수출 대기업의 고액 연봉자들은 국내소비보다 해외소비를 하는 경향이 강하기 때문에 내수 확대에 기여하지 못한다. 이렇게 해서 수출 대기업이 성장하고 이윤이 증대해도 고용이 늘지 않는 것이다. 사실 지난 10년간 10대 그룹의 일자리는 거의 증가하지 않았다.

한편 대기업의 지배 아래 정체되고 위축되고 있는 중소기업은 일자리를 늘릴 능력이 없다. 대기업의 하청 기업인 중소기업들은 모기업의 단가 인하로 경영이 악화하여 '저생산성-저임금-저숙련'의 악순환에 빠져 있다. 중소기업들은 괜찮은 일자리를 창출하고 싶어도 여력이 없다. 대기업을 선호하는 대졸자들은 중소기업에 취업하기를 꺼리고 취업 준비생으로 대기업의 소집을 기다리는 산업예비군 대열에 합류한다.

이러한 경제구조가 개혁되지 않는 한, 일자리 없는 성장은 지속될 것이다. 국가정책 수립 시 고용영향 평가를 하고 중소기업 고용증대 세액공제제도를 도입하는 것과 같은 고용전략은 임시방편 처방에 불과하다.

수출주도 성장 체제를 수출－내수 동반성장 체제로 전환하고, 대·중소기업의 하청관계를 파트너 관계로 전환하며, 나아가 단기수익성 추구의 금융주도 경제를 장기 이윤추구의 지식주도 경제로 전환해야 일자리 있는 성장이 실현될 수 있다. 설비투자 중심의 대량생산경제에서는 더 이상 일자리 창출을 기대할 수 없다. 지식투자와 녹색투자에 기초한 '지식기반 녹색경제'로 이행해야 새로운 일자리 창출이 가능하다.

수출과 해외투자 부문에서 획득한 이윤의 일부를 조세로 흡수하여 육아, 양로, 교육, 의료 등 사회서비스 분야 공공부문 일자리를 창출하고 수익성과 공익성을 동시에 추구하는 사회적 기업에 대한 재정지원을 확대해야 한다. 해외투자의 과실이 사회투자의 증대로 연결되도록 해야 한다. '부자 증세－중산층 감세－빈민 조세지원' 정책으로 내수를 확대해야 일자리 창출이 가능하다.

국제노동기구(ILO)의 '글로벌 일자리 협약(Global Jobs Pact)'이 권고하고 있는 것처럼 금융시장 규제와 함께 고용보호와 사회보호를 사회경제정책의 중심에 두는 발전 경로를 채택해야 당면한 일자리 위기를 극복할 수 있다.

(한국일보, 아침을 열며, 2010.2.22)

20 | '일자리 만들기 연대'
노·사·정·민이 함께

　　　　　한국경제가 마의 1만 불 소득 덫에서 벗어나 2만 불 소득 시대를 앞당기기 위해서는 소모적인 제로섬 게임의 대립적 노사관계를 상생의 원원 게임의 참가적 노사관계로 전환시키는 노사대타협이 필요하다. '일자리 없는 성장'이 한국경제의 주요 모순으로 등장하고 있는 현 시점에서 노사, 노사정, 나아가 노사정민이 '일자리 만들기 연대'를 맺을 필요성이 절실하다.

　'일자리 만들기 연대'가 의미있는 일자리 창출에 성공하려면 정부가 그것에 적합한 경제시스템을 구축해야 한다. 즉, 일자리 창출에 친화적인 '이해관계자 자본주의'와 '조정된 시장경제'를 지향하는 경제시스템을 구축하고 지식주도 축적체제와 고용집약적 성장을 추구하는 정부 경제정책 기조가 설정돼야 한다.

　기업수준에서 노사는 임금 안정의 기초 위에서 일자리 유지 및 창출과 숙련향상을 위한 교육훈련투자에 자원을 분배하는 고용지향적 단체교섭 관행을 정착시켜야 한다. 아울러 대기업과 공공부문에서 선도적으로 노사가 일자리 나누기를 실천해야 할 것이다. 전국수준에서는 노사정민이 함께 '일자리 만들기 연대'를 형성하고 경제성장률보다 고용성장률을 중시하는 고용지향적 정책이 수립되도록 해야 할 것이다.

노동시장이 지역별로도 성립하고 있으므로 '일자리 만들기 연대'는 전국수준뿐만 아니라 지역권역별로도 형성할 필요가 있다. 지역수준에서 형성되는 '일자리 만들기 연대'는 지역경제의 내생적 발전을 실현하는 것을 주요 의제로 설정해야 할 것이다.

지역발전과 일자리 창출이란 관점에서 보았을 때, '일자리 만들기 연대'는 지방분권 및 지역혁신 추진과 함께 지역파트너십 형성을 필요로 한다. 지방분권시대가 개막됨에 따라 지역이 일자리 창출 정책의 결정권과 책임을 가지게 되면, 지역 내부의 노－사－정－민 4주체들이 파트너십을 형성해 지역경제 발전을 통한 일자리 창출에 적극 나서야 한다.

노동조합은 무엇보다 합리적인 노동운동 노선을 정립해야 한다. 노동조합은 노동시장의 안전성을 추구하더라도 노동시장의 유연성을 위한 협의에 참가하여 경직적 노동시장에 안주하지 말고 조정된 유연성을 실현해야 할 것이다. 일자리 창출을 위한 사회적 대화에 참가해 자신의 정치적 위상을 높이고 일자리 창출을 선도하는 '사회적 조합주의' 노선을 확고히 정립해야 한다.

시민사회는 이제 노사정 3자에 대해 제3자로만 남을 수 없다. 지역경제가 활성화되고 지방에 일자리가 늘어나 지역사회가 활기를 되찾기 위해서는 지역에 합리적 노사관계가 정착해야 한다. 따라서 지역의 대학, NGO와 언론 등 지역 시민사회가 적극 나서서 '일자리 만들기 연대' 형성을 위한 공론의 장을 만들어야 한다.

2004년이 한국에서 '일자리 만들기 연대' 형성의 원년이 될 수 있도록 정부, 사용자, 노동자, 시민 4주체가 함께 일자리 만들기를 중심으로 노사대타협을 이뤄 '일자리 만들기 사회협약'을 전국수준과 지역수준에서 체결해야 할 것이다.

(노동부, 「노동뉴스」, 2004.2.2)

21 | 해고가 살인이 되지 않는 길

2009년 5월에 발생한 쌍용자동차 사태와 2010년 12월 발생한 부산의 한진중공업 사태가 던져주는 시사점은 무엇인가.

사측의 2,646명 정리해고에 반대하는 노조의 총파업과 파업진압을 위한 공권력 투입, 그리고 이어지는 후유증으로 23명 노동자의 죽음을 초래한 쌍용자동차 사태와 사측의 400명 정리해고에 항의하여 타워크레인에서 309일간 장기 농성한 부산 한진중공업 노조 김진숙 씨의 필사적 투쟁은 우리나라 노동시장이 노동자들의 극한적 투쟁과 죽음을 유발하는 매우 위험한 상황임을 말해준다.

경영악화에 대응한 사측의 정리해고가 노조의 극한투쟁을 유발하는 이유는 두말할 필요 없이 사회보장이 제대로 갖추어지지 않아 해고되면 먹고살기가 어렵고 다른 일자리를 쉽게 찾기 어렵기 때문이다. '해고는 살인이다'라는 쌍용자동차 노조의 절규가 이 두 사태를 통해 극명하게 드러난 위험사회로서의 한국사회의 단면을 잘 보여준다.

해고가 살인이기 때문에 해고를 하지 말아야 한다고 주장할 수 있다. 고용보호법을 제정하여 해고를 법적으로 제한할 수도 있다. 하지만 이윤추구를 하는 기업은 불황이 닥치거나 경영이 악화되었을 때 불가피하게 해고를 해야 할 상황이 발생할 수 있다. 이 경우 해고된 노동자가 사회보장 혜택을 제대로 받지 못하고 빠른 시일 내에 재취업되지 못한다면 해고는 당사자에게 살인이 될 수 있다.

해고가 살인이 되지 않는 길은 무엇인가. 그것은 노동시장의 유연안전성을 실현하는 것이다. 유연안전성(flexicurity)은 유연성(flexibility)과 안전성(security)의 합성어다. 노동시장이 유연하면서도 안전한 상태를 유연안전성이라 한다.

노동시장이 유연하면 노동자가 고용불안과 생활불안을 겪을 수 있다. 노동시장이 경직적이면 기업활동의 자유가 제한된다. 유연한 노동시장에서는 노동자가 죽을 수 있고 경직적 노동시장에서는 기업이 죽을 수 있다. 기업이 살기 위해 하는 해고가 노동자를 죽이지 않으려면 노동시장이 유연하면서도 안전해야 한다.

덴마크에서 전형적으로 작동하고 있는 노동시장의 유연안전성은 자유로운 해고와 관대한 실업급여 그리고 적극적 노동시장 정책이라는 세 가지 조건이 구비될 때 실현될 수 있다. 이 세 가지를 '황금 삼각형'이라 부른다. 노동시장의 유연안전성이 실현되면 평생직장 대신 평생고용이 이루어질 수 있다. 평생직장이 정태적 고용안정을 실현한다면 평생고용은 동태적 고용안정을 실현하는 길이 된다.

해고당하더라도 생활상의 큰 변화 없이 살아갈 수 있는 사회보장이 잘 갖추어져 있고 정부가 실업자에 대해 재취업 가능성을 높이는 교육훈련을 제공하는 적극적 노동시장 정책이 실시된다면, 사용자의 자유로운 해고를 노동자가 큰 저항 없이 수용할 수 있다. 따라서 노동시장의 유연안전성은 해고를 둘러싼 노사 갈등을 크게 줄일 수 있다.

기술이 급변하는 지식기반경제에서는 노동력의 급속한 교체가 불가피하므로 노동시장의 유연안전성이 필수적이다. 지식기반경제에서 창조적 파괴가 이루어지는 혁신이 노사갈등 없이 지속되려면 산업평화와 사회통합을 이룩할 수 있는 노동시장의 유연안전성이 반드시 실현되어야 한다. 실업급여 수준을 대폭 높이고 지급기간을 연장하여 실업자가 안정된 생활을 할 수 있게 하고, 적극적 노동시장 정책에 대한 정부지출 비율을 크게 높여 실업자가 재취업될 수 있도록 해야 한다.

한국에서도 덴마크의 '황금 삼각형'이 형성되어야 한다. '한국형 황금 삼각형'을 위한 노－사－정 3주체 간의 사회적 합의 도출이 국가적 의제로 설정되어야 한다.

(영남일보, 아침을 열며, 2012.11.19)

22 | 국가고용전략: 논평과 대안

　　　　　정부가 지난 10월에 발표한 국가고용전략은 과연 정부의 표현대로 '성장·고용·복지의 조화'를 통해 '일자리 희망'을 만들 수 있을까? '국가고용전략'이란 이름으로 야심차게 발표한 전략이 과연 효과적인 전략인가? 이 전략 속에 담긴 주요 정책 내용이 일자리 창출에 큰 기여를 할 수 있을까?

　이 글은 이명박 정부의 국가고용전략의 핵심내용을 논평하고, 그중 불합리하거나 미흡한 정책을 적시하고 대안적 고용전략의 방향을 제시하고자 한다.

고용전략 수립의 배경에 대한 인식

　우선 고용전략 수립의 배경이 되는 사회경제상황과 노동시장 문제에 대한 인식은 어떠한가를 보자.

경기회복에 따라 민간부문을 중심으로 일자리 증가 추세가 나타나고 있지만, 구직자, 중소기업 근로자 등 상당수 국민이 지표상 호전을 체감하지 못하고 있고 일자리 불안을 느끼고 있다는 점, 외환위기 이후 고용 창출이 둔화되고 분배상황이 악화되고 있다는 점, 저출산·고령화에 따른 인구구조 변화, BRICs 등 후발국가 추격에 따른 경쟁심화 등 예상된 미래 변화에 대한 준비가 시급하다는 점, 이러한 상황에서 경제위기 극복을 위한 대책에서 벗어나 성장과 고용이 동행할 수 있는 새로운 전략이 필요하다는 점, 이것이 정부가 제시한 고용전략 수립의 사회경제적 배경이다. 이러한 배경 인식에 대해서는 이론이 있을 수 없다.

특히 고용문제와 직결되는 노동시장 문제로서는 다음 세 가지를 들고 있다. 첫째, 노동시장의 수요측면에서, '생산은 느는데 일자리는 제자리'라는 표현에서 보는 것처럼, '일자리 없는 성장(jobless growth)' 문제를 제기하고 있다. 그 이유로서 기술발전과 생산성 향상에 비해 일자리는 늘지 않는 추세라는 사실과 제조업과 수출의 고용창출력 둔화로 고용문제가 더욱 악화되고 있다는 점을 지적하고 있다. 이러한 인식은 그 자체로서 올바르다. 문제는 이러한 현상이 나타나는 근본 원인은 무엇인가를 밝히는 것이다. 왜 제조업과 수출의 고용창출력이 둔화되고 있는가에 대한 분석이 있어야 올바른 고용 전략이 수립될 수 있다.

제조업의 경우, 대기업의 고용은 신기술 도입과 구조조정으로 오히려 줄어들고 있고 중소기업은 대기업 지배구조 아래에서 경영압박을 받고 있기 때문에 고용이 늘어나기 어렵다는 사실, 원자재 및 부품의 해외 의존도가 높아서 수출이 내수로 연결되기보다는 수입 증가로 연결되는 정도가 갈수록 커지고 있다는 사실에 대한 보다 심각한 고려가 필요하다. 다시 말해서 '일자리 없는 성장'은 생산기지를 해외로 이전시키는 글로벌화와 정보기술(IT)과 같은 노동절약적 기술 때문만이 아니라, 수출의존적이고 대-중소기업 간 양극구조가 강고한 우리나라 경제구조 전체의 문제점에서도 비롯된다는 인식이 약한 것으로 보인다.

뿐만 아니라 일자리 없는 성장이 본격적으로 나타난 1997년 외환위기 이후 한국경제에서 주주자본주의적 요소와 금융주도경제적 요소가 강화됨에 따라, 노동시장이 유연화되어 고용이 불안해지고 고용량 증대가 둔화되는 현상이 나타나는데, 정부의 고용전략은 이러한 한국경제의 성격변화를 충분히 고려하지 못하고 있다.

둘째, 노동시장의 공급 측면에서 인적자원 개발·활용의 불균형을 문제로 들고 있다. 학교단계에서의 과도한 투자에 비해 노동시장 진입 후의 직업능력개발 투자가 부족하여 인적자원의 질과 생산성 향상이 미흡하다는 지적을 한다. 이러한 지적은 올바르다. 그리고 청년의 경우 고학력화에 따른 미스매치, 여성의 경우 경력단절, 고령자의 경우 조기퇴직 등으로 인적자원이 낭비되고 있는 상황을 문제점으로 든다. 이 또한 정당한 지적이다. 그런데 문제는 노동시장 진입 후의 직업능력개발투자가 왜 미흡한지, 그러한 인적자원의 낭비가 일어나고 있는 사회경제적 및 사회문화적 요인은 무엇인지를 밝히고, 그것을 해결하기 위한 정책대안을 마련하는 것이 중요하다. 그러함에도 정부의 고용전략에는 이러한 요인들을 고려한 종합 정책 패키지가 보이질 않는다.

셋째, 제도·관행 측면에서 노동시장 이중구조화 심화 문제를 적시하고 있다. 대－중소기업 간의 불공정 거래 관행으로 중소기업의 고용여건이 악화되고 이중구조화가 초래되고 있다는 점을 강조하고 있다. 이는 두말할 필요 없이 올바른 지적이다. 대－중소기업 간 불공정 거래는 우리나라에서 중소기업의 고용 문제를 악화시키고 있는 주요 요인 중의 하나인데, 이를 문제로 부각시킨 것은 높이 평가할 만하다. 그런데 문제는 대－중소기업의 불공정 거래 관행을 유지시키고 있는 한국경제구조의 특성, 즉 재벌지배체제의 문제점에 대한 지적이 없다는 것이다. 재벌지배체제 아래에서 생산물 시장에서의 중소기업의 취약한 지위가 시장에서의 대－중소기업 간 권력의 비대칭성을 초래하고 있다는 점에 대한 인식이 부족하다.

그런데 대기업·정규직의 고용 경직성을 노동시장 이중구조화를 확대시킨 요인이라고 지적하고 있는데, 이는 본말이 전도된 지적이다. 왜냐하면 대기업·정규직의 고용 경직성＝안정성이 아니라 중소기업·비정규직의 고용 유연성＝불안정성이 노동시장을 이중 구조화시키고 있기 때문이다. 다시 말해서 대기업·정규직의 고용 안정성이 문제가 아니라 중소기업·비정규직의 불안정성이 문제인 것이다. 마찬가지로 대기업의 고임금이 문제인 것이 아니라 중소기업의 저임금이 이중구조의 원인인 것이다.

아울러 사회안전망은 지속적으로 확충되고 있으나 빈민의 일을 통한 빈곤탈출 가능성이 적고 고용과 복지의 연계가 미흡하다고 지적하고 있다. 이러한 지적 자체는 맞는 말이다. 일을 통해 빈곤 탈출이 안 되고 고용이 복지로 연결되지 않는 주된 까닭은 일과 고용의 질이 낮기 때문일 것이다. 그런 상태에서는 일을 해 봐야 빈곤으로부터 벗어나기 어렵고 복지를 기대하기 어렵다 할 것이다.

국가고용전략, 무엇이 문제인가?

위와 같은 상황 인식에 따라 이명박 정부는 국가고용전략이란 이름의 전략을 수립하겠다고 밝혔다. 즉, 성장·고용·복지의 선순환과 국민의 단절 없는 직업생활을 위해 2020년 고용률 70% 달성을 목표로 설정하고, 성장과 고용이 동행할 수 있는 새로운 전략으로서 다음과 같은 4대 전략을 제시하였다.

전략 1: 고용친화적 경제·산업정책. 이는 경제성장이 일자리 창출로 이어질 수 있도록 고용친화적 경제정책을 추진하겠다는 것이다. 모든 경제정책과 산업정책을 고용효과를 중요한 목표로 설정하고 점검하겠다고 한다. 국제노동기구(ILO)가 권장한 고용-지향적(employment-oriented) 경제정책과 맥을 함께하는 정책패러다임을 추구하겠다는 것이다. 만약 이것이 구두선이 아니라 진정성이 있는 것이라면, 지금까지 이명박 정부가 지향한 신자유주의 경제정책, 금융자유화 정책, 주주자본주의 정책과 같은 고용저해적인 경제정책의 대전환이 불가피할 것이다. 그런데 아무리 찾아봐도 국가고용전략 속에 이러한 경제정책의 대전환을 위한 정책 패키지가 보이지 않는다.

전략 2: 공정·역동적인 일터 조성. 노동시장의 이중구조를 완화하고 중소기업의 고용여건을 개선하기 위해 원·하도급과 노동시장의 공정질서를 확립하겠다는 것이다. 사내하청이나 건설하청과 같은 하도급의 개선방안을 마련하고 근로자의 기본 권익을 보호·강화하겠다고 한다. 이는 기본적으로 올바른 정책이라 평가할 수 있다. 그러나 사내하청과 건설하청의 불공정을 어떻게 근절할지에 대한 구체적인 행동계획이 보이질 않는다. 마찬가지로 노동시장의 불공정 질서를 근절할 수 있는 구체적 정책대안도 찾아볼 수 없다.

근로시간을 유연화하고 일자리 창출에 걸림돌이 되는 고용규제를 합리적으로 개선하겠다고 한다. 이를 위해 유연근로시간제를 확산하고, 파견 등 불합리한 고용규제를 개선하겠다고 한다. 이것의 의미는 결국 노동시장을 더욱 유연화하겠다는 것이다. 노동시장의 안전성보다는 유연성이 강조되고 있고, 유연성과 안전성을 결합한 유연안전성(flexicurity) 개념은 보이질 않는다. 노동시장의 유연화가 과연 공정하고 역동적인 일터를 만들지 의문이다.

전략 3: 취약인력 활용과 직업능력개발 강화. 고용률을 높이고 성장기반을 확충하기 위해 취약인적자원을 적극적으로 활용하고 직업역량을 강화하겠다고 한다. 가사와 육아를 부담하는 여성과 숙련을 가진 고령자에 대한 맞춤형 정책지원을 강화하고 평생직업능력개발체제를 구축하겠다고 밝히고 있다. 이러한 전략은 바람직한 것으로 이론이 있을 수 없다. 다만 효과적인 평생직업능력개발체제를 어떻게 구축할지에 대한 계획이 보이질 않는다.

전략 4: 근로유인형 사회안전망 개편. 일을 통해 빈곤에서 탈출할 수 있도록 근로유인형으로 사회안전망을 개편하고 기초생활보장제도를 개선하며, 근로빈곤층의 일을 통한 자립지원정책을 강화하겠다고 한다. 이 자체도 이론의 여지가 없다. 다만 문제는 일을 통해 빈곤을 탈출할 수 있는 분명한 전망이 있는 근로유인형 사회안전망이 제시되고 있지 못하다는 것이다.

이러한 4대 전략 실현을 위한 5개 과제를 제시하고 있다. 이들 중에서 쟁점이 될 수 있는 과제들을 중심으로 논평하기로 한다.

첫째, 지역·기업이 주도하는 일자리 창출. 기업이 주도하는 일자리 창출은 기본이고 문제는 고용없는 성장 때문에 정부주도 일자리 창출이 불가피하다는 점이다. 또한 지역이 주도하는 일자리 창출은 지역경제 활성화와 노동시장정책의 분권화가 필수적이다. 그럼에도 불구하고 국가고용전략에는 중앙-지방, 정부-민간 간의 협력을 강조할 뿐, 일자리 창출에서 정부주도의 불가피성과 노동시장정책의 지방분권화 필요성에 대한 인식이 보이질 않는다. 특히 비수도권의 지역경제 활성화를 위한 전제조건인 수도권집중체제의 해소와 지역혁신체제 구축을 통한 성장잠재력 창출이라는 요인들에 대한 인식이 없다.

지역 일자리 창출을 위해서는 지역수준에서 산업정책-교육정책-고용정책-복지정책을 상호보완성을 가지도록 통합 수립하는 것이 무엇보다 중요하다. 정부가 제시한 국가고용전략에는 이러한 정책프로그램의 중요성에 대한 강조를 찾아볼 수 없다. 산업자치와 교육자치가 정착되어야, 노동정책과 복지정책의 지방분권화가 추진되어야, 지역이 주도하는 일자리 창출을 기대할 수 있다. 그럼에도 불구하고 국가고용전략에는 이 분야의 분권화 정책이 제시되고 있지 않다. 따라서 지역주도의 일자리 창출이란 말은 공허한 말로 들린다.

둘째, 공정하고 역동적인 노동시장 구축. 사내 및 건설 하도급을 개선하고, 근로자의 기본권익 보장을 강화하며, 근로시간을 유연화하고, 고용규제를 합리화하겠다고 밝히고 있다. 여기서 쟁점이 될 수 있는 것은 근로시간 유연화와 고용규제 합리화라 할 수 있다. 2011년 7월 1일부터 20인 이하 사업장 주 40시간제 적용, 탄력적 근로시간제 단위기간의 확대(3개월에서 1년), 근로시간저축휴가제 도입 등은 환영할 만하다. 그런데 국가고용전략에서는 '일자리 없는 성장' 추세 속에서 노동시간 단축의 필요성에 대한 인식이 미약하다. 세계최장의 노동시간을 대폭 단축시켜서 일자리 나누기를 실시하고 자유시간 확대를 통해 노동자가 자기개발을 하여 지식수준과 숙련수준을 높이는 것이 국가고용전략의 핵심이 되어야 함에도 불구하고 이 부분이 결여되어 있다.

한편 국가고용전략에서 제시되고 있는 고용규제 합리화는 파견업종을 확대하고 파트타임을 확대하며 기간제 근로자 사용기간(2년) 제한의 예외대상을 확대하겠다는 것이다. 이는 일자리 창출이라는 명분으로 노동시장을 더욱 유연화하기 위해 근로기준법, 비정규직법, 파견법 등을 개악하겠다는 것이다. 이렇게 되면 비록 일자리 총량은 늘어날지 몰라도 비정규직을 양산하는 결과를 초래할 것으로 예상된다. 만약 이런 결과가 초래된다면 이러한 나쁜 정책을 두고 국가고용전략이라고 할 수 있을까?

셋째, 일-가정 양립 상용형 시간제 일자리 확대. 공공부문의 상용형 시간제 일자리를 확산하고, 민간부문의 상용형 일자리 창출을 지원하며, 육아휴직과 연계한 일자리 창출을 확대하겠다는 것이다. 이 정책은 여성 일자리 확대에 좋은 정책이라 할 만하다. 그런데 문제는 그러한 상용형 시간제 일자리를 어떻게 발굴하느냐 하는 것이다.

넷째, 일을 통한 빈곤탈출 지원. 근로능력이 있는 기초생활수급자의 탈수급을 촉진하고, 근로빈곤층의 일을 통한 자립을 지원하겠다는 것이다. 앞에서 이미 지적한 것처럼 탈수급을 촉진한다고 해서 빈민이 일을 통해 빈곤탈출에 성공할 수 있을지는 의문이다. 따라서 종합적 빈곤정책 수립의 일환으로서 탈수급이 논의되고 일을 통한 자립 지원을 논의해야 할 것이다.

대안적 국가고용전략의 방향

이명박 정부가 제시한 국가고용전략에 누락되어 있거나 매우 취약한 사항으로서 대안적 국가고용전략으로 설정되어야 할 몇 가지 의제를 제시하면 다음과 같다.

첫째, 고용친화적인 경제시스템의 비전을 제시해야 한다. 신자유주의, 금융주도 경제, 주주자본주의를 넘어선 새로운 경제시스템을 구축하여 '일자리 없는 성장'을 극복하고 '괜찮은 일자리(decent job)'의 확대를 전망할 수 있어야 한다. 요컨대 시장 특히 금융시장과 노동시장에 대한 엄정한 규제를 통해 고용을 확대할 수 있는 새로운 경제시스템을 확립해야 한다.

둘째, 고용률 제고와 고용안정에 기여하는 노동시장의 유연안전성(flexicurity) 개념을 도입해야 한다. 유연한 노동시장, 관대한 사회보장, 적극적 노동시장, 이 세 요소들이 결합된 덴마크의 '황금삼각형(Golden Triangle)'은 유연안전성 실현의 전형적 사례이다. 그것은 탁월한 국가고용전략으로 알려져 있다. 2020년까지의 시간지평을 가진 고용전략이라면 이러한 유연안전성 실현이 가장 중요한 의제 중의 하나로 제시되어야 한다. 여기서 실업급여 대체율을 현행 40%에서 최소한 50% 수준으로 상향 조정하고 수급기간도 연장해야 한다.

셋째, 일자리 나누기를 위한 노동시간 단축 모델이 제시되어야 한다. 2020년까지의 고용전략이라면 장기전략이라 할 수 있는데, 향후

10년간의 기간 동안 단계적으로 노동시간을 단축하고 그것에 상응한 노동자의 자기개발 프로그램을 제시해야 한다. 단, 임금삭감 없는 노동시간 단축이 전제되어야 한다. 노동생산성의 증가율에 상응하는 노동시간 단축 프로그램이 제시되어야 한다.

넷째, 사회서비스 분야의 고용확대 전략을 제시해야 한다. 육아·양로·교육·의료에 대한 지역수준에서의 사회서비스 확대는 지역에서의 일자리 창출에 기여할 것이다. 지역수준에서 출현하는 복지공동체(welfare community)는 전국수준에서 유지되어 온 복지국가 시스템과 결합하여 사회서비스를 제공하게 되는데, 그 서비스 제공 수준이 높을수록 사회서비스 분야 일자리는 확대될 것이다.

다섯째, 녹색 일자리(green jobs) 창출 계획을 수립해야 한다. 세계적 수준에서 보나 한국수준에서 보나 일자리의 양대 보고는 사회서비스 분야와 녹색산업 분야이다. 녹색산업 육성 계획과 그것에 상응한 녹색 일자리 창출 계획이 국가고용전략에 포함되어야 한다. 고탄소 대량 생산경제로부터 저탄소 녹색경제로의 이행을 촉진하는 산업정책이 추진되어야 한다. 아울러 녹색기술이 요청하는 녹색숙련(green skill)을 형성하는 녹색 인적자원개발(Green HRD) 정책을 수립해야 한다.

마지막으로, 사람에 대한 직접투자를 통해 고용을 확대해야 한다. 설비투자보다는 인적자본투자를 중시해야 한다. 국가재정계획 수립의 대원칙을 사람에 대한 직접투자를 우선시하는 방향으로 설정해야 한다. 아울러 취업계수(10억당 취업자 수)가 높은 산업에 우선적으로 투자되도록 경제정책과 산업정책을 설계해야 한다.

이상에서 검토한 것처럼, 이명박 정부가 제시한 국가고용전략은 합리적이고 올바르게 수립된 부분도 상당 정도 포함하고 있지만, 전체적으로 보면 불합리하고 미흡한 부분이 적지 않다. 세부적으로 합리적인 부분이 있지만, 전체 고용전략의 틀과 체계에 문제가 있는 것으로 판단된다. 그러한 전략으로 2020년에 고용률 70%를 달성할 수 있을지 의문이다. 대안적 고용전략이 활발히 논의되면서 이명박 정부의 국가고용전략이 개선되기를 기대한다.

(한국노총중앙연구원, 『노동저널』, 2010년 10월호)

23 | 대전환이 필요한 한국 노사관계

한국경제는 지금 저성장과 양극화라는 양대 문제에 직면해 있다. 지식기반경제에서 나타나는 '일자리 없는 성장'이 현실화되고 있고 중국의 급격한 산업화로 제조업 공동화가 전진되고 있으며, 단기 비용 절감 위주의 기업구조조정의 결과 비정규직이 양산되고 있다. 수출부문과 내수부문 간, 대기업과 중소기업 간의 양극화의 진전으로 대다수의 중소영세기업, 자영업자, 노동자들이 큰 고통을 겪고 있다.

고유가와 고환율이 수출주도형, 해외자원 의존형 한국경제의 지속적 성장을 위협하고 있다. 한미 자유무역협정이 예정대로 진행된다면 국민경제 시스템은 더욱 개방될 것이고 그 과정에서 경제불안정 증대와 양극화 심화라는 큰 위험이 따를 전망이다. 또한 이미 심각한 양극화가 더 진전된다면 정치사회적 불안정이 증폭되어 지속 가능한 성장을 기대할 수 없을 것이다.

세계화와 개방화의 진전, 그리고 지식기반경제의 도래는 한국경제에 새로운 성장 기회를 가져다줄 수 있지만 동시에 새로운 시스템 위험을 초래할 수 있다. 기회를 극대화하고 위험을 줄이면서 지속적인 성장을 하기 위해서는 전략적 개방 시스템과 새로운 성장체제와 복지모델을 구축해야 한다. 여기서 저성장과 양극화 문제를 함께 해결할 수 있는 새로운 성장체제의 구축이 특히 중요하다.

지식기반경제에서 성장을 추동하는 혁신과 사회통합을 이루는 동반성장이 결합된 '혁신주도 동반성장체제'가 새로운 성장체제로서 확립되어야 한다. 창조적 파괴를 하는 혁신이 기업, 대학, 정부, 지역에서 나타나야 과거의 요소투입형 성장을 넘어 혁신주도형 성장을 기대할 수 있다. 수출부문과 내수부문 간, 대기업과 중소기업 간 산업연관을 강화하고 실업자와 사회적 배제층을 노동시장에 참가시키며 빈민의 자활능력을 높이는 동반성장체제가 구축되어야 지속 가능한 성장을 기대할 수 있다.

이러한 '혁신주도 동반성장체제' 구축을 위해서는 노사관계의 대전환이 필요하다. 1987년 이전의 종속적 노사관계, 1987년 이후의 대립적 노사관계, 1997년 이후의 일방적 노사관계를 넘어서, 2008년을 계기로 노사 간 상생을 추구하는 참가적 노사관계를 확립해야 한다. 지식기반경제에서 참가적 노사관계는 고부가가치 생산을 위한 노동자의 창의성 발휘에 필수적이다.

기업수준에서는 생산성 및 품질 향상을 위한 체계적 교육훈련, 유연한 작업조직, 고용안정, 노동자 참가가 동시에 실현되는 노사관계를 구축해야 한다. 세계 제1의 자동차 회사인 도요타처럼 생산현장에서 고숙련 노동자의 적극적인 작업장 참가에 기초한 점진적 혁신으로 경쟁력을 높이는 노사관계를 정립해야 한다.

생산성 및 품질 향상을 위한 작업장 참가에는 소극적이면서 전략적 의사결정 참가를 요구하는 노측과 노동조합의 전략적 의사결정 참가에 반대하면서 작업장 참가를 요구하는 사측 간의 교착상태를 타파하여, 노사 간에 작업장 참가와 전략적 의사결정 참가를 교환하는 타협이 이루어져야 한다. 제로섬 게임의 단순한 임금교섭을 넘어서 노사의 공통이익 영역인 인적자원개발 투자를 확대하는 윈윈 게임의 숙련교섭이 필요하다.

기업의 울타리를 넘어 산업수준, 지역수준, 전국수준에서 노사정 간에 사회적 대화체제를 중층적으로 구축해야 한다. 여기서 지속 가능한 성장을 위한 혁신주도 동반성장 체제와 새로운 복지모델 구축을 위한 경제정책과 사회정책의 방향에 대해 노-사-정이 사회적 대화를 해야 한다.

더욱 진전될 대외개방이 불가피하게 수반할 상시적 기업 구조조정에 대응하여 직업훈련을 강화하고 일자리를 창출하는 적극적 노동시장 정책, 국민의 삶의 질과 혁신능력을 높이는 포괄적 복지정책, 대기업과 중소기업 간 파트너십 구축, 비정규직 문제 해결을 위한 정책 등에 관해 사회적 합의가 도출되어야 한다. 이를 위해서는 현재의 사회적 대화체제인 노사정위원회를 노(정규직)-노(비정규직)-사(대기업)-사(중소기업)-정(중앙정부)-정(지방정부)-민(시민단체) 7주체가 참가하는 위원회로 확대개편하고 지역노사정협의회를 강화하며, 산업별 노사협의회를 설치해야 한다.

이러한 방향으로의 노사관계의 대전환을 위해서는 노동운동, 기업,

정부의 상응하는 역할이 요구된다. 노동자의 삶의 질 향상과 경쟁력 강화를 함께 생각하는 노동운동, 혁신적이면서도 사회적 책임을 완수하는 기업, 공공성의 실현을 위해 노사 간의 이익을 잘 조정하고 세계화가 초래할 위험에 대비하여 경제적 및 사회적 안전망을 촘촘히 구축하는 유능한 정부가 필요하다.

(매일신문, 이슈포럼, 2008.1.15)

24 | 그래도
포기할 수 없는
사회적 대타협

       정부와 노동계가 정면충돌로 치닫고 있다. 민주노총과 한국노총이 노동부 장관 퇴진을 한목소리로 외치고 있고, 노사정위원회와 노동위원회를 모두 탈퇴하였다. 노동부 장관이 기업주의 이해를 대변하고 있고, 노동운동을 비난하는 발언을 할뿐만 아니라 '악법'인 비정규직법안을 통과시키려 하고 있으며, 보건의료노조 교섭 직권중재와 같은 반(反)노동정책을 실시하고 있기 때문이라는 것이 노동계의 명분이다.

  역대 어느 정부보다도 친(親)노동적 정부로 출범했던 참여정부에서 이런 파국적 상황이 전개되고 있는 것은 참으로 역설적이다. 야인(野人) 시절 노동인권 변호사로 활약했던 노무현 대통령은 집권 이후 노(勞)·사(使)·정(政)의 사회적 대타협으로 국민경제를 새롭게 도약시키고 선진사회를 만들겠다는 의지를 밝혀 왔다. 이에 따라 노사정위원회를 강화하고 노동자 권익을 향상시키는 노사관계 선진화 로드맵을 준비해 온 것은 주지하는 바대로다.

사회적 대타협 시도의 일환으로서 정부가 일자리 창출을 위한 노사정 사회협약 체결을 주도하였다. 민관(民官) 파트너십으로 운영되는 정부위원회에 적지 않은 노동계 대표와 친(親)노동계 전문가가 참여하고 있다. 시민사회에서도 일자리 만들기 의제를 중심으로 노사정 대타협을 통한 사회협약을 실현하려는 움직임이 있었다.

사회적 대타협을 향한 이러한 진전을 한꺼번에 반전(反轉)시키고 있는 최근의 사태는 한국 경제의 새로운 도약을 가로막는 매우 우려스러운 현상이라 아니할 수 없다. 노동계의 노사정위원회 완전 탈퇴, 노동위원회를 비롯한 모든 정부위원회 탈퇴로 노사정 대타협은 더 이상 추진하기 어렵게 되었다. 이제 사회적 대타협은 물 건너간 것인가?

노무현 대통령은 최근 언론인들과의 대화에서 "노사정 대타협이라는 소위 유럽식의 어떤 질서를 만들어 본다는 것이었는데 좀 과욕이었던 것 같다"고 밝혔다. 노 대통령은 이를 '뼈아픈 일'이라고 하였다. 노·사·정 삼각 갈등의 파고를 넘어 사회적 대타협을 성사시키지 못한 회한을 토로한 것이 아닐까 한다.

노동자의 삶의 질 향상, 기업의 경쟁력 강화, 경제 성장이란 목표를 동시에 추구하려는 상생(相生)의 노사정 대타협은 글로벌 경쟁에서 국민경제의 생존을 위해 필수적이고 궁극적으로 노동자들에게도 이익이 된다. 그러함에도 이번 사태로 사회적 대타협의 길이 더욱 멀어지게 된 것은 참으로 뼈아픈 일이다.

그렇지만 이번 일로 정부가 사회적 대타협 시도를 포기해서는 안 된다. 노동계 반발의 표적이 되고 있는 비정규직 법안에 대해 재검토에 나서고, 노동계를 자극하는 발언을 삼가며 유연한 자세로 끈기 있게 노(勞)·정(政) 대화를 시도해야 한다. 애당초 노사정 간에 신뢰가 얇은 우리나라에서 사회적 대타협은 한꺼번에 이루어질 수 없고 작은 타협들이 쌓여 마침내 이루어진다는 점을 명심해야 한다.

노동계도 자기 파괴적인 투쟁을 중단해야 한다. 노동위원회에 하루빨리 복귀하고, 노사정위원회 정상화를 위한 대화에 나서야 한다. 그것만이 대다수 노동자들의 이익에 부응하고 국민에 대한 사회적 책임을 지는 길이기 때문이다. 사용자들은 노·정 간 갈등 심화가 결국 기업에 해롭다는 점을 인식하여 노사정 대화 복원에 힘을 보태야 한다.

1987년 이후 장기 하강 추세를 보이고 있는 한국 경제의 성장 추세를 장기 상승 추세로 반전시키기 위해서는 노·사·정 간의 사회적 대타협이 필수적이다. 사회적 대타협을 통해 새로운 발전 모델이 구축될 때 새로운 성장 엔진의 추동으로 한국 경제의 제2 장기 상승 국면이 전개될 수 있기 때문이다.

(조선일보, 아침논단, 2005.7.24)

25 | '개천에서 용 나기' 프로젝트

　　얼마 전 농촌지역을 여행하다가 사법고시에 합격한 초등학교 졸업생 축하 현수막을 본 적이 있다. 또 다른 곳에서는 지역 고교출신이 서울 명문대에 합격한 것을 축하하는 현수막을 내걸고 있었다. 요즈음 정말 보기 드문 '개천에서 용 나기' 장면을 본 것이다. 개천이 흐르는 시골 출신이 판·검사가 되거나 명문대에 합격하는 사례는 1980년대까지만 해도 적지 않았지만 이제 그러한 사례를 찾기 쉽지 않게 되었다.

　　올해 서울대에 합격한 서울지역 일반고교 졸업자의 41%가 강남권 고교 출신이다. 1999년 신규 임용된 판사 가운데 특목고와 강남권 고교 출신의 비율이 9.6%이었으나 2009년에는 37%로 급증하였다. 지방 광역시 출신 신규 판사 비율은 1999~2002년에 40% 수준이었으나 2009년에는 26.1%로 줄었다.

한국노동연구원 최형재 박사의 연구에 의하면, 2000년에서 2005년까지 소득계층 상위 25% 자녀의 21개 상위권 대학 진학률은 21.1%인데 반해 층 하위 25%의 진학률은 2.7%에 불과하였다. 통계청 자료에 의하면 2009년에 최상위 소득 20%의 월평균 교육비는 52만 9,002원이었으나 최하위 20%의 월평균 교육비는 9만 2,140원에 불과하였다. 최상위 20%와 최하위 20%의 사교육비 격차는 7.8배에 달하였다.

이러한 자료와 분석결과는 갈수록 지방의 개천에서 용 나기가 어려워지고 있음을 말해준다. 이제 용은 대부분 서울을 가로지르는 한강 하류의 '강남 특구'에서 나오고 있는 것이다. 부모의 소득 수준이 자녀의 직업 선택과 소득 수준에 점점 더 큰 영향을 미치고, 그 결과 부의 대물림 현상이 강화되고 있다.

대체로 1980년대까지는 교육을 통한 계층 상승기회가 비교적 넓게 열려 있었기 때문에 한국사회의 불평등이 그리 심하지 않았다. 그러나 1990년대 이후 지난 20년간 그러한 가능성은 크게 줄어들었다. 유아기부터 부와 소득 수준에 따른 교육 격차가 생기고 부유층이 아니면 양질의 고등교육을 받기가 극히 어려워졌기 때문이다.

노벨 경제학상을 받은 시카고 대학의 경제학자 게리 베커(Gary Stanley Becker) 교수는 일찍이 기회(자산)와 능력(지식)의 격차에 따른 소득격차 발생을 이론적으로 설명한 바 있다. 그런데 지난 20년 동안 세계적으로 금융주도 경제와 지식기반 경제가 동시에 출현하는 가운데 자산 격차와 지식 격차가 상승 작용을 하여 부익부 빈익빈의 양극화 현상이 심화되었다. 한국의 경우 부동산 투기소득 요인이 더해져 양극화는 더욱 뚜렷해졌다.

이러한 양극화가 해소되고 사회통합이 이루어지려면, 한강 하류 강남 특구뿐 아니라 낙동강, 금강, 영산강 등 다른 4대강과 방방곡곡 개천에서 고르게 용이 나와야 한다. '개천에서 용 나기' 프로젝트를 국정의 최우선 과제로 추진해야 한다. 그 핵심은 계층과 지역 간 교육 격차를 크게 줄이는 것이다.

유아교육부터 격차를 줄이기 위해 양질의 무상 공공보육을 실시해야 한다. 광역경제권 단위로 민족사관학교 수준의 자율형 공립고를 설립하여 지역균형 선발제와 계층균형 선발제를 결합한 입시제도를 도입하고 최상급의 교육 서비스를 제공해야 한다.

또 지방 국립대를 더욱 위축시킬 가능성이 높은 국립대 법인화 대신 '자율형 국립대' 모델을 만들고 획기적인 투자를 해야 한다. 저소득층 자녀의 학력을 높일 수 있는 프로그램을 중앙정부 지원 아래 지역대학과 자치단체, NGO가 파트너십을 구축하여 실시해야 한다. 생태계를 파괴하는 4대강 사업 예산을 '개천에서 용 나기' 프로젝트에 투입해야 한다. 그래서 삼천리 방방곡곡에 용이 났음을 알리는 현수막이 걸리도록 해야 한다.

(한국일보, 아침을 열며, 2010.3.15)

223

26 | 복지국가를 넘어 복지공동체로

2011년 우리 사회에서 급속히 부상한 주요 담론 중의 하나가 복지국가였다. 여와 야, 보수와 진보를 막론하고 이구동성으로 복지국가를 실현해야 한다고 말한다. 복지국가는 이제 시대정신이 되었다.

복지국가는 정부가 국민의 삶의 질을 보장하는 국가를 말한다. 고용보험이나 건강보험과 같은 사회보험과 육아, 양로, 교육, 의료 서비스와 같은 사회서비스 제도가 복지국가를 지탱한다.

그런데 2007년 현재 우리나라는 GDP에 대한 정부 사회지출 비율이 7.6%에 머물고 있다. OECD 국가 평균인 19.2%에 훨씬 못 미칠 뿐만 아니라 꼴찌인 멕시코 7.2% 수준이다.

이처럼 사회복지 지출이 아주 낮기 때문에 우리나라는 아직 복지국가라 할 수 없다. 따라서 사회복지 지출 비율을 높여서 전 국민에게 인간다운 삶을 보장하는 복지국가를 실현하는 것은 절실한 국가적 과제이다. 경제성장에 주력하던 발전국가로부터 삶의 질 향상에 주력하는 복지국가로 이행해야 한다.

그런데 시민의 삶의 질을 실질적으로 높이고 지역 일자리를 창출하며 지역경제의 성장에 기여하는 사회복지가 실현되기 위해서는 복지국가를 넘어서 복지공동체라는 새로운 복지 패러다임을 실현해야 한다.

원래 복지국가는 중앙정부가 일정한 기준에 따라 복지수혜 대상자에게 현금급여를 일률적으로 실시하는 복지 패러다임이다. 고용보험제도에 따른 실업급여 지급과 국민기초생활보장제도에 따른 빈곤층 소득지원 등은 복지국가 방식의 복지 패러다임이다.

그동안 서구 복지국가의 경험을 통해 볼 때, 중앙정부가 복지수혜 대상자에게 일률적으로 현금을 지급하는 사회복지 실현방식은 중앙집권적 관료제로 인한 비효율과 복지수혜자의 의존적 성격을 강화시키는 부작용을 초래하였다. 아울러 현금급여 중심의 복지국가 방식에서는 복지지출이 사회적 소비의 성격이 강하고 사회적 투자의 성격이 약했다. 따라서 복지지출이 경제성장으로 연결되지 못하고 복지와 성장 간에 선순환 구조가 형성되지 못하였다.

이로 인한 복지국가의 위기에 대응하여 스웨덴과 덴마크 등 북구에서 나타난 새로운 복지 패러다임이 복지공동체이다. 복지공동체는 중앙정부가 재정지원을 하는 가운데 지방정부와 지역시민사회가 파트너십을 형성하여 복지 수혜 대상자에게 육아, 양로, 교육, 의료 등 현물급여를 제공함으로써 사회복지를 실현하는 복지 패러다임이다.

중앙집권적 복지국가와는 달리 복지공동체는 지방분권 시스템에서 작동한다. 즉, 복지국가와 지방분권국가가 결합될 때 복지공동체가 실현 가능하다. 왜냐하면 현물급여 형태의 복지 서비스를 제공하려면 지역현실에 맞는 복지시설을 갖추고 복지전문 인력을 양성하며 지역밀착형 복지 프로그램을 만들어야 하는데, 이를 위해서는 주민과 가까이 있는 정부인 지방정부가 복지정책을 스스로 기획하고 실행할 수 있는 권한과 자원이 있어야 하기 때문이다.

복지공동체를 운영하는 주체는 중앙정부의 재정지원 아래 지방정부와 지역 NGO가 파트너십을 형성하여 만드는 '제3섹터'가 된다. 공익성과 수익성을 동시에 추구하는 사회적 기업이 제3섹터로서 복지공동체의 운영 주체가 되는 경우가 많다.

복지공동체를 운영하는 사회적 기업에서 일자리가 창출되기 때문에 복지공동체는 복지서비스 제공과 일자리 창출이란 두 마리 토끼를 잡을 수 있다. 아울러 육아, 양로, 교육, 의료 등 사회서비스 산업이 사회적 기업을 중심으로 성장하기 때문에 복지공동체는 경제성장의 새로운 원천이 될 수 있다.

따라서 복지공동체에서는 '복지－고용－성장' 결합 구조가 창출되어 성장과 복지 간의 선순환과 고용 있는 성장이 실현될 수 있다. 복지공동체를 통해 지역경제의 지속 가능한 성장도 기대할 수 있다.

우리나라도 이제 이러한 복지공동체라는 새로운 복지 패러다임으로 나아가야 한다. 복지사무의 지방이양에 상응하여 재원도 함께 이양함으로써 지방정부가 지역 NGO와 파트너십을 형성하여 복지공동체를 만들 수 있도록 해야 한다. 2012년 총선과 대선에서 복지공동체가 국가적 의제로 제시되어야 한다.

(매일신문, 계산논단, 2011.12.19)

27 | '신흥쇠퇴국 일본': 타산지석의 교훈

일본 게이오대학 경제학 교수인 가네코 마사루(金子勝)와 동경대학 시스템생물의학 교수인 고다마 다츠히코(兒玉龍彦)는 그들의 공저인 『신흥쇠퇴국 일본(東京: 講談社, 2010)』에서 일본이 쇠퇴과정에 들어가고 있고 일본사회의 지속가능성이 상실되었다고 주장한다. 1980년대에 '세계 제일 일본(Japan as Number One)'이라고 격찬되었고 미국 다음의 세계 2위의 경제대국이었던 일본이 어떻게 '신흥쇠퇴국(newly declining country)'이 되었는가를 이 책은 의료, 빈곤, 고용, 복지, 산업, 금융, 기술개발 등의 측면에서 구체적 실례를 통해 밝히고 있다.

1960~1980년대에 고도경제성장을 달성한 한국과 대만 같은 나라를 지칭하는 신흥공업국(newly industrializing countries)이란 말에 빗대어 일본을 '신흥쇠퇴국'으로 표현한 이 책의 내용은 이색적인 책 제

목만큼이나 충격적이다. 이 책이 밝히는 일본 쇠퇴의 실상과 그 원인
은 여러 측면에서 일본을 닮아가고 있는 우리나라에 타산지석(他山之
石)의 교훈을 주고 있다.

　우선 이 책에서 제시된 지표를 보면, 일본의 1인당 GDP는 2000년
에 세계 3위였는데 2008년에는 23위로 떨어졌고, 스위스 국제경영대
학원(IMD)의 국제경쟁력 순위가 1990년에 세계 1위였던 일본이 2008
년에는 22위까지 전락하였다. 2012년에는 전자와 후자 모두 27위로
더욱 하락했다.

　또한 1990년대에 세계를 리드했던 반도체, 액정 패널, DVD플레이
어, 컴퓨터, 의약, 철강 등의 세계시장 점유율이 2000년대에 들어와
급격히 하락했다. 과거 일본의 강점이었던 첨단기술이 약체화되고 있
고 산업의 국제경쟁력이 갈수록 하락하고 있다. 저자들은 이를 'Made
in Japan의 몰락'이라고 표현한다. 물론 자동차는 여전히 세계시장을
리드하고 있고 시장점유율 세계 1위의 주요 제품 수가 아직은 미국
다음으로 많지만, 이런 추세가 뚜렷이 나타나고 있는 것은 사실이다.

　한편 일본이 자랑하던 국민개보험(國民皆保險)이 무너지고 있다. 국
민건강보험의 보험료체납자 수가 2006년에 480만 세대에 이르고 국민
연금 미납자 비율은 40%를 넘는다. 연간소득 200만 엔 이하 노동자인
근로빈민(working poor)이 1,000만 명을 초과했다. 7명 중 1명의 아동이
빈곤에 빠져 있다. 전체 노동력의 1/3이 비정규직이다. 교육비 부담의
과중과 보육서비스 불충분으로 소자화(少子化)가 진행되고 있다.

　주지하는 바대로 일본은 1991년에 거품(bubble)이 붕괴하면서 '잃어
버린 10년'이 계속되었다. 저자들은 1980년대에 민간 활력을 살린다
면서 정부가 부동산 규제를 완화하고 미국의 '금융입국' 노선을 추종

하여 금융을 자유화한 결과 부동산가격 폭등과 주가 폭등이 나타나는 거품이 형성되고 마침내 거품이 붕괴했다고 주장한다. 이러한 주장은 일본경제의 버블 형성과 붕괴를 분석한 다른 많은 경제학자들의 견해와 일치한다.

2001년 고이즈미 정권이 등장하여 규제완화와 민영화와 같은 신자유주의적 구조개혁을 추진했는데, 저자들은 이것이 '잃어버린 20년'을 초래하였다고 주장한다. 일본경제의 성장률은 1980년대에 4~6% 수준이었다가 1990년대 이후 −1~2% 수준으로 급격히 하락하여 20년간의 장기침체가 지속된다.

일본경제의 장기침체의 원인에 관해서는 서로 다른 시각에서 서로 다른 분석이 이루어져 왔다. 자유시장주의자들은 규제완화가 부족하여, 민영화가 불충분하여 장기침체가 지속되고 있다고 본다. 하지만 저자들은 고이즈미 정권의 신자유주의 구조개혁이 성장잠재력을 하락시켜 '잃어버린 20년'의 장기침체가 지속되고 있다고 진단한다.

신자유주의의의 극단적 길을 걸은 미국이 2008년 파국적 금융위기를 겪고 나라가 크게 망가지고 정체가 계속되고 있음을 보면, 신자유주의 정책이 부족해서 일본이 장기침체를 겪고 있다는 주장은 설득력이 없다 하겠다. 고이즈미 정권은 금융을 더욱 자유화하고 노동시장 규제를 완화하였는데, 이는 종래 높은 국제경쟁력을 창출했던 일본모델을 해체시켰다.

은행이 증권업무를 겸할 수 있도록 한 금융자유화는 기업의 장기투자를 보증하고 경영모니터 역할을 했던 주거래은행제도(main bank system)를 해체시켰다. 노동자 파견법 개정을 통해 비정규직 고용을 급격히 확대시킨 노동시장 규제 완화로 종래 일본기업의 높은 노동생산성을 가능케 했던 종신고용과 연공임금제도가 무너져 갔다. 주주 가치를 극대화하기 위한 단기성과를 추구하는 미국형 경영을 도입하 여 중장기적 시야를 가진 일본식 경영이 위축되었다. 게다가 아날로 그 기술에 안주하여 디지털 기술 개발을 선도하지 못한 일본기업들 의 현상유지 경영이 혁신을 지체시켰다.

고용조정 과정에서 구식 생각을 가진 기성세대인 이른바 단카이 세대(團塊世代)의 기득권이 유지되는 대신 새로운 아이디어를 낼 수 있는 젊은 층의 고용이 삭감되었다. 자신의 역량을 발휘할 수 있는 정규직 일자리를 찾지 못한 청년들이 꿈을 상실하고 무기력하게 되 었다.

이러한 신자유주의적 구조개혁과 혁신의 지체로 인해 일본산업의 국제경쟁력이 급속히 하락했다. 고이즈미 구조개혁에 따른 임금소득 감소로 인한 내수 축소는 자산가격 하락과 결합하여 심각한 디플레 이션을 초래하였다. 에너지와 식량 자급률을 높이는 정책과 소자고령 화(小子高齡化) 대책을 마련하지 못하고 연금과 재정적자의 재건 전망 을 세우지 못한 정부의 무능이 일본경제의 지속가능성을 잃게 만들 었다.

이것이 가네코 교수와 고다마 교수가 진단한 일본 쇠퇴의 원인들 이다. 이런 관점에서 보면 엔화의 환율인하를 통해 수출을 확대하고 대규모 양적완화를 통해 통화공급을 증대하여 장기침체에서 벗어나 려는 아베정권의 경제정책, 즉 아베노믹스는 그 한계가 명백하다 하 겠다. 고이즈미 정권의 신자유주의적 구조개혁도 아니고 아베노믹스 의 환율조정을 통한 단기적 경기회복정책도 아닌 경제적, 사회적, 환 경적 지속가능성을 회복하는 국가전략을 세워야 일본의 쇠퇴를 막을 수 있을 것이다.

『신흥쇠퇴국 일본』에서 언급되고 있는 일본 쇠퇴의 원인들 중 대부분이 정도의 차이는 있어도 한국에서도 이미 나타나고 있고 또 나타날 우려가 있다. 성장잠재력 하락과 양극화, 금융규제 완화, 부동산 규제 완화, 노동시장 규제완화, 의료 및 철도의 민영화 시도, 노동자의 1/3이 비정규직인 노동시장, 빈곤율 20%와 전체 노동자의 10%를 넘는 근로빈곤층, 세계최저의 저출산과 급속한 고령화, 주주가치 극대화를 위한 단기 성과주의 경영, 부동산을 비롯한 자산가격 하락 조짐, 높은 청년 실업으로 인한 청년의 꿈의 상실과 무기력화 등등은 일본을 닮아가고 있는 한국의 모습들이다.

이러한 상황이 지속되면 우리나라에서도 '신흥쇠퇴국 한국'이란 책이 나올지 모른다. 자신에게 적합한 새로운 발전모델을 창출하지 못하고 과거 미국식 신자유주의 모델을 무비판적으로 추종하면 한국도 일본처럼 장기침제에 빠질 가능성이 높다. 이것이 '신흥쇠퇴국 일본'이 보여준 타산지석의 교훈이다. 이웃 나라의 잘못된 시범을 거울삼아 한국경제가 장기침체에 빠지지 않고 지속 가능한 발전을 할 수 있게 하는 국가비전과 전략을 수립하는 일이 시급하다.

(보스턴 단상, 2013.12.10)

독일경제
'3종의 신기'에서 배운다

1930년대 세계대공황(Gtreat Depression)에 버금가는 2008년 세계경제위기(Great Recession)를 겪으면서 경제위기에 강한 세 나라가 부각되었다. 독일, 스웨덴, 중국이 그 나라들이다.

이들 세 나라는 모든 것을 시장에 맡기는 자유시장경제를 지향해 온 미국이나 영국과 달리 어떤 형태로든 국가가 정의와 연대의 원칙에 따라 시장을 제어하는 시장경제를 가지고 있다는 공통점이 있다. 독일은 사회적 시장경제, 스웨덴은 사회민주주의, 중국은 사회주의적 시장경제라는 독특한 경제체제를 가지고 있다. 그중에서 특히 사회적 시장경제인 독일경제가 세계경제위기에 대해 가장 강건함을 보여주었다.

독일은 2008년 세계경제위기 이후 지난 5년간 다른 선진국들에 비해 성장과 고용에서 우월한 경제적 성과를 거두었다. 2009년에 마이

너스 성장(-5.1%)을 보였으나 그 후 급속히 회복하여 2010년과 2011년에 각각 4.0%, 3.4%의 성장률을 보였다. 2011년 독일의 성장률은 선진국 평균 1.7%보다 두 배나 높은 성장률이다. 2012년에는 0.7%로 성장률이 떨어졌지만 그래도 유로지역 평균 성장률 -0.6%보다 높았다.

실업률은 2012년에 5.5%로 OECD 평균 8.2%보다 훨씬 낮았다. 여기서 주목할 것은 2008년 세계경제위기 이후 다른 나라들은 대부분 실업률이 상승했는데 독일은 오히려 2008년 7.5%에서 2012년 5.5%로 크게 하락했다는 사실이다. 반면 고용률은 2012년 72.8%로 선진국에서 가장 높은 편에 속한다.

청년 실업률은 선진국 중 가장 낮은 편에 속한다. 2012년 독일의 청년 실업률은 8.1%이었는데 이는 OECD 평균 16.3%보다 훨씬 낮다. 미국 16.2%, 영국 21.0%, 스웨덴 23.7%, 프랑스 23.8%, 이탈리아 35.3%와 비교해 볼 때 독일의 청년실업률이 매우 낮음을 알 수 있다.

이처럼 독일의 고용 성과는 다른 선진국에 비해 매우 양호하다. 실업률이 낮고 고용률이 높다는 것은 국민경제가 그만큼 건강하고 활력이 높다는 것을 말한다. 특히 청년 실업률이 낮다는 것은 국민경제의 생산성이 높으며 나라의 장래가 밝다는 것을 의미한다.

연평균 노동시간을 보면, 독일은 2012년 1,397시간으로 선진국 중에서 가장 짧은 네덜란드 다음으로 짧다. 독일 노동자들은 1년에 OECD 평균 1,765시간보다 무려 368시간 적게 일한다. 지식기반경제 혹은 창조경제에서는 창의성에 기초한 고부가가치 생산을 위해서 노동자가 재충전하고 지식을 함양할 자유시간이 충분해야 하는데, 독일 노동자의 짧은 노동시간과 긴 자유시간은 독일경제를 수준 높은 지식기반경제, 창조경제로 만드는 토대가 된다. 한편 독일은 수출경쟁력이 높아 그동안 경상수지 흑자를 기록해 왔는데, 2012년 GDP 대비 경상수지는 7%로 매우 높다. 독일의 생산시스템은 다변화된 고품질 생산(diversified quality production)으로 특징 지워지는데, 이것이 수출경쟁력을 높여 지속적인 경상수지 흑자를 가능케 하였다. 독일경제에서는 '고임금 – 고품질 – 수출경쟁력 – 고임금'이란 선순환이 이루어지고 있다.

세계경제위기에도 불구하고 독일경제가 높은 경제적 성과를 보이고 있는 까닭은 무엇인가? 그것은 독일이 가지고 있는 '3종의 신기(神器)' 때문이 아닐까 한다. 혁신적 중소기업, 창조적 지역, 참가적 노사관계, 이 세 가지가 바로 독일경제의 '3종의 신기'라 할 수 있다.

우선 독일은 다른 어느 나라보다 중소기업이 강한 나라다. 미텔슈탄트(Mittelstand)라 불리는 독일의 중소기업은 고숙련 노동자를 고용하여 협력적 노사관계를 기초로 고품질의 제품을 생산하는 혁신적 기업이다. 이 혁신적 중소기업은 대학 및 연구자들과 밀접히 연결되어 있고 대기업들과 클러스터를 형성하고 있다. 독일은 중소기업이 대기업과 거래를 할 때 집단거래를 할 수 있도록 담합을 금지하는 카르텔 금지법에 예외 조항을 두고 있다. 정부의 법률을 통해 대기업에 대한 중소기업의 교섭력을 높이는 보호정책은 독일의 미텔슈탄트를 혁신적 중소기업으로 만들고 있는 핵심적 요소다. 물론 중소기업 혁신 역량 강화를 위한 정부의 체계적 지원도 중요한 요인이다.

기계, 자동차 부품, 화학, 전기기구 등의 부문에서 다변화된 고품질 제품을 생산하여 수출하는 이들 중소기업은 독일경제에서 중추적 역할을 한다. 전체 GDP 50%, 총 고용의 80%를 중소기업이 차기한다. 특히 세계시장 점유율 1~3위를 차지하는 히든 챔피언 중소기업이 우리나라는 7개에 불과한 데 반해 독일은 무려 1,600개다.

다음으로 독일은 연방제 국가로서 오랜 지방분권의 전통이 있어 지역이 강한 나라다. 지방분권체제 아래 지역단위로 기업, 대학, 연구소, 지방정부 간에 조밀한 네트워크가 형성되어 있어 이들 경제주체들 간에 지역혁신을 일으키는 활발한 상호작용이 일어난다. 특히 지역에서 중소기업에 대한 산학연 협력체제가 강고하게 형성되어 있고 대기업과 중소기업 간에 기업생태계가 잘 구축되어 있다. 이를 통해 독일의 대부분 지역은 창조경제를 실현하는 창조적 지역(creative region)이 되었다.

OECD 국가들의 지역혁신 역량을 분석한 연구에 의하면, OECD 23개 국가에서 지식집약도시(knowledge-intensive city)로 분류되는 9개 지역에 독일의 3개 도시(Berlin, Bremen, Hamburg)가 포함되었으며, 지식 및 기술 허브 29개 지역에는 독일의 3개 도시(Baden-Wurttemberg, Bavaria, Heseen)가 포함되었다. 이는 독일의 탁월한 지역혁신 역량이 수도 베를린만이 아니라 전국적으로 골고루 분산되어 있어 창조적 지역으로서 지역의 경쟁력이 강함을 잘 보여준다.

마지막으로 독일 기업에는 노사공동결정제를 토대로 참가적 노사관계가 잘 구축되어 있다. 노사공동결정제(Mitbestimmung, Co-determination)는 노동자들이 기업의 경영방향을 결정하는 전략적 의사결정에 참가할 뿐만이 아니라 작업장에서 작업조직과 작업방식을 결정하는 데도 발언권을 행사하는 제도이다. 사업장 단위로 우리나라 노사협의회와 비슷한 직장평의회가 설치되어 있는데 여기서는 노동자들은 작업장의 일상적 근로조건에 관한 발언권을 행사한다. 기업 전체 수준에서는 종업원 2,000명이 넘는 대기업의 경우 노동자대표와 주주대표가 동수로 구성되는 감사회가 설치되는데, 이 감사회에서 이사진을 선임한다. 이사회에는 노동자들 대표하는 1명의 이사가 포함된다.

노사공동결정제도는 노동자가 기업 의사결정에 참가하여 자신들의 권익향상을 위해 발언하는 권리를 가짐과 동시에 생산성 및 품질 향상을 통한 기업발전에 책임을 지는 참가적 노사관계 제도이다. 독일은 이 제도를 잘 운영하여 협력적 노사관계를 실현할 수 있었다. 참가에 기초한 협력이 이 제도의 핵심이다. 독일 기업의 고품질 제품 생산과 높은 생산성은 노사공동결정제도의 순기능에 힘입은 바가 크다. 1980년대 세계적 신자유주의 파고와 2008년 세계경제위기가 닥쳐 기업 구조조정이 불가피했을 때도 노사공동결정을 통해 위기를 슬기롭게 극복하였다.

이와 같이 혁신적 중소기업, 창조적 지역, 참가적 노사관계라는 '3종의 신기'가 유로존의 위기 속에서도 독일경제를 강건하게 성장하도록 만들고 있다. 이 '3종의 신기'를 작동시키는 것은 대기업에 대한 중소기업의 집단거래를 허용하고 연방제를 통해 지방분권을 실시하며 노사공동결정을 실시하는 법·제도들이다. 독점을 금지하고 정의와 사회적 연대를 추구하며 자기결정의 철학을 가진 사회적 시장경제(social market economy)의 원리가 이 '3종의 신기'를 총체적으로 작동하게 만든다.

이러한 사회적 시장경제 체제 아래 창조적 지역에서 혁신적 중소기업이 참가적 노사관계를 토대로 고품질-고생산성의 제품을 생산하는 것, 이것이 바로 독일이 가지고 있는 세계 최고수준의 국가경쟁력의 원천이 되고 있다. 요컨대 '3종의 신기'가 지역에서 앙상블을 이루어 기적을 만들고 있는 것이다.

독일경제의 '3종의 신기'는 새로운 발전모델 실현이 필요한 한국경제에 대해 시사하는 바가 크다. 지금 박근혜 정부가 주창하고 있는 창조경제도 독일경제 '3종의 신기'를 학습하여 한국경제 '3종의 신기'로 만들 수 있을 때 비로소 꽃피울 수 있을 것이다. 그렇게 되려면 혁신적 중소기업 육성, 창조적 지역 만들기, 참가적 노사관계 구축을 창조경제 실현의 핵심의제로 설정해야만 할 것이다. 중소기업의 집단거래를 허용하는 공정거래법 개정, 지방분권 개헌을 통한 지방분권국가의 실현, 한국형 노사공동결정제도의 도입 등의 제도개혁이 일정에 올라야 한다.

(보스턴 단상, 2013.12.12)

29 | 동아시아 발전모델의 미래

세계은행(World Bank)은 1993년에 『동아시아 기적(East Asian Miracle)』이란 보고서를 출간하였다. 한국, 대만 등 동아시아 국가들이 짧은 기간에 고도경제성장을 달성한 것을 기적이라 평가한 것이다. 1997년 동아시아 외환위기 이전까지 이러한 평가는 많은 사람들이 공감하였다.

하지만 노벨 경제학상을 수상한 크루그만(Paul Krugman) 교수는 1994년에 아시아의 경제성장은 기술진보에 의한 것이 아니라 자본과 노동 같은 생산요소를 더 많이 투입하여 달성한 것이므로, 아시아의 기적은 신화라고 했다("The Myth of Asian Miracles"). 또한 그는 아시아 외환위기가 오기 직전 1997년에 아시아의 성장은 영감(inspiration)이 아니라 노력(perspiration)에 따른 것이었기 때문에 추진력이 상실되어 점차 성장이 둔화될 것이라고 전망한 바 있다.

하지만 크루그만의 이러한 평가는 잘못된 것이었다. 동아시아 경제성장은 생산요소 투입 증가뿐만 아니라 상당 정도 기술진보에 의해 이루어졌음이 다수의 주요한 연구들을 통해 밝혀졌기 때문이다. 노벨 경제학상 수상자이며 세계은행 부총재를 역임했던 스티글리츠(Joseph Stiglitz) 교수는 2001년 『동아시아 기적의 재고(Rethinking the East Asian Miracle)』라는 책에서 동아시아 국가들과 선진국 간의 기술격차와 지식격차가 축소되어 왔음을 지적한 바 있다. 동아시아 경제성장에 노력(피땀)만이 아니라 영감(창의성)도 어느 정도 기여했던 것이다.

동아시아 발전모델은 국가가 자원배분에 강하게 개입하여 전략산업을 육성하는 산업정책을 실시하고 높은 저축율과 투자율을 기초로 수출주도의 성장을 추진한 경제발전을 말한다. 이러한 발전모델로 성공한 한국과 같은 동아시아 국가들이 1997년 외환위기를 맞게 되자 동아시아 경제위기의 원인에 관한 논쟁이 일어났다. 신자유주의자들은 정부가 시장에 지나치게 개입했기 때문이라고 본 반면, 케인즈주의자들은 정부가 시장에 대한 체계적 개입을 포기했기 때문이라고 보았다.

스티글리츠는 1997년 외환위기가 동아시아 발전모델 내부의 취약성 때문이 아니라 그 발전모델의 핵심 정책이 포기되었기 때문에 발생했다고 주장한다. 즉, 동아시아 국가들은 금융시장을 통제하면서 산업정책을 적극적으로 추진하여 급속한 성장을 달성했는데, 1990년대에 들어와 자본시장을 자유화하고 자원배분에서 정부의 역할을 축소했기 때문에 외환위기를 겪게 되었다고 하는 것이다. 영국 캠브리지 대학의 저명한 발전경제학자 장하준 교수는 1993년에 김영삼 정부가 한편에서 자본시장을 자유화하고 다른 한편으로 투자조정을 하는 산업정책을 포기함에 따라 기업들이 과잉투자를 하여 단기외채가 급증한 결과 외환위기가 발생했다고 주장한다. 1997년 동아시아 외환위기의 원인에 대한 주요 연구들은 스티글리츠와 장하준의 견해를 뒷받침해준다.

스티글리츠는 1997년 위기 당시 IMF가 한국에 강요한 고금리 정책을 비롯한 재정·금융 긴축정책이 경제위기를 크게 악화시켰다고 평가한다. 그는 워싱턴 컨센서스에 따라 규제완화를 하고 자본시장을 완전 개방한 것도 잘못된 정책이었다고 주장한다. 장하준 교수는 일본과 한국이 자신의 동아시아 발전모델로부터 이탈하고 미국식 신자유주의 요소를 도입했기 때문에 장기불황에 빠지게 되고(일본) 외환위기를 겪었다(한국)고 주장한다. 일본의 저명한 경제평론가 게이오대학의 가네코 마사루 교수는 일본의 '잃어버린 20년' 장기침체는 고이즈미 정권의 신자유주의적 구조개혁 때문이라고 본다.

2008년 미국발 세계경제위기는 금융을 자유화하고 규제완화를 추진한 신자유주의 정책이 잘못된 것임을 명백히 보여주었다. 이와 함께 과거 미국이 라틴 아메리카와 아시아를 비롯한 신흥시장 국가들에 강요한 신자유주의적 워싱턴 컨센서스가 미국 자신의 경제위기를 통해 최종적으로 파산하였다. 2008년 세계경제위기가 지속되고 있는 가운데 세계의 학계와 정책전문가들은 신자유주의를 넘어서는 새로운 발전모델을 모색하고 있다.

이러한 정세에서 동아시아 주요 국가들은 큰 어려움을 겪고 있다. 일본경제는 '잃어버린 20년' 동안 장기침체에 빠져 있고, 한국경제는 추격형 성장이 한계에 도달하여 저성장과 양극화에 직면하고 있으며,

중국은 여전히 고도성장을 하고 있지만 격심한 사회 양극화와 환경오염으로 사회적 및 환경적 지속가능성 문제에 직면하고 있다. 따라서 동아시아 발전모델의 미래는 매우 불확실하다.

동아시아 발전모델의 원조격인 일본, 전형적인 동아시아 발전모델을 정립한 한국, 동아시아 발전모델을 벤치마킹한 중국이 어떤 경로로 나아갈 것인가에 동아시아 발전모델의 미래가 달려 있다. 1960~1980년대 '동아시아 기적'의 성공요인과 한계, 1997년 동아시아 외환위기의 원인, 2008년 세계경제위기의 원인을 종합 분석하여, 한·중·일 3국이 각자 글로벌화에 따른 위험에 대비한 경제안정망을 구축하고 새로운 성장동력 창출과 비교우위 원천 개발에 주력하며 경제적·사회적·환경적으로 지속 가능한 발전의 경로를 개척해야 동아시아 발전모델에 미래가 있을 것이다.

규제완화(deregulation)가 아니라 재규제(reregulation), 금융자유화가 아니라 금융시장 규제, 과학기술정책과 지역혁신정책과 같은 새로운 산업정책, 대-중소기업 간(혹은 국유기업과 비국유기업 간) 격차, 지역 간 격차, 계층 간 격차를 줄이는 동반성장체제, 화석에너지와 핵에너지로부터 신재생에너지로의 에너지 전환 등은 한·중·일 3국이 공유할 수 있는 정책의제들일 것이다.

이러한 정책들이 한·중·일 3국 컨센서스의 의제로 올라야 할 것이다. 한·중·일 3국 간의 경제적 상호의존성이 크게 증대하고 있기 때문에 3국의 공동번영을 위해서 이러한 컨센서스의 도출이 시급하다. 이를 통해 장기적으로 하토야마 전 일본 수상이 주창했던 '동아시아 공동체(East Asian Community)'의 꿈을 실현할 토대를 놓아야 한다.

한·중·일 3국이 과거사 문제와 영토 문제로 갈등하고 배타적 민족주의로 다툴 것이 아니라 3국 컨센서스를 도출하기 위해 머리를 맞대어야 할 때다. 일본에서 부활하고 있는 군국주의, 중국에서 고개를 들고 있는 패권주의, 그리고 한국의 민족주의가 서로 충돌하면 동아시아 발전모델의 미래는 암울할 것이다. 동아시아 지역의 평화는 동아시아 발전모델의 지속가능성을 위한 절대적 조건이다.

(보스턴 단상, 2013.12.14)

3부 · 지방분권국가의 길

01 | 수도권 집중은 위헌이다

　　　　2004년에 행정수도 이전 찬반을 둘러싼 공방이 치열하게 전개되고 있었을 때, 행정수도 이전을 반대하는 측에서 헌법재판소에 위헌소송을 낸 적이 있다. 당시 행정수도 이전 위헌소송을 주도했던 어떤 유명 변호사가 행정수도 이전이 위헌인 이유로 든 것 중의 하나가 정말 가관이었다.

　행정수도가 이전되면 서울의 집값과 땅값이 떨어져서 서울시민의 재산이 줄어들게 되는데, 이는 서울시민의 행복추구권을 침해하므로 위헌이라는 것이다. 이명박 정부에서 법제처장을 지낸 그 변호사가 제시한 행정수도 이전 위헌 논리는 사실 어불성설의 궤변이었다. 헌법재판소가 행정수도 이전을 위헌이라고 잘못된 판결을 했을 때 물론 이러한 말도 안 되는 궤변이 인용되지는 않았다.

　그런데 그 변호사의 궤변은 당시 지방분권운동을 하고 있던 필자에게 문득 무엇인가를 깨닫게 해주었다. 그것은 바로 '수도권 집중은 위헌'이라는 사실이다.

대한민국 헌법 전문에는 '정치 경제 사회 문화의 모든 영역에 있어서 각인의 기회를 균등하게' 할 것과 제119조 제2항에는 '국가는 균형 있는 국민경제의 성장을 유지해야' 할 것을 규정하고 있다. 이처럼 우리나라 헌법에는 기회균등과 균형발전을 규정하고 있다.

하지만 세계적으로 유례를 찾기 어려운 우리나라의 과도한 수도권 집중은 정치·경제·사회·문화 각 영역에서 수도권과 비수도권 간의 엄청난 기회불균등과 수도권과 비수도권 간의 심각한 불균형 발전을 초래하였다. 수도권 집중이 수도권의 집값과 땅값을 대폭 상승시키고 비수도권의 그것은 정체시켜 그 결과 수도권과 비수도권 간의 자산 격차를 크게 확대시켰다. 고수익 사업기회와 좋은 일자리는 거의 대부분 수도권에 집중되어 있다. 비수도권 주민은 인간다운 삶을 누릴 가능성이 수도권에 비해 적다. 대한민국이 '서울공화국과 그 식민지'란 말이 과장이 아니다.

수도권 집중 때문에 비수도권 주민들이 얼마나 많은 재산상의 피해를 보았던가? 지방 사람이 얼마나 심한 상대적 박탈감을 느꼈던가? 지역주민의 행복추구권이 얼마나 침해되었던가? 지역 시민이 주권자로서의 권리를 얼마나 박탈당했던가?

이러한 수도권 집중의 결과는 기회균등과 균형발전을 지향하는 헌법 정신에 정면으로 위배된다고 하지 않을 수 없다. 따라서 수도권 집중은 위헌이다. 수도권 집중을 획기적으로 완화하기 위해 추진되었던 행정수도 이전이 위헌이 아니라 수도권 집중을 초래한 대한민국의 정치, 경제, 사회 질서가 위헌인 것이다. 중앙집권-수도권 집중체제가 위헌인 것이다.

수도권 집중을 완화시키기 위한 수도권 규제는 이러한 위헌 상황을 개선하기 위한 불가피한 조치다. 대책 없이 수도권 규제를 완화하는 것은 위헌 상황을 더욱 조장하는 것이다. 따라서 수도권 중심주의자와 자유시장론자들의 합작품인 수도권 규제 완화는 위헌이다.

1987년에 개정된 현행 헌법체제는 지난 사반세기 동안 진전된 심각한 수도권 집중이란 위헌 상황을 반영하지 못하고 있다. 수도권 집중을 초래한 중앙집권체제의 문제점을 해소할 지방분권을 뒷받침하는 조항이 단 2개에 불과하여 극히 빈약하다. 1987년 헌법체제는 중앙집권적 민주헌법체제다.

따라서 중앙집권-수도권집중체제라는 위헌 상황을 해소할 지방분권형 개헌이 시급하다. 전국 어디에서 살든 정치·경제·사회·문화 영역에서의 기회균등을 누리고 인간답게 살 수 있는 지방분권-다극발전체제 구축을 촉진하는 개헌을 해야 한다. 수도권 집중을 해소시킬 지방분권적 민주헌법체제를 만드는 개헌이 필수적이다.

(영남일보, 아침을 열며, 2012.4.30)

02 | 지방분권형 개헌을 추진하자

올해는 지방의회가 부활한 지 20년이 되는 해다. 지방분권 실현을 위한 전국 지역 지식인 선언이 있은 지 10년이 되는 해이기도 하다. 지방자치가 부활한 지 20년이고 지방분권운동이 일어난 지 10년이 되었지만 지방자치는 아직 '2할 자치'에 머물고 있고 중앙집권－수도권 집중 체제는 요지부동이며 수도권 집중은 갈수록 심화되고 대부분의 지역경제는 장기 침체에 빠져 있다.

지방분권은 중앙정부로부터 지방정부로의 권한 이양과 수도권으로부터 비수도권으로의 자원 분산이라는 두 가지 과정을 포함한다. 노무현 정부 때 권한 이양을 실현하려는 지방분권특별법과 자원 분산을 추진하려는 국가균형발전특별법을 통해 지방분권이 추진되었지만, 중앙집권주의자와 수도권 중심주의자의 기득권 고수 때문에 그 성과가 미약하였다. 이명박 정부에 들어와서 지방분권 확대를 주요 국정과제로 추진해 왔지만 집권 4년차에 이른 현재까지 실질적 조치가 미흡하다.

1990년대 이후 추진된 지방분권이 아직도 미약한 상태로 지체되고 있는 근본 이유는 법률적 차원에서 추진되어 온 지방분권 정책이 강고한 중앙집권체제를 지방분권체제로 전환시키는 동력을 창출하는 데 역부족이었기 때문이다. 대한민국을 지방분권국가로 만들려면 법률에 기초하여 추진된 1단계 지방분권 개혁을 넘어서 이제 헌법에 기초하여 추진하는 2단계 지방분권 개혁이 일정에 올라야 한다. 즉, 지방분권형 개헌을 통해 대한민국을 지방분권국가로 전환시켜야 한다.

선진국 중에서 드물게 고도로 중앙집권국가였던 프랑스는 1980년대 이후 법률에 기초하여 지방분권 정책을 추진해 오다가 보다 강력한 지방분권 개혁을 위해 2003년 지방분권형 개헌을 단행하였다. 1789년 프랑스 대혁명 이후 제2 프랑스 대혁명으로 불리는 2003년 지방분권형 개헌으로 프랑스는 지방분권국가로 이행하고 있다.

프랑스 헌법 제1조에서 프랑스의 국가 조직은 지방분권화된다고 규정하고 있다. 아울러 개정 헌법에서는 지방자치단체가 법률이 정한 권한을 실행하기 위한 명령제정권을 가진다는 행정 분권 및 입법 분권 조항, 지방자치단체가 법률에 기초하여 과세표준과 세율을 정할 수 있고, 권한 이양에 상응한 재원 이전이 수반되어야 한다는 것을 규정한 재정 분권 보장 조항들이 포함되어 있다.

대한민국 헌법에는 지방분권 조항이 아예 없고 지방자치 조항은 구체적 내용도 없이 빈약하기 짝이 없다. 헌법이 지방자치를 보호하고 강화할 수 있는 기능을 하지 못하고 있다. 심지어 헌법이 지방자치단체의 입법권을 법령에 종속시키고 과세표준과 세율을 오직 법률로 정하도록 함으로써 지방분권을 가로막고 있는 상황이다. 지방분권을 가로막고 미약한 지방자치만 허용하고 있는 이러한 헌법으로서는 지방분권국가를 실현할 수 없다.

중앙집권－수도권 집중 체제가 대한민국을 서울공화국과 그 식민지로 양극화시키고 그 비효율성을 크게 높여 지속 불가능하게 된 현 상황에서, 지방분권국가 실현을 위한 지방분권형 개헌이 시급히 일정에 올라야 한다. 제왕적 대통령제를 극복하기 위한 중앙권력 재편 위주의 분권형 개헌 논의가 제기된 바 있지만, 지금 대한민국에서 더욱 절실한 것은 지방을 살리고 나라를 살리는 지방분권형 개헌이다.

헌법 제1조에 대한민국이 지방분권국가임을 명시하는 개헌을 해야 한다. 이 헌법 조항에 따라 입법, 행정, 재정 분권 관련 법률이 제정되거나 개정되어야 한다. 중앙정부와 광역지방정부 간의 적절한 권한 배분을 헌법에 기초하여 추진할 수 있도록 해야 한다. 또한 지방분권과 지역 균형발전 관련 입법과 정책을 다루는 지역대표형 상원을 설치할 필요가 있다. 아울러 지방정부의 조세권을 강화하고 권한 이양에 상응한 재원 이전을 보장하며 지방정부 간 재정 조정을 가능하게 하는 재정 분권 조항이 헌법에 포함되어야 한다.

지방분권형 개헌은 대한민국을 진정한 선진국가로 만들고 통일한국을 위한 초석을 놓는 일이다. 지방분권형 개헌을 추진하기 위해 예컨대 '지방분권개헌추진국민회의'를 결성하는 일에 각계각층의 뜻있는 인사들이 나서길 기대한다.

(매일신문, 계산논단, 2011.7.25)

03 | 지방분권 개헌으로 지역주권 시대 열자

2012년 임진년 새해를 맞아 대구경북을 비롯한 비수도권 지역이 획기적으로 발전하는 계기가 형성되는 한 해가 되기를 기원한다. 대한민국이 지방분권국가임을 선언하는 헌법 개정을 하자는 사회적 합의가 도출되기를 희망한다. 4월 총선과 12월 대선 과정에서 '지방분권 개헌을 통해 지역주권 시대를 열자'는 국민적 합의가 이루어지기를 기대한다.

우리나라 헌법 제1조 제1항은 "대한민국은 민주공화국이다"고 선언하고 있다. 이어 제2항은 "대한민국의 주권은 국민에게 있고 모든 권력은 국민으로부터 나온다"고 규정하고 있다. 아울러 제10조에는 "모든 국민은 인간으로서의 존엄과 가치를 가지며, 행복을 추구할 권리를 가진다"고 규정되어 있다.

하지만 세계적으로 유례를 찾기 어려운 '중앙집권─수도권 집중체제' 아래에서 이 헌법 조항들은 비수도권 지역주민에게 공허한 구절로 느껴진다.

한국은 '서울공화국과 그 식민지'라는 극단적 주장이 받아들여질 정도로 두 부류의 국민, 즉 수도권 주민과 비수도권 주민으로 분할되어 있기 때문이다. 수도권 주민과 비수도권 주민 간에는 정치, 경제, 교육, 문화 측면에서 기회 불균등이 심각하고 소득과 자산의 격차가 현격하기 때문이다. 고수익 사업 기회와 좋은 일자리는 대부분 수도권에 집중되어 있기 때문이다.

이처럼 수도권과 비수도권 간에 기회불균등과 불평등이 크게 존재하기 때문에 비수도권 지역주민에게 주권은 허울뿐이다. 비수도권 지역주민은 행복추구권을 침해당하고 있다. 낙후되고 정체된 지역에서 차별대우 받고 있는 지역주민은 인간으로서의 존엄성이 훼손당하고 있다. 이는 헌법 정신에 정면 위배되는 것이다.

이에 대해 헌법재판소는 위헌판결을 내려야 마땅하다. '서울공화국'은 "대한민국이 민주공화국이다"는 헌법 제1조 제1항에 정면으로 위배되므로 위헌이요, 중앙집권은 지방자치라는 헌법정신에 위반되므로 위헌이라는 판결을 내려야 한다.

비수도권 지역주민이 주권을 행사하려면, 행복추구권을 누리려면, 인간으로서의 존엄성을 지키려면, 대한민국이 진정한 민주공화국이 되려면, 중앙집권─수도권 집중체제를 타파하는 지방분권 개헌을 해야 한다. 헌법 제1조 제3항에 '대한민국은 지방분권국가'임을 선언해야 한다.

지방정부가 국가 입법 및 정책결정에 참여할 수 있도록 지역대표들로 구성되는 상원을 설치하는 것, 사무이양에 상응해 재원이양을 해야 한다는 것, 지방정부가 법률수준의 조례를 제정할 수 있다는 것 등을 헌법에 명시해야 한다. 지방정부의 과세자주권을 보장하고 수도권과 비수도권 간의 세원 격차를 고려해 재정조정제도를 도입하는 것을 헌법에 명시해야 한다.

1987년에 개정된 현행 헌법은 중앙집권-수도권 집중체제를 극복하려는 문제의식을 찾아볼 수 없다. 1987년 이후 현재까지 사반세기 동안 급속히 진전된 수도권 집중을 완화할 수 있도록, 지역의 국정 참여 욕구를 반영하도록, 비수도권 지역에 사는 국민의 주권, 즉 지역주권이 실현될 수 있도록 개헌을 해야 한다.

1972년 이후 15년간의 반독재 민주화 운동이 1987년 민주 헌법 체제를 만들어 내었듯이 2002년부터 10년간 전개된 1단계 지방분권 입법운동이 2012년부터 2단계 지방분권 개헌운동으로 고양되어 가까운 장래에 지방분권 헌법 체제를 성립시켜야 한다. 산업화와 민주화에 이어서 분권화가 되어야 대한민국이 진정하게 선진국으로 진입할 수 있고 통일한국의 토대가 놓일 수 있기 때문이다.

차기 정권 종료기인 2017년까지 대한민국이 민주공화국임과 동시에 지방분권국가임을 선언하는 개헌이 이루어지도록 전국 각 지역의 각계각층이 다 함께 움직이자. 대한민국을 재창조할 지역주권의 시대가 열리도록 하자.

2012년 새해는 나라를 구하는 데 앞장서 온 빛나는 전통을 가진 대구경북이 지방분권 개헌의 꿈을 실현하는 데 필요한 지혜와 힘을 모으는 선도 지역이 되자.

(매일신문, 특별기고, 2012.1.1)

04 | 통일한국 실현을 위한
지방분권형 개헌

통일한국의 실현은 7,600만 한민족의 최대 염원이다. 하지만 통일의 길은 아직도 요원해 보인다. 남북한 간에 체제가 다르고 경제력 격차가 현격하기 때문에, 한반도를 둘러싼 동북아의 지정학적 조건의 복잡함 때문에, 남북한 간에 아직도 냉전체제와 정전체제가 유지되고 있기 때문에, 과연 남북 간 평화통일이 제대로 될 수 있을지 매우 불확실하다.

남북한 간의 냉전체제가 풀리고 정전체제가 평화체제로 전환되며 한반도를 둘러싼 미국, 중국, 일본, 러시아 등 강대국들이 남북통일에 협조적인 태도를 보이는 등 다른 조건들이 통일에 유리하게 전개된다고 하더라도 남한과 북한 간에 워낙 큰 경제력 격차가 존재하기 때문에 통일을 이루는 일은 지난한 과제가 아닐 수 없다.

OECD의 2010년 한국경제보고서에 의하면, 북한의 GDP는 남한의

2.7%(247억 달러), 북한의 1인당 GDP는 남한의 5.6%(1,060달러)에 불과하다. 반면 북한 인구는 2,330만 명으로 남한 인구의 47.9%에 달한다. 한편 통일 당시 동독의 경제력은 서독의 33% 수준이었다. 동독 인구는 서독 인구의 25%에 불과했다. 이와 같이 동서독 간 경제력 격차와는 비교도 되지 않는 현격한 남북한 간 경제력 격차를 고려할 때 한국의 통일 비용은 독일에 비해 훨씬 클 것임에 틀림없다.

경제전문가들에 의하면 한국의 남북통일 비용은 최소 3,500조 원 이상일 것으로 추산되고 있다. 북한 급변사태 시 남한이 북한을 흡수통일할 경우 부담해야 할 통일 비용이 가히 천문학적 수치에 달함을 알 수 있다. 2011년 우리나라 정부 예산이 309조 원인데, 통일 비용은 10년 치 이상의 예산에 해당한다.

이와 같이 통일 비용이 천문학적 수치에 달하고 현재 남한의 경제력으로 감당할 수 없기 때문에 북한의 체제가 급속히 붕괴하는 것은 남한에도 엄청난 재앙이 될 수 있다. 또한 북한체제가 경제파탄과 대중빈곤, 그리고 시대착오적 3대 세습이라는 정치경제적 상황에도 불구하고 그리 쉽게 붕괴할 것 같지 않다는 전망이 우세하다.

그렇다면 통일한국 실현의 올바른 방향은 무엇인가? 남북통일을 장기적 과정으로 보고 남북한 간의 경제력 격차를 서서히 줄여 나가면서 남북한 간 산업 연관이 증대하도록 남북한 간 경제협력 정책을 강화해 나가야 할 것이다. 이와 함께 지방분권의 원리에 따라 남북한 간 정치통합과 사회통합을 추진해 나가는 것이 중요하다.

지방분권의 원리가 통일한국에서 남북한 간에 적용되면 정치적 통일 이후 점진적인 사회경제적 남북통일 실현이 촉진될 수 있다. 남북한 간의 경제력 격차가 워낙 심하고 오랜 기간의 남북 분단으로 인한 사회문화적 차이도 크기 때문에 통일한국을 단일 국가체제로 구성해서는 지탱할 수 없을 것이다. 따라서 통일한국은 어떤 형태로든지 연방국가로 되지 않을 수 없다.

여기서 말하는 연방제는 북한이 주장해 온 고려연방제와는 전혀 다르다. 북한의 고려연방제는 두 개의 정부, 두 개의 체제를 가진 하나의 민족통일국가를 지향하고 있다. 우리가 말하는 연방제는 미국이나 독일처럼 외교와 군사와 거시경제정책과 사회통합정책을 담당하는 연방정부 아래 남한과 북한이 독자적인 입법권, 사법권, 행정권을 가진 몇 개의 지방정부로 구성되는 국가체제를 말한다.

통일한국의 연방제는 미국과 독일 등의 연방제와 유럽연합의 사례와 지방분권형 개헌을 통해 중앙집권국가로부터 지방분권국가로 이행 중인 프랑스의 사례를 연구하고 남북한 간의 정치와 경제의 이질성을 고려하여 설계해야 할 것이다. 연방제하에서 통일한국은 지방분권의 원리에 따라 '연방정부－지방정부－기초자치단체'라는 중층적 행정 구조를 통해 운영될 것이다.

이러한 통일한국을 실현하는 과정에서 결정적으로 중요한 것은 먼저 남한에서 지방분권국가 실현을 위한 지방분권형 개헌을 추진하는 것이다. 지방분권국가인 대한민국의 국정 운영 경험을 토대로 미래의 연방제 통일한국을 유능하게 경영할 수 있는 국가능력을 갖추어야 한다. 이 점에서 지방분권형 개헌은 연방제 국가로서의 통일한국을 준비하는 필수적인 제1단계 작업이라 할 수 있다.

(매일신문, 계산논단, 2011.9.26)

05 | '제2 한강의 기적'이냐 '4대강의 기적'이냐

　　　　　　　박근혜 대통령은 취임사에서 경제부흥을 이루고 국민이 행복한 '제2 한강의 기적'을 만들겠다고 선언하였다. 이후 국회 시정연설과 새마을운동지도자대회 축사에서 '제2 한강의 기적'을 창조경제와 제2 새마을운동을 통해 이루겠다고 했다.

　'한강의 기적'은 한국이 반세기도 안 되는 짧은 기간에 6·25전쟁의 폐허 위에서 압축적 고도 경제성장을 달성하여 후진국으로부터 선진국으로 발돋움한 사실을 두고 말한다. 이는 2차 대전 후 독일이 패전국의 폐허에서 단기간에 고도성장을 성취하여 경제대국이 된 사실을 두고 지칭하는 '라인 강의 기적'에 빗대어 하는 말이다.

　'한강의 기적'을 가능하게 만든 것은 박정희 대통령이 설계하고 주도한 개발독재 모델 혹은 발전국가 모델의 성공이었다는 데 대해서는 이론의 여지가 없다. 이 발전모델은 정부주도 성장, 수출주도 성장에 기초하고 있다. 이 발전모델의 성공은 박정희 대통령만이 아니라 경제개발정책들을 입안하고 추진한 전문가와 유능하고 청렴했던 공무원, '수출역군'이었던 기업가와 경영자, 그리고 저임금과 장시간 노동을 감수하며 피땀을 흘린 노동자들이 있었기에 가능했다.

그런데 '한강의 기적'은 한강이 흐르는 수도권 중심의 중앙집권적 일극 발전체제를 통해 이루어졌다는 점을 간과해서는 안 된다. 재벌기업의 본사가 있는 서울중심의 발전모델을 통해 만들어졌다는 점을 상기해야 한다.

한강은 강원도 태백시 검룡소에서 발원하여 경기도와 서울로 흐르는 강이다. 그래서 한강은 수도권을 상징한다. 한강의 기적은 결국 서울의 기적이고 수도권의 기적인 셈이다. 라인 강은 알프스에서 발원하여 독일을 남북으로 가로지르며 흐른다. 따라서 라인 강의 기적은 베를린이나 본의 기적이 아니라 독일 전체의 기적이다.

대한민국에는 한강만 있는 것이 아니라 낙동강, 금강, 영산강도 있다. 이를 4대강이라 한다. 낙동강은 영남지역을, 금강은 충청지역을, 영산강은 호남지역을 흐른다. 4대강은 남한지역을 대부분 포괄한다.

대한민국의 새로운 도약은 '제2 한강의 기적'이 아니라 '4대강의 기적'을 통해 이루어져야 한다. 한강의 기적만이 아니라, 영산강의 기적, 금강의 기적, 낙동강의 기적이 일어나야 한다. '제2 한강의 기적'이란 담론은 수도권 중심주의, 서울 제일주의 냄새를 풍긴다. 중앙집권-수도권 일극 발전체제를 유지하겠다는 뜻으로 들린다.

이명박 정부의 4대강 사업으로 4대강은 생태계가 파괴되어 죽어가고 있다. 대운하를 만들겠다는 이명박 대통령의 빗나간 야심 때문에 4대강이 호수가 되어 썩어가고 있다. 감사원의 감사결과 수질이 개선되기는커녕 오히려 악화되었고 강물은 식수로 쓸 수 없고 공업용수로만 이용 가능함이 밝혀졌다. 4대강에 기적이 아니라 재앙이 초래되었다.

'제2 한강의 기적'이 아니라 '4대강의 기적'을 만들려면 무엇보다 우선 죽어가고 있는 4대강을 살려내는 재자연화(再自然化) 작업에 나서야 한다. 4대강을 최대한 자연상태로 되돌리는 복원 작업을 해야 한다. 파괴된 강의 생태계를 복원한다는 차원에서 4대강 사업을 전면 수정·보완해야 한다.

4대강을 생명의 강으로 복권하는 작업에 착수함과 동시에, 4대강이 흐르는 각 지역을 말 그대로 생태와 문화가 어우러진 새로운 발전모델로 재생시켜야 한다. 4대강 지역의 농업과 농촌을 새롭게 발전시켜야 한다. 박근혜 정부가 창조경제를 새로운 발전모델로 제시하고 있는데, 창조경제는 원래 지역수준에서 지역의 자원과 문화에 기초하여 녹색산업과 문화산업과 같은 창조산업을 일으켜야 실현될 수 있다. 이러한 창조경제 패러다임에 따라 '4대강의 기적'을 일으켜야 한다.

'4대강의 기적'을 이루려면 중앙집권－수도권 일극 발전체제를 지방분권－지역 다극 발전체제로 전환시키는 개혁을 추진해야 한다. 대한민국을 중앙집권국가로부터 지방분권국가로 전환시키는 지방분권 개헌을 해야 하며, 이에 기초하여 획기적인 행정분권과 재정분권을 추진해야 한다.

이러한 개혁을 통해 4대강 지역이 각자 독자적인 경제발전 축을 형성해야 한다. 이와 관련해서 인문학적 상상력을 갖춘 세계적 건축가인 김석철 교수의 명저 『한반도 그랜드 디자인』(창비, 2012)에서 제시된 4대강 중심의 발전 축 구축 구상은 크게 참고할 만하다. 4대강이 흐르는 수도권, 충청권, 영남권, 호남권이 창조경제 패러다임을 통해 새로운 성장잠재력을 창출할 때, '4대강의 기적'이 이루어지고 이를 통해 대한민국이 새롭게 도약할 수 있다.

　따라서 박근혜 정부는 '제2 한강의 기적'을 만들 것이 아니라 '4대강의 기적'을 이루어야 한다. 그래야만이 수도권 주민만이 아니라 4대강 지역 주민을 포함한 전체 국민이 행복한 시대를 열 수 있지 않을까 한다.

(보스턴 단상, 2013.12.8)

06 │ 수도권과 비수도권 간의 공생발전

　　　　　이명박 대통령은 올해 광복절 경축사에서 '공생발전'이란 개념을 제시하였다. 공생발전이란 '상생 번영하는 시장경제', '함께 발전하는 따뜻한 시장경제', '격차를 줄이는 발전'으로 정의되었다. 공생발전은 그동안 이명박 정부가 내건 국정지표들인 '녹색성장', '친서민중도실용', '공정사회'의 연장선에서 진화한 개념으로 그 의미가 부여되었다. 공생발전을 위한 중요 전략으로 동반성장이 제시되었다.

　이러한 공생발전 개념은 과거 노무현 정부가 내세운 동반성장 개념과 대동소이하며 학술적으로는 지속 가능한 발전이나 공평성장 개념과 맥락을 같이하는 것으로 보인다. 아무튼 출범 초기에 성장지상주의를 지향했던 이명박 정부가 공생발전 개념을 국정지표로 내세운 것은 적어도 겉보기로는 '진화'라 평가할 수 있다.

그런데 경축사에서 제시된 공생발전이란 개념 속에는 수도권과 비수도권 간의 공생발전이란 내용을 찾아볼 수 없다. 대기업과 중소기업 간의 상생발전, 학력차별과 비정규직 차별 개선은 언급되어 있지만 수도권과 비수도권 간의 격차, 지방차별에 대한 언급은 찾아볼 수 없다. 이명박 정부에 '지방은 없다'는 비판이 잘못이 아님을 확인시켜준다.

우리나라에서 수도권과 비수도권 간의 공생발전을 빼놓고 공생발전을 말할 수 있는가? 경축사에서 사회통합과 상생발전을 말하면서 왜 '갈라지는 서울과 지방', '무너지는 지방'에 대해서는 외면하고 있는가? 이념의 정치로부터 생활정치로의 정치의 진화를 말하면서 왜 중앙집권적 정치로부터 지방분권적 정치로의 진화는 말하지 않는가? 경축사는 여전히 중앙집권적 사고와 수도권 중심주의에 갇혀 있는 것으로 보인다.

2010년 인구센서스 조사 결과 수도권 인구가 49.0%에 달함이 밝혀졌다. 10년 전 2000년에는 수도권 인구가 46.3%였다. 이 추세로 가면 2015년경에는 수도권 인구가 전체인구의 절반을 넘게 될 것이다. 수도권의 은행예금 비중은 2006년에는 68.7%였는데 2010년에는 72.0%로 증가하였다. 은행대출 비중은 2006년에 67.1%였는데 2010년에는 70.1%로 증가하였다. 대형소매점 판매액을 보면 2006년 수도권 비중이 60.7%였는데 2010년에는 61.0%로 증가하였다. 백화점의 경우 65.6%에서 66.1%로 증가하였다.

이러한 자료는 인구, 금융, 유통 등에서 수도권 집중이 더욱 심화되고 있음을 보여준다. 이 외에 교육과 문화 부문에서 존재하는 수도권과 비수도권 간의 격차와 지방 차별은 해소되지 않고 있다. 수도권 프리미엄은 정치, 경제, 문화 등 사회 각 부문에서 큰 폭으로 존재한다. 예컨대 대학의 경우 비수도권 대학에 대한 수도권 대학의 프리미엄이 20%라는 연구 결과가 있다. 이는 오직 수도권에 소재한다는 이유 때문에 수도권 대학들이 상당한 이득을 보고 있다는 증거다.

한편 소득세의 74.7%와 법인세의 79.0%가 수도권에서 징수되고 있는 상태에서 지방정부의 재정자립도는 지난 5년간 더욱 하락하였다. 서울시의 재정자립도는 2007년 90.5%에서 2011년 90.3%, 인천시는 69.8%에서 69.3%로 변함없이 높은 데 반해, 부산시는 62.9%에서 56.4%로, 대구시는 63.9%에서 53.5%로, 광주시는 54.2%에서 47.5%로, 대전시는 72.1%에서 57.2%로 각각 대폭 하락하였다. 비수도권 광역시들의 재정자립도 하락은 수도권과 비수도권 간의 경제력 격차 확대를 반영하고 있다.

이러한 실정에도 불구하고 그동안 이명박 정부는 수도권 규제를 완화하고 지역균형발전 정책을 폐기하였다. 자유시장경제의 논리로 수도권 규제를 완화하면 수도권과 비수도권 간의 공생발전을 기대할 수 없다. 경축사에서 제시된 '함께 발전하는 따뜻한 시장경제'가 되려면 비수도권이 자립할 때까지는 수도권 규제를 확고히 유지해야 하며, 수도권 집중이 더욱 강화되고 있는 상황에서 실효성 있는 수도권 규제를 더욱 강화해야 한다.

수도권과 비수도권 간의 격차를 줄이고 지방에 대한 차별을 없애며 기업활동과 교육투자에서 대폭적인 지방 프리미엄을 부여하고 수도권과 비수도권 간의 산업연관을 제고시키는 정책을 실시해야 한다. 지금 대한민국에서 수도권과 비수도권 간의 공생발전 없는 공생발전은 허구라는 점을 인식해야 한다.

(매일신문, 계산논단, 2011.8.22)

07 | 창조경제와 대학혁신

　　박근혜 정부가 최고 국정의제로 제시한 창조경제는 대학혁신 없이는 실현될 수 없다. 하지만 정부가 제시한 창조경제 실현계획에는 창조경제 실현을 위한 대학혁신의 중요성이 충분히 인식되지 못하고 있는 듯하다. 대학혁신의 의제가 빠져 있기 때문이다.

　창조경제는 창의성에 의해 추동되는 경제이다. 창의성은 교육과 문화를 통해 개발된다. 특히 대학을 통해 배출되는 고급인력의 창의성은 창조경제 실현에서 결정적으로 중요하다. 따라서 대학의 연구와 교육이 교수와 학생의 창의성을 높이는 방향으로 혁신되어야 한다. 아울러 대학입시제도가 혁신되면 초·중등교육의 창의성을 높이는 혁신을 유도할 수 있다.

　정부가 발표한 창조경제 청사진에는 창의적 인재의 양성, 지역경제 활성화를 위한 지역혁신, 그리고 과학기술과 정보통신기술(ICT)

혁신 역량 강화 등에서의 대학의 역할이 언급되어 있다. 창의적 융합형 인재 양성을 위해 산업융합특성화 대학원의 확대와 융합형 디자인 대학을 확대하겠다, 지역혁신 기능 강화를 위해 대학 내 기술이전 전담조직을 보강하겠다, 또한 산·학·연 협력을 통해 대학의 창업교육과 기술사업화를 강화하겠다고 밝히고 있다.

창조경제의 청사진에는 대학과 관련된 새로운 정책이 보이지 않고 기존 정책을 강화하는 내용이 중심을 이루고 있다. 기존 정책의 강화에 그치고 있고 대학혁신을 주요 의제로 채택하지 않은 것은 창조경제 실현에서 대학의 역할이 중요하다는 사실을 충분히 인식하고 있지 못한 증좌가 아닐까 한다.

우리나라 대학의 연구와 교육이 과연 창의성 있는 인재를 양성하는 역할을 충분히 수행하고 있는가? 이러한 질문에 대해 자신 있게 그렇다고 말할 수 있는 대학이 몇이나 될까? 최근 창의성 있는 인재 양성을 위해 학문융합의 중요성이 강조되고 있지만, 서울대를 비롯한 몇몇 대학들의 그간의 실천사례에서 아직 특기할 만한 시도를 찾아볼 수 없다.

학문융합을 통해 창의적 인재를 양성하려면 우선 학문 간 소통이 필요하다. 하지만 학문 간, 학과 간, 단과대학 간 칸막이가 높아서 교류가 잘 되지 않고 있다. 자신의 일면적인 관점에 집착하는 기존 학문분과들의 방법론도 문제지만 자신의 전공과 학과에 안주하여 그 아성을 지키려는 교수들의 편협한 이기주의가 더 큰 문제다.

예술과 인문학과 자연과학 간의 경제를 넘어서는 연구 및 교육단위인 미국 하버드 대학의 metaLAB과 MIT의 Media Lab 같은 사례를 일반대학에서는 찾아볼 수 없다. 다만 카이스트와 포스텍, 광주과학기술원(GIST)과 대구경북과학기술원(DGIST) 등에서 시도하고 있지만 그 성과는 아직 미지수다.

따라서 이런 상황을 극복할 제도개혁이 대학혁신의 제1의제가 되어야 한다. 학문융합 단위를 설치하는 새로운 접근 방법이 요구된다. 기존학과들의 강제적 통폐합은 그동안 여러 번 시도되었으나 실효가 없었기 때문에 학문융합 단위에 자발적으로 참여하는 교수들에 대한 인센티브의 제공, 학문융합 연구와 교육을 하는 연구소의 설립, 나아가 새로운 학문융합 과정, 학과, 학부, 단과 대학을 신규 설립하는 단계적 방법을 추진해야 한다.

이와 함께 교수에 대한 보상시스템을 전면적으로 개혁해야 한다. 단순 연공서열에 따른 보상체계도 문제지만 현재 실시되고 있는 성과급적 연봉제는 더욱 큰 문제가 있다. 단기성과에 대한 획일적 정량평가, 누적평가 방식, 상호 약탈적인 제로섬 게임에 기초한 성과급적 연봉제는 폐기해야 한다. 성과급적 연봉제는 심도 있는 장기적 연구를 기피하게 만들고 학문 간 융합연구를 저해하므로 창조경제 실현에 역행하는 나쁜 제도다.

따라서 창조경제를 실현하려면 그것에 적합한 교수업적평가제도와 보상체계를 설계해야 한다. 연구와 교육면에서의 탁월성을 평가하는 기준, 특히 학문융합 연구 및 교육 프로그램에의 참여도에 따른 평가 기준, 교수-학생 간의 자발적 학문공동체 형성 및 참여 정도에 따른 평가 기준 등을 설정하여 정량적 평가를 실시해야 한다. 평가단위도 개별교수 단위보다는 프로젝트 팀 단위, 사업단 단위로 설정하여 서로 다른 전공의 교수들 간의 교류와 협력을 통한 학문융합을 촉진하도록 해야 한다.

이와 연계하여 대학평가체제를 전면 개혁해야 한다. 현행 대학평가체제는 대량생산체제와 대량교육체제에나 적용될 수 있는 획일적 정량 평가 방식을 취하고 있다. 창조경제 실현에 기여하는 대학평가체제는 연구와 교육의 탁월성, 학생들에게 창의성을 고취하는 교수의 심도 있는 학생지도 노력을 반영하는 정성적 평가방식을 취해야 한다. 특히 대학이 자신의 고유한 학풍을 세우고 그에 따라 연구와 교육을 혁신하는 대학을 높게 평가해야 한다.

대학을 심층 평가할 수 있는 방법을 고안하고 전문평가단을 구성하여 대학을 추적 관찰하고 종합 평가하는 방식을 도입해야 한다. 아울러 대학이 스스로 설정한 비전과 목표를 어느 정도 충실하게 수행했는가 하는 과정 평가 중심으로 대학평가를 해야 하고 평가결과는 공시함과 동시에 컨설팅으로 연결되어 대학혁신을 촉진하도록 해야 한다.

유엔(UN)의 창조경제 보고서가 적절히 지적하고 있는 것처럼 창조경제는 지역수준에서 실현되는 것이기 때문에 지역 대학의 혁신과 역량강화는 창조경제 실현에 결정적으로 중요하다. 하지만 중앙집권－수도권 일극 발전체제 아래 수도권으로의 지역인재 유출이 심하고, 비수도권 대학들에 대한 정부투자도 미약하며, 대학의 자기혁신 노력도 미미하기 때문에, 현 상황에서는 지역대학을 통한 창조경제 실현을 기대할 수 없다.

지방분권－지역 다극 발전체제로 국가경영체제를 전환하는 지방분권개혁이 단행됨과 동시에 지역 대학에 대한 획기적 정부투자와 대학 스스로의 자기혁신이 이루어질 때, 지역 주요 대학들이 지방정부, 지역기업, 지역 NGO 등과 협력하여 창조경제 실현을 선도하는 대학이 될 수 있다. 무엇보다 지역대학에 대한 획기적 정부투자를 최우선적 국정 과제로 설정해야 창조경제를 실현할 수 있다. 지역인재 유출을 막고 지역으로 인재가 모이도록 인재지역할당제를 대폭 확대 실시해야 한다.

이와 함께 지역 대학들은 환골탈태하는 자기혁신을 통해 지역에서 창조경제를 실현하는 사회적 책임을 다해야 한다. 학생들에게 무한한 상상력과 창의성을 함양하는 교육혁신을 하는 것이 무엇보다 중요하다. 교수들 스스로 학문 간 경계를 허물고 교류하고 협력하는 통섭(通攝)을 해야 한다. 창조경제실현을 위한 지역의 기술혁신, 제도혁신, 문화혁신을 추동하는 센터 역할을 지역대학이 해야 한다.

이를 통해 지역 대학들이 지역에서 창조경제 실현을 주도할 수 있을 때 지역경제가 회생하고 대한민국이 새로운 발전모델에 기초하여 제2의 도약을 할 수 있을 것이다. '지방이 살아야 나라가 산다', '지방대학이 살아야 나라가 산다', '지역이 희망이다', '지역 대학이 희망이다'라는 말들은 실로 창조경제 시대에 적합한 문구들이다.

(보스턴 단상, 2013.12.7)

08 | 若無地方
是無國家

'약무호남 시무국가(若無湖南 是無國家)', 호남이 없었으면 나라가 없어졌을 것이다. 이는 이순신 장군이 임진왜란 당시 난중일기에 쓴 말이다.

임진왜란 때 조선을 침략한 왜군이, 군사적 요충지였던 전라도 확보 없이는 조선정벌이 불가능하다는 것을 알게 된 후, 전라도 공략에 병력을 집중하였다. 하지만 이순신 장군이 이끄는 수군과 전라도 백성이 합심하여 전라도를 지켜냈다. 전라좌수사 이순신 장군이 13척의 배로 왜군 130여 척의 배를 물리친 저 유명한 명량해전의 전설적 승리가 호남을 지킨 결정적 계기였다.

지난 5월 해남의 지인의 안내로 명량해전의 유적지인 울돌목을 방문한 적이 있다. 우리는 복원된 전라우수영 입구에 서 있는 비석에 이 말이 새겨져 있는 것을 볼 수 있었다.

필자는 이 말을 보는 순간 왜 호남뿐일 것인가, 영남, 충청, 강원, 제주 등 모든 지방이 마찬가지가 아닌가 하는 생각이 들었다. 그래서 그 비석 앞에서 우리는 '약무지방 시무국가(若無地方 是無國家)'를 외쳤다. '지방이 없으면 나라가 없다'고. 10년 전 일어난 지방분권국민운동의 핵심 구호였던 '지방이 살아야 나라가 산다'는 문제의식을 다시 한번 되새기면서.

수도권과 지방 간의 양극화가 갈수록 심화되고 지방의 침체가 지속되고 있는 대한민국의 현 상황을 만약 이순신 장군이 생환하여 보았다면 '약무호남 시무국가'란 말 대신 '약무지방 시무국가'란 장계를 대통령에게 올렸을 것이다. 1592년 임진왜란 당시 호남이 함락되었다면 나라가 없어졌을 것이라는 이순신 장군의 판단은 임란 420주년을 맞이하는 2012년 지금, 지방이 무너지면 나라가 무너진다는 인식으로 전환되어야 한다.

'무너지는 지방', '떠나는 지방'을 이대로 방치하면 나라의 장래가 어떻게 될 것인가? 수도권 특권과 프리미엄을 지키려는 수도권 이기주의를 버리지 못하고 중앙집권 – 수도권 집중체제를 고집하면 지방이 무너지고 나아가 수도권도 무너지고 마침내 나라가 망할 것이다.

노무현 정부에서 추진되어 오던 지방분권 정책이 이명박 정부에 들어와서 오히려 역행하고 있는 가운데 수도권 집중은 지속되고 있다. 노무현 정부 때 미약하나마 일시적으로 지켜졌던 '지방 먼저(Local First)'의 원칙이 이명박 정부에 들어와서 다시 '서울 먼저'로 되어 버렸다. 한국의 KTX는 수도권 분산을 촉진한 프랑스의 TGV가 아니라 수도권 집중을 가속화한 일본의 신칸센이 되어 버렸다.

2010 인구센서스 결과 수도권 인구가 전체인구의 49.0%를 차지했

다. 2015년에는 수도권 인구 비중이 50%를 넘을 전망이다. 생산성이 높은 청년층의 수도권 집중은 더욱 심각해질 것이다. 이대로 가면 가까운 장래에 지방과는 아무런 연고도 없고 지방에 대한 개념조차 없는 수도권 특권층 출신 엘리트들이 대한민국을 지배하는 심각한 상황이 벌어질 것이다.

2012년 대선은 망국의 길로 이끄는 중앙집권-수도권 집중체제를 해소하는 획기적 지방분권을 이룰 지방분권 개헌을 국가 의제로 제기하여 다음 정부에서 그것이 실현될 수 있게 하는 역사적 계기가 되어야 한다. 지방분권국가를 만들기 위한 지방분권 개헌을 통해 '일어서는 지방', '돌아오는 지방'이 되게 해야 한다.

2013년 체제라는 새로운 대한민국을 만드는 주요 국가비전을 설정하는 데 있어서 이미 복지국가가 국가 의제로 부상하였다. 여기에다 분권국가가 핵심적 국가 의제로 추가되어야 한다. 분권국가 의제는 '약무지방 시무국가'라는 문제의식에 따라 수도권과 비수도권이 함께, 온 국민이 함께, 실현해야 한다.

(영남일보, 아침을 열며, 2012.6.25)

09 | 지방분권을 국정지표로 설정하라

　　대한민국은 '서울공화국'이라는 말이 한때 유행한 적이 있다. 정치, 경제, 문화 등 국민의 삶에 영향을 주는 모든 요인이 서울에 집중되어 있고 대한민국 국민으로서 누리는 혜택이 서울에 편중되어 있는 현실을 비꼰 말일 것이다.

　　지금 서울이 아닌 모든 지역은 '시골'이고 쇠퇴하는 주변부에 불과하다. 어떤 사람들은 지방은 서울의 식민지라고 단언한다. 서울은 대한민국 영토의 극히 일부에 불과한데 어찌해서 대한민국이 '서울공화국'이 되었던가?

　　서울공화국의 역사적 근원은 조선시대까지 거슬러 올라갈 수 있다. 그러나 현재와 같은 극도의 서울집중 현상은 36년 동안의 일제 식민지 통치와 30년 동안의 개발독재라는 잘못된 역사적 유산에서 비롯된다.

일본 제국주의의 조선총독부는 서울을 기지로 해서 지방에 대한 수탈을 자행하였다. 각 지방에서 수탈된 경제잉여가 서울에 집중되고 이것이 일본으로 넘어갔다. 이에 따라 지방은 황폐화되는 반면 식민지 수도 서울은 흥청거렸다.

1960년대 이후 30여 년 동안의 개발독재체제에서 극도로 중앙 집중적인 군사독재정권이 추진한 정부주도형 경제발전 전략이 채택되었다. 그 결과 인적 및 물적 자원이 서울에 집중되었다. 사람과 돈이 지방에서 유출되어 서울에 집중된 것이다.

모든 주요한 국가의 의사결정이 중앙의 독재정권에 의해 이루어졌다. 그나마 지방의 이익을 대변할 가능성이 있는 국회는 거수기와 들러리에 불과하였다. 반민주적인 정치, 경제, 문화가 지배하였다. 이러한 반민주적인 개발독재가 한 세대 동안 지배함에 따라 서울과 지방의 격차가 날이 갈수록 확대되었다.

'국민의 정부'가 지금 내걸고 있는 국정지표는 민주주의, 시장경제, 생산적 복지라는 세 가지이다. 이 3대 국정지표와 함께 지방분권이 새로운 국정지표로 추가되어야 한다. 현 정부가 출범할 때에 김대중 대통령은 민주주의와 시장경제의 병행 발전을 국정지표로 설정하였다. 민주주의와 시장경제는 21세기 여명기에 지구촌의 문명화된 사회가 공통적으로 지향하는 세계적 표준이기도 하다.

IMF 경제위기를 계기로 대량실업이 발생하고 저소득 빈곤층 비중이 높아지자 정부는 생산적 복지를 새로운 국정지표로 추가하였다. 시장경제가 자동적으로 해결할 수 없는 복지를 합리적으로 확충하기 위해 '노동을 통한 복지'를 지향하는 생산적 복지를 구현하기 위한 정책대안을 마련 중인 것으로 안다.

그런데 적어도 지난 30년 동안 심화되어 온 과도한 중앙집중은 시장경제에 맡겨 놓아서는 자동적으로 해소될 수 없다. 원래 시장기구는 '부익부 빈익빈'을 초래하여 불평등을 심화시키는 경향이 있다. 이미 중앙집중이 크게 진전되어 있는 상태에서 경쟁과 수요공급의 원리에 따라 움직이는 시장기구에 맡겨두면 중앙집중이 더욱 심화되어 서울과 지방 간의 불평등이 더욱 확대될 수 있다. 따라서 지방분권을 위한 획기적인 제도개혁이 없으면 과도한 중앙집중이 시정될 수 없을 것이다.

지방자치를 실시한 지 5년이 되었다. 현재 지방자치는 단체장 직선 이외에 특별히 추진된 것이 없다 할 수 있다. 여전히 거의 모든 핵심적 의사결정권을 중앙정부가 틀어쥐고 있다. 아직까지 지방정부는 중앙정부가 기획하고 결정한 사항을 단순히 집행하는 하위 집행자에 불과하다. 그 결과 돈과 사람의 서울 집중은 완화되기는커녕 날이 갈수록 심화되고 있다.

21세기 지식기반경제에서 결정적인 요소인 지식과 정보가 여전히 서울에 집중되어 있다. 지방은 지식창출과 정보 생산 능력이 빈약하고 지식과 정보의 소비지로 전락되고 있다. 따라서 이대로 가면 공업화 시대에 심화되어 온 서울과 지방 간의 격차가 정보화 시대에도 더욱 확대될 가능성이 높다. 계층 간 및 연령 간 디지털 격차뿐만 아니라 지역 간 디지털 격차가 중대 문제로 떠오를 전망이다.

이런 까닭에 지방이 주변화되고 황폐화하는 것을 막기 위해서는, 지역 주민의 삶의 질을 높이기 위해서는, 지방분권을 국정지표의 하나로 설정하고 획기적인 분권과 정책을 실시해야 한다. 지식기반경제에서 지역경제의 발전에 핵심적 역할을 담당해야 할 지방대학을 육성하는 일, 지방정부에 대한 교부금을 크게 증가시키고 조세 징수권을 이양하는 재정분권을 실천하는 일, 행정분권을 추진하는 일, 자주적인 지역문화를 창달하는 일 등 정치, 경제, 교육, 문화 각 영역에서 내실 있는 분권화가 추진되어야 한다.

(내일신문, 내일논단, 2000.8.1)

10 | 민선 5기 지방정부 출범과 지방분권의 과제

2010년은 민선 5기 지방정부가 출범한 해다. 민선 1기가 출범한 이후 지금까지 지방분권은 조금씩 진전되어 왔지만, 그 정도는 아주 미흡하다. 여기서 지방분권이란 중앙정부의 권한을 지방정부에 이양하는 권한이양(devolution)의 측면과 수도권에 집중된 자원을 비수도권으로 분산시키는 자원분산(deconcentration) 측면 두 가지를 포함한다.

과거 노무현 정부 때는 권한이양보다 자원분산에 집중하였다. 행정중심 복합도시 건설과 공공기관 지방이전이 추진되었다. 권한이양은 소극적으로 추진되었다. 이명박 정부는 자원분산에 주력한 노무현 정부의 균형발전 정책을 비판하고는 권한이양에 주력하겠다고 선언하였다.

이명박 정부는 집권초기에 공공기관 이전 재검토를 발표하였으나 곧 철회한 바 있고, 행정중심 복합도시인 세종시 원안을 폐기하고 기업도시로 수정하려 했으나 국회 표결을 통해 부결되었다. 결국 노무현 정부 때 시작한 균형발전정책을 수정하거나 폐기하려는 시도는 좌절되었다.

그러는 사이에 이명박 정부는 자신이 원래 역점을 두겠다고 발표했던 권한이양에 소홀하였다. '지방분권' 확대를 주요 국정과제로서 추진해 왔지만, 지난 2년 반 동안 추진된 권한이양은 아주 미흡하다.

지금까지 추진된 권한이양은 사소한 것에 불과하다. 진정한 실질적 권한이양과 관련된 주요 의제는 2012년 하반기에 완료할 예정이다. 지방자치법 및 사무구분체계 관련 법령 개정, 중앙행정권한의 지방이양에서 기능중심의 포괄적 지방이양 추진, 지방교부세 법정률 인상, 특별행정기관의 제도 발전 모색, 자치경찰제의 전면실시, 자치입법권 확대를 위한 조례제정 근거규정 정비와 기관위임사무 폐지, 지방의회 인사권 독립 등을 정권 초기에 추진하지 않고 권력누수 현상이 나타날 정권 말기에 완료하는 것으로 계획되어 있다.

이 같은 시간 계획은 이러한 지방분권 정책들이 이명박 정부 아래에서 제대로 실시되기가 어려울 것임을 전망하게 하고 있다. 따라서 전국시도지사협의가 지방분권국가 실현을 위한 공동성명서에서, "현 정부는 출범초기 '지방분권 확대'를 주요 국정과제에 포함, 추진해 왔으나 집권 3년차에 이른 현재까지 실질적 조치가 미흡한 실정이다"고 주장한 것은 정당하다 하겠다. 이와 같이 지방분권 정책이 지체되고 미흡한 상황이 지속되면 지역 경쟁력의 획기적 강화를 기대하기 어렵고 대한민국의 '선진화'는 구호에만 그치고 말 공산이 크다.

21세기 글로벌화와 지식기반경제 시대는 대한민국이 선진적인 지방분권국가로 거듭날 것을 요청하고 있다. 현재 선진국인 OECD 국가들은 대부분 오래전부터 지방분권국가이었고 21세기에 들어와서는 더욱 강력한 지방분권국가를 만들기 위해 제도개혁을 하고 있다. 이명박 정부는 이러한 시대적 요청에 성실하게 응답하여 현재와 같은 소극적 추진 태도를 버리고 적극적으로 지방분권을 추진해야 할 것이다.

2000년대 초 지역 지식인과 지역시민사회 그리고 지방자치단체들이 협력해서 일으킨 지방분권운동, 국회에서의 지방분권 관련 3대법 제정, 노무현 정부 아래에서의 지방분권 정책의 실시 등 일련의 과정을 통해 지난 10년 가까이 추진된 1단계 지방분권 개혁은 중대 고비를 맞이하고 있다. 이명박 정부에서의 지방분권 개혁의 지체 현상을 보면서, 현재와 같은 미약한 개혁정책으로서는 선진 지방분권국가 실현이 요원할 것이라는 느낌을 지울 수 없다.

따라서 앞으로 보다 강도 높은 2단계 지방분권 개혁이 추진되어야 한다. 2단계 지방분권 개혁은 대한민국을 선진 지방분권국가로 전환시킨다는 관점에서 추진되어야 한다. 이를 위해서는 법률에 기초하여 추진된 1단계 지방분권 개혁을 넘어서 헌법에 기초하여 추진되는 2단계 지방분권 개혁이 의제에 올라야 한다. 과거 10년보다 차원을 달리하고 강도가 높은 미래 10년의 지방분권 개혁이 민선 5기를 맞이하는 2010년의 시점에서 일정에 올라야 한다.

2단계 지방분권 개혁 의제

2단계 지방분권 개혁 의제로서 다음과 같은 몇 가지를 제시할 수 있다.

첫째, 헌법에 대한민국이 지방분권국가임을 명시하는 개헌을 해야 한다. 헌법 제1조에 '대한민국은 지방분권국가이다'는 규정을 해야 한다. 이러한 규정에 따라 모든 관련 법률이 헌법에 따라 개정 혹은 제정되어야 한다. 대한민국은 민주공화국임과 동시에 지방분권국가라는 헌법 조항에 기초하여, 국방과 외교 및 거시경제정책 등을 제외한 모든 국정이 분권의 원리에 따라 운영되어야 한다는 것을 밝혀야 한다.

현재 정치권의 권력구조 관련 개헌논의는 '분권형 대통령제'와 같이 대통령과 총리 간의 분권 문제에 국한되어 있는데, 중앙집권－수도권집중체제의 모순이 심화되어 국정의 비효율이 초래되고 있는 한국 현실에서, 보다 더 중요한 문제는 중앙정부와 지방정부 간의 분권 문제이다. 제왕적 대통령제 문제는 대통령과 국무총리 간의 분권 차원보다는 지방분권 원칙에 따른 대통령과 시도지사 간의 분권 차원에서 해결해야 한다. 마찬가지로 국회와 지방의회 간의 입법권의 분권도 이루어져야 한다. 이와 같은 지방분권형 개헌 논의가 공론화되어야 한다. 지방분권형 개헌은 남북연합이나 연방제 형태의 통일과 같은 남북통일에 대비하는 길이기도 하다는 점에서 큰 의미를 가진다.

둘째, 지방분권형 개헌의 또 다른 내용으로서 상원제를 도입하여 양원제 국회를 운영해야 한다. 지방에서 수도권으로 인구유출이 멈출 줄 모르고 2015년경에 인구의 절반 이상이 수도권에 살게 될 것이라

는 예측을 고려할 때, 현재 지역구 인구에 기초하여 정해지는 소선거
구제에서 구성되는 단원제 국회만으로는 지방의 문제를 다루는 데
한계가 명백하다. 따라서 지방분권과 국가균형발전 문제 관련 입법과
정책 문제를 집중적으로 다루는 상원을 둘 필요가 있다.

1단계 지방분권 과정에서 지방분권운동의 전국조직인 '지방분권국
민운동'은 강력한 국가균형발전 정책 입안과 추진을 위해서 (가칭)국
가균형원 설치를 제안한 바 있다. 그 기본정신은 상원 설치 취지와
같다. 지역인구 크기에 기초하여 구성되는 현행 단원제 국회는 아무
래도 수도권 의원에 의해 좌우될 가능성이 앞으로 점차 높아질 것이
다. 이러한 단원제 국회에서 지방분권과 국가균형발전과 같은 전국적
지방문제에 대한 올바른 해법을 기대할 수 없을 것이다. 상원이 도입
되면 단원제 국회 아래에서 나타나는 극단적 대결을 완화할 수 있는
장점도 있다.

따라서 현행 광역자치단체 단위로 동일한 일정 수의 상원의원을
선출하여 구성하는 상원을 현재의 국회와 함께 두는 양원제를 실시
하고, 전국적 지역문제는 상원에서 다루도록 하는 것이 합리적일 것
이다. 상원을 두는 대신 현재의 국회의원 정수를 줄여서 전체적으로
국회의원수가 늘어나지 않도록 하면 국가의 재정부담도 크게 늘지
않을 것이다.

셋째, 정부에 지방분권위원회를 두고 이에 상응하여 국회에 지방
분권특별위원회를 설치하여 지방분권을 강력하게 추진해야 한다. 정
부의 지방분권위원회에는 지방정부와 지역 경제계 및 시민사회를 대
표하는 인사가 위원으로 균형되게 포함되어야 한다. 노무현 정부에서
설치되었던 정부혁신지방분권위원회에서는 지방분권 의제가 정부혁

신 의제에 밀려 지방분권이 소극적으로 추진되었다. 이명박 정권에서는 그 위원회를 그보다 더 약화된 형태의 지방분권촉진위원회로 바꾸었기 때문에 지방분권 정책이 실효성 있게 추진되지 못하고 있다. 따라서 지방분권 정책 수립을 전담하는 지방분권위원회를 정부 내에 두고 국회 내에는 이에 상응하는 지방분권특별위원회를 두어 행정부와 입법부가 공동으로 지방분권 관련 입법을 하고 정책을 추진할 수 있도록 해야 할 것이다.

넷째, 지방재정을 획기적으로 확충할 수 있는 재정분권 정책을 실시해야 한다. 먼저 2010년 도입된 지방소득세를 중앙정부와 지방정부 간의 공동세 방식으로 개혁하여 세원과 조세수입 면에서 부유한 지방정부로부터 빈곤한 지방정부로 재분배할 수 있도록 해야 한다. 즉, 전체 소득세 중 지방정부에 귀속되는 비율을 지방정부의 세수 크기에 따라 차등하도록 설계하여 지방정부 간 재정불균형을 시정해야 한다. 아울러 지방소비세의 경우, 부가가치의 5%를 일률적으로 지방에 귀속시키는 현행 제도를 개혁하여, 부가치가세의 20% 정도를 지방정부 재정력에 따라 차등 적용하여 지방소비세로 전환시켜야 한다.

아울러 사회복지 분야 지방이양사무에 대해 재원도 함께 이양하여 지방정부의 복지예산 지출 증대 요구에 따른 재정 압박을 줄어야 한다. 현재 사회복지 분야 국가사무가 지방으로 이양되고 있지만, 사무 이전에 상응하는 재원이전이 이루어지지 않자, 지방정부에서는 지방사무를 국가사무로 환원해야 한다고 주장하고 있는 실정이다.

육아, 양로, 교육, 의료 등 사회복지 서비스는 지방정부가 시설과 인력을 갖추고 현물 서비스 형태로 급부해야 하므로 지방정부가 스스로 이 업무를 기획하고 실행해야 마땅하다. 그런데 문제는 이 사회복지 사무의 재원을 국가가 부담하지 않고 지방정부에게 전가하고 있다는 것이다. 국가가 재원을 보장하는 지방사무로서의 사회복지 사무가 수행되어야 한다. 이럴 때 진정한 의미의 복지공동체(welfare community)가 지방정부 수준에서 실현될 수 있을 것이다.

마지막으로, 산업자치가 가능하도록 초광역경제권 단위에 상응하는 광역행정조직을 설치하고, 현행 기초자치단체의 기본 골격을 유지하며, 읍·면·동 단위의 주민자치가 가능하도록 지방행정체제를 개편해야 한다. 특히 현재 경제권과 광역행정단위가 상이하여 행정 비효율이 초래되고 있을 뿐만 아니라 글로벌 경쟁력을 가질 수 있는 경제권을 형성할 수 있는 광역행정이 이루어지기 못하고 있기 때문에, 광역행정체제를 개편하는 것이 중요하다. 예컨대 대구경북, 광주전남, 대전충남, 부산울산경남 등은 행정통합을 통해 경쟁력 있는 지역경제권을 형성해야 한다. 이러한 지역경제권 내에서 지역혁신체제를 구축하여 글로벌 경쟁력을 갖춘 지속 가능한 지역경제를 실현해야 한다.

(전국시도지사협의회, 『시도뉴스레터』, 2010년 11·12월호)

11 | 다시 지방분권을 국가의제로

        대구·경북을 비롯한 전국 각 지역 각계각층의 인사들이 '지방에 결정권을, 지방에 세원을, 지방에 인재를, 지방에 일자리를'이란 구호를 내세우며 지방분권운동의 횃불을 치켜든 지도 벌써 5년이 되었다.

    이러한 운동의 힘과 참여정부의 정책의지에 기초하여 지방분권과 국가균형발전이 가장 중요한 국가적 의제 중의 하나로 설정되고 지방분권특별법과 국가균형발전특별법 등이 제정되어 관련 정책들이 수립되고 실행되었다. 지방분권과 지역혁신을 통한 국가균형발전이란 새로운 발전 패러다임이 시도되었다.

    2003년 이후 현재까지 949건의 국가사무가 지방사무로 이양되었다. 분권교부세와 국가균형발전특별회계가 도입되어 지방정부 재정의 자율성과 책임성이 높아졌다. 아울러 주민투표제와 주민소환제가 도입되어 풀뿌리 민주주의 정착의 길이 열렸다.

　공공기관 지방이전과 혁신도시 건설, 행정중심 복합도시 건설 등이 추진되었다. 지역발전을 위한 민관 협의 기구인 지역혁신협의회의 설치, 혁신클러스터 및 신활력지역 사업, 지방대학 육성을 위한 누리 사업, 지역인재 채용목표제의 도입 등 균형발전을 위한 크고 작은 정책들이 실시되었다.

　그동안 수도권 주민과 지방 주민 간, 중앙정부와 지방정부 간에 지방분권과 국가균형발전을 둘러싼 대립과 갈등이 있었다. 수도권에서 지방으로의 자원분산 정책들에 대해 지방 사람들은 지방을 살리고 나라를 살리는 길로 받아들였지만, 수도권 사람들은 수도권을 위축시키고 국가발전을 저해하는 것으로 보았다.

　중앙정부에서 지방정부로의 권한이양에 대해 지방공무원들은 지방정부의 자율성과 역량을 높이는 계기로 본 반면 중앙공무원들은 정부 효율성 저하와 예산낭비를 우려하였다. 공공기관 지방이전과 같은 정책들이 과연 지방을 살릴 수 있을까, 지방정부에 권한을 이양하는 것이 과연 효율적일까 하는 회의론이 제기되어 왔다.

　이러한 대립 갈등과 회의론에도 불구하고 중앙집권 수도권 일극발전체제의 한계와 이를 극복하기 위한 지방분권 다극발전체제의 필요성에 대한 국민적 공감대가 폭넓게 형성되었다. 지방분권과 국가균형발전은 거스를 수 없는 시대정신이 되었다.

　하지만 그동안 추진된 지방분권과 국가균형발전 정책에 적지 않은 오류와 한계가 있었다. 이를 인정하고 수정 보완하려는 자세 없이 요지부동의 대못을 박았다고 호언만 하는 것은 잘못이다. 그렇다고 이러한 시대정신을 망각하고 그 대못을 뽑아버리겠다고 한다면 그것은 더 큰 잘못일 것이다.

2007년 대선에서 다시 지방분권을 국가 의제로 설정할 수 있도록 해야 한다. 이때 지방분권이란 개념에는 중앙정부에서 지방정부로의 권한 이양과 수도권에서 비수도권으로의 자원분산이란 두 측면이 포함되어 있다. 이러한 의미의 지방분권이 제대로 추진되어 그것이 목표로 하는 바 지방을 살리고 나라를 살리기 위해서는 참여정부가 깔아 놓은 토대를 다지면서 훨씬 강도 높은 정책을 실시하지 않으면 안 될 것이다.

무엇보다 먼저 그동안 법률수준에서 추진된 지방분권의 한계가 분명해졌으므로 헌법수준에서 그것을 추진해야 한다. 선진국 중 가장 심한 중앙집권 수도권 집중 국가인 프랑스가 그랬던 것처럼 대한민국이 지방분권 국가임을 명시하는 개헌이 이루어져야 한다. 이러한 헌법의 원리에 따라 각종 법률이 제·개정되어야 한다.

지방행정의 자율성을 확보하기 위해서 기초단체장 정당공천제가 폐지되어야 한다. 지방소비세 도입 등 재정분권을 강화해야 한다. 대통령 자문기구인 국가균형발전위원회를 부총리급을 장으로 하는 행정기구인 '국가균형원'으로 전환시켜야 한다. 영남권, 호남권, 중부권 등에 수도권에 버금가는 초광역경제권을 형성시켜야 한다.

균형발전정책을 포함한 지방분권 정책의 성공을 나타내주는 최종적 지표는 수도권 인구의 감소와 지방 인구의 증가일 것이다. 그동안의 정책에도 불구하고 수도권으로의 인구 유입은 계속되고 있고 2011년에는 수도권 인구가 50%를 넘을 전망이다. 앞에서 제시한 방향으로 다시 지방분권을 국가 의제로 설정하여 강력히 추진해야 지방에 인재와 돈이 몰리고 '지방이 희망이다'라는 말을 할 수 있을 것이다.

(매일신문, 이슈포럼, 2007.10.2)

12 | 지방분권운동, 21세기 국가개혁의 원동력

　　　　　'무너지고 있는 지방', '빈사 상태에 빠진 지역경제', '가라앉고 있는 지방대학', '눈덩이처럼 커지는 지방정부 부채', '각박해지고 있는 지역사회', '해소될 기미를 보이지 않는 지역갈등', 이것이 전국 거의 모든 지역의 현주소이다. 한마디로 지역은 총체적 위기 상황에 있다. 서울과 지방 간의 격차가 날이 갈수록 확대되고 있고, 개발독재 시대에 형성된 서울 일극 집중이 IMF 경제위기 이후 가일층 심화되고 있다. 특히 21세기 '신경제'를 움직이는 두 바퀴인 정보통신산업과 금융산업의 서울 집중 심화는 지역경제의 앞날을 매우 어둡게 하고 있다.

　　대한민국이 '서울공화국'이 된 지 이미 오래되었고 한국인은 서울 사람과 지방 사람이란 '두 개의 국민'으로 분할될 조짐마저 보인다. 자치단체와 지역기업들이 안간힘을 쓰고 있음에도 불구하고 거의 모

든 지역경제는 그 위상이 갈수록 위축되고 지역주민의 일터와 삶터
가 황폐화될 위기 앞에 직면해 있다. 이러한 구조적 모순을 타파하고
지역과 나라의 위기를 극복할 수 있는 길은 바로 지방분권운동이다.

1. 지방분권운동은 지역을 살리고 나라를 살리는 운동이다

현재 서울과 수도권은 과잉, 과밀현상으로 엄청난 낭비와 비효율
이 초래되고 있는 반면, 지방은 부족과 과소로 침체의 수렁으로 빠져
들고 있다. 중앙집권·서울집중체제는 지방과 서울의 경쟁력을 모두
떨어뜨리고 있으며, 지방 주민과 서울 주민의 삶의 질을 함께 떨어뜨
리고 있다. 지방분권은 중앙정부에서 자치단체로 권한을 이양하고 서
울·수도권에서 지방·비수도권으로 자원을 분산시키는 과정이다.
이러한 지방분권을 통해 지방이 결정권을 가지고 서울과 수도권의
과잉과 과밀이 해소되면 국가 전체의 경쟁력 강화는 물론, 지방민과
수도권주민의 삶의 질을 다 같이 높일 수 있다. 말하자면 서울이 다
이어트를 해야 서울과 지방이 함께 건강하게 발전할 수 있다. 이런
까닭에 지방분권운동은 세계화 시대에 부응하여 지방·비수도권과
서울·수도권을 동시에 살리는 상생의 운동이다.

2. 지방분권운동은 대안적 발전운동이다

지방분권운동이 단순히 중앙정부로부터 자치단체로 권한 몇 개를
더 이양하고 서울에 집중된 자원을 지방으로 좀 더 분산하자는 운동
에 머문다면 군이 이를 사회운동 차원에서 전개할 필요가 없을 것이

다. 지방분권운동은 '지방분권－주민자치－지역혁신'을 통한 지역경제의 내생적 발전을 추진하려는 운동이다. 더 나아가 지방분권운동은 '참여－연대－생태'라는 기본가치를 지향하는 지역의 내생적 발전 (endogenous development)을 도모하려고 한다는 점에서 대안적 발전 (alternative development) 운동이다. 대안적 발전모델은 주민중심적(people-centred)이고 공동체 지향적(community-oriented)이며 지속 가능한(sustainable) 발전모델이다. 이러한 대안적 발전모델은 한국에서 21세기 새로운 지역발전모델일 뿐만 아니라 국가발전모델이기도 하다. 따라서 장기적으로 지방분권운동은 국가경영패러다임을 바꾸는 운동이다.

3. 지방분권운동은 새로운 사회운동이다

한국사회에서는 계층이익과 별개로 지역이익이 독자적으로 존재한다. 현재 지역이익의 대립은 서울·수도권과 지방·비수도권 간, 영남과 호남 간을 비롯한 지역 간에 존재하지만, 서울·수도권과 지방·비수도권 간의 이해 대립이 더욱 중요한 갈등 요소가 되고 있다. 지방분권운동은 일차적으로 중앙정부와 자치단체 간의 이해 대립, 서울·수도권과 지방·비수도권 간의 이해 대립에 기초하여 전개된다. 따라서 지방분권운동은 지방·비수도권의 각 지역들 간, 자치단체들 간의 연대에 기초하여 추진될 것이다. 지방·비수도권 각 지역 내의 분권운동은 2차적 과제로 추진될 것이다. 이러한 분권운동은 세계 어디에도 유례 없는 과도한 중앙집권과 서울집중 현상을 보이고 있는 한국에서 지역주민의 삶의 질을 높이는 사회운동으로 그 위상이 부여될 것이다. 지방분권운동은 중앙집권·서울집중체제에서 비롯되는 중앙과 지방, 서울·수도권과 지방·비수도권 간 심각한 불평등과 차별을 타파하려는 새로운 사회운동이다.

4. 지방분권운동은 정치·경제·교육·문화운동 등 사회 전반에 걸쳐 전개되는 총체적 사회개조운동이다

대부분의 지역경제는 침체의 늪에서 헤매고 있으며 새로운 일자리를 창출할 유망한 미래산업과 미래 비전이 없다는 점이 위기 상황을 말해준다. 지역경제의 위기는 실물부문의 침체뿐만 아니라 금융부문의 심각한 위축으로 나타나고 있다. 지방대학의 위상은 갈수록 떨어지고 있고 서울소재 대학과 지방대학 간의 교육자원 격차가 갈수록 심화되고 있어, 지식기반경제에서 지역발전의 중심축이 되어야 할 지방대학의 위기는 가속화되고 있다. 지역문화를 꽃피울 인적, 물적 자원이 빈약하기 그지없다. 문화가 곧 경쟁력이 되는 21세기에 지역문화의 빈곤은 지역의 앞날을 어둡게 하고 있다. 설상가상으로 지역언론도 빈사 상태에 있다. 이를 극복해야 할 지역정치는 중앙정치에 종속되어 지역발전을 위한 새로운 비전을 제시하지 못한 채 무기력증에 빠져 있으며 오히려 지역발전에 걸림돌이 되고 있다. 이러한 지방의 총체적 위기를 타개하기 위한 지방분권운동은 한국사회를 전면적으로 재편하는 총체적 사회개조운동일 수밖에 없다.

5. 지방분권운동은 주민자치운동 및 지역혁신운동과 보완성을 가지는 운동이다

지방분권운동이 지역발전을 가로막고 있는 중앙집권·서울집중체제라는 구조에 대한 개혁운동을 의미한다면, 지역혁신운동은 지역발전을 저해하는 낡은 패러다임을 창조적으로 파괴하는 주체개혁운동을 의미한다. 이러한 구조개혁과 주체의 혁신은 맞물려 있다. 지방분권이란 구조개혁이 있어야, 지역혁신이란 주체의 혁신이 가능하고 지역혁신이 있어야 실질적인 지방분권을 실현할 수 있다. 지역혁신을 통한 지역 주체들의 능력 향상이 없으면 지방분권을 획득하고 유지할 수 없다. 주민자치운동은 지역수준에서 참여민주주의를 실현하는 운동이다. 주민자치와 지방분권이 결합되어야 지방정부와 지방의회는 주민들에게 더 좋은 정치·행정서비스를 제공할 수 있고 이에 따라 주민들로부터 그 민주적 정당성을 확보해 갈 수 있다.

6. 지방분권운동은 대안적 발전을 추구하는 지역 내외의 각계각층이 참가하는 계층연합·지역연합 운동이다

지역 내에서 지방분권운동은 지방분권에 동의하는 각계각층이 동참하는 운동이 되어야 한다. 지방분권운동은 대안적 발전모델을 지향하는 주민자치운동, 환경운동, 여성운동 등과 결합되어야 한다. 그것은 기존의 개발지상주의적 성장연합(growth coalition)과는 다른 참여·연대·생태의 가치를 지향하는 대안적 발전연합(alternative development coalition)에 기초하여 전개되어야 한다. 그리고 지방분권운동은 지역 내 대안적 발전연합의 지역 간 네트워크를 통해 이루어지는 지역연합운동이다. 요컨대 지방분권운동은 대안적 발전모델을 추구하는 계층연합·지역연합 운동이다.

7. 지방분권운동의 철학은 지역의 자기결정과 자기책임에 기초한 자주관리이다

지역의 일은 해당 지역이 스스로 결정하고 그 결정에 대해 스스로 책임을 짐으로써 자기 지역을 스스로 관리해 가는 것, 이것이 지방분권운동의 철학이다. 이러한 철학에 기초한 지방분권운동의 기본방향은, '지방에 결정권을, 지방에 세원을, 지방에 인재를'이라는 3대 기조에 따라서 전개되어야 한다. 지방에 결정권이 주어지고 지방에 세원이 확충되며 지방에 인재가 모여야 자기결정과 자기책임에 기초한 자주관리 사회를 지향할 수 있다. 각 지역의 자기결정권은 지역 간 협력을 전제로 한다. 지역 간 협력 없는 각 지역의 독자결정은 지역 간 분열과 대립을 초래할 것이다. 따라서 자기결정권과 자기책임을 가지는 지역들 간의 자유로운 연합과 자율적 협력을 통한 새로운 공동체 사회의 형성, 이것이 바로 지방분권운동이 장기적으로 지향하는 새로운 사회의 비전이다.

(대구은행, 『대은경제리뷰』 제181호, 특별시론, 2002.10.31)

13 | 지방분권과
지역경제발전

대구지역 경제의 침체가 끝이 보이지 않는다. 비단 대구뿐만이 아니라 전국의 거의 모든 지역경제가 마찬가지다. 이보다 더욱 심각한 것은 지역의 미래산업이 없다는 점이다. 21세기 신경제의 두 바퀴에 해당하는 정보기술(IT)산업과 금융산업은 취약하기 짝이 없다. 이는 지역경제의 미래 비전이 없음을 의미한다.

이처럼 지역경제가 위기에 처해 있는 까닭은 크게 두 가지를 들 수 있다. 하나는 과도한 중앙집권과 서울집중 때문이며, 다른 하나는 지역의 혁신능력 부족 때문이다. 전자가 구조적 요인이라고 한다면 후자는 주체적 요인이다. 여기서 더 중요한 요인은 세계적으로 그 유례를 찾을 수 없는 중앙집권과 서울집중이다. 지역혁신능력 부족도 어느 정도는 이러한 중앙집권－서울집중체제 때문이다.

인구의 절반이 수도권에 살고 있으며 수도권이 지역 총생산의 절반을 차지하고 있다. 정보통신산업 가운데 지식기반적 성격이 강한 소프트웨어 관련 기업의 80%가 수도권에 밀집해 있다. 지역에서 테크노파크를 설립하여 벤처기업 육성을 위해 안간힘을 쓰고 있고 산학연협동체제 구축을 위해 애를 쓰고 있지만, 유망한 지역 벤처기업은 극소수에 불과하고 그나마 조금 성장하면 서울로 옮겨가 버린다.

그렇다면 왜 서울에 자원이 집중되는가? 거의 모든 중앙행정기관이 서울에 있고 그 중앙행정기관이 국정의 핵심적 결정권을 독점하고 있으며, 조세의 대부분이 국세로 징수되고 있고, 교육과 문화의 향유 기회와 취업기회가 서울에 집중되어 있기 때문이다. 나아가 정치, 경제, 문화 등 사회의 모든 영역에서 구상 및 기획기능과 중추관리기능이 서울에 독점되고 있기 때문이다.

지역경제의 위기가 주로 이러한 중앙집권－서울집중체제에서 비롯되고 있다는 진단이 올바르다고 한다면, 지역경제 회생을 위한 처방은 일차적으로 지방분권에서 찾아야 할 것이다.

지방분권은 지방으로의 경제력 분산, 행정과 재정의 분권, 교육과 문화의 분권을 의미한다. 지방분권화란 서울 일극 집중의 '집권적 집중체제'에서 지역중심의 '분권적 분산체제'로 전환되는 과정이다. 결정권이 중앙정부에 있는 집권체제로부터 결정권이 지방으로 이양되는 분권체제로, 집행권이 중앙정부에 있는 집중체제로부터 집행권이 지방정부에 있는 분산체제로 체제개혁이 이루어지는 것이 지방분권이다.

지역경제발전을 위해서 지방분권은 반드시 지역혁신과 결합되어야 한다. 지역혁신은 지역의 대학, 기업, 정부, 연구기관을 포함하는 지역혁신체제(regional innovation system)의 구축, 정치, 경제, 문화 등 지역사회의 총체적인 시스템 혁신을 의미한다. 그것은 창의성 있는 인적자원을 개발하는 과정이고, 지역주민들이 주체적으로 낡은 패러다임을 파괴하고 새로운 패러다임을 창조하는 과정이며, 낡은 가치관을 가진 기득권층으로부터 새로운 가치관을 가진 혁신주도층으로 지역 리더십이 교체되는 과정이다. 이러한 '창조적 파괴'를 통해 지역의 새로운 발전 메커니즘을 구축하려는 것이 지역혁신의 목표이다.

그런데 지방분권 없이 지역혁신이 있을 수 없고 지역혁신 없이 지방분권이 제대로 추진될 수 없다. 지방이 결정권을 가지지 못하면 독자적인 지역혁신시스템을 구축할 수 없다. 지방분권은 지역혁신의 정치적 전제조건이다. 지역이 혁신되지 않으면 지방분권을 획득하고 유지할 수 없다. 지역혁신체제는 지방분권의 경제적 토대이다. 이처럼 지방분권과 지역혁신은 맞물려 있지만, 지방분권이 선행되어야 한다. 지방의 자주성 없이는 지역의 혁신능력이 함양될 수 없고, 지방에 인적·물적 자원이 모이지 않으면 지역혁신을 추진할 수 없기 때문이다.

지역경제발전을 위한 지방분권 정책의 기본 방향은 다음과 같이 설정되어야 한다.

첫째, '지방에 결정권을.' 결정권이 중앙에서 지방으로 이양되는 '분권적 분산체제' 구축을 위한 행정개혁을 해야 한다. 현행과 같은 기관위임 사무 중심의 중앙권한 지방이양은 집행권만 지방에 내어주고 결정권은 중앙정부가 가지는 중앙집권체제의 새로운 형태에 불과하다. 따라서 국방, 외교, 거시경제정책, 국토종합관리 등을 제외한 행정은 대폭 그 결정권을 지방에 이양하는 진정한 분권으로 나아가야 한다. 특히 교육, 복직, 문화 등에 관한 결정권을 자치단체에 이양해야 한다.

둘째, '지방에 세원을.' 세원을 국가에서 지방정부에 귀속시키는 재정분권이 이루어져야 한다. 지방세 비중이 20%에 불과하여 '2할 자치'로 표현되는 지방재정을 개선하기 위해서는 국세를 지방세로 이양하는 세원 재배분이 이루어져야 한다. 그리하여 세입의 자치와 세출의 자치가 이루어져야 한다. 물론 이때 자치단체 간 세원 불균등을 시정하는 재정조정제도를 도입해야 한다. 재정분권은 지방자치 실현과 지역혁신 추진의 절대적 전제조건이다. 재정분권과 재정조정을 위해서는 예컨대 소득세를 중앙정부와 지방정부가 분할하는 공동세 제도를 도입할 필요가 있다.

셋째, '지방에 인재를.' 인재가 지역에 모일 수 있는 획기적 개혁조치를 해야 한다. 우수한 인적자원의 존재는 지역혁신의 필수적 전제조건이다. 지방대학 육성은 지역에 인재를 모으기 위한 중요한 방책이다. 인재가 지역에 모이기 위해서는 지역에서 연구전문직으로 취업할 기회가 크게 확대되어야 한다. 사법시험, 행정고시 등 각종 국가시험을 지역 인구 비례로 선발하는 인재지역할당제는 인구의 서울집중을 막고 지역에 인재를 모이게 하는 데 효과적인 정책수단이 될 것이다. 중앙행정기관의 지방이전, 국가연구기관의 지방이전은 행정, 관리, 연구, 전문직 인적자원의 지역 결집을 촉진할 것이다.

이러한 획기적인 지방분권 정책을 통해 튼튼한 지역혁신체제를 구축하여 자생력과 창출능력을 갖춘 내생적 발전(endogenous development)을 추구할 때, 지역경제의 밝은 미래를 전망할 수 있을 것이다.

(산학경영기술연구원, 『산학리뷰』, 산학칼럼, 126호, 2001.10.30)

14 │ '비대한 서울'이 다이어트해야 지방이 산다

　　새해에는 지난해 불을 댕긴 지방분권운동이 활기를 띠는 한 해가 될 것이다. 지난 2001년은 우리나라 지방분권 운동의 원년이었다. 지방분권을 요구하는 지식인과 시민사회단체들의 성명과 선언이 전국 곳곳에서 봇물처럼 터져 나왔다. 지금 왜 지방분권이 화두가 되고 있을까?

　지방자치가 실시된 지 10년이 지났지만 지금의 지방자치는 결정권과 세원은 물론 인재도 없는 껍데기 자치로 전락하고 있기 때문이다. 이처럼 내실 없는 지방자치는 무엇보다 지방분권이 이뤄지지 않고 있기 때문이다. 또한 서울과 지방 간의 불균형이 갈수록 심화되고 있는 주된 이유도 여기에 있다. 이러한 까닭에 지방분권 없는 지방자치 없고, 지방분권 없는 지역균형발전 없다는 말이 성립하는 것이다.

　지방분권이란 말에는 중앙정부에서 자치단체로의 권한 이양과 서울에서 지방으로의 자원 분산이라는 두 가지 측면을 포함한다. 지방에 사람과 돈이 모이고 행정과 재정에서 결정권이 지방자치단체로 이양되는 것이 지방분권이다.

현재와 같이 결정권을 중앙정부가 독점하고 정치·경제·사회·문화 등 각 부문의 핵심적인 구상과 기획기능이 거의 서울에 집중되는 한 사람과 돈이 서울에 모여들 수밖에 없다. 이에 따라 서울은 갈수록 비대해지고 있지만 지방은 갈수록 황폐화되고 있다.

세계적으로 그 유례를 찾아볼 수 없는 우리나라 중앙집권·서울집중 체제는 지방과 서울을 모두 위기에 빠뜨리고 있다. 지방은 영양실조로, 서울은 비만으로 생명이 위태롭다. 서울의 비만증은 지방의 자원을 닥치는 대로 집어삼켜 영양이 과다했기 때문이다. 반면 지방의 영양실조는 서울로 막대한 자원이 유출됐기 때문이다.

지방분권이라는 처방을 통해 서울의 비만증과 지방의 영양실조를 한꺼번에 치료해야 한다. 말하자면 서울의 다이어트와 체중감소가 서울과 지방을 살리는 길이다.

그러나 그동안 경과를 보면 서울이 스스로 다이어트를 할 것 같지 않다. 아니 다이어트는커녕 갈수록 더 많은 지방의 자원을 집어삼키려 하고 있다. 그렇다면 지방에 살고 있는 지역 주민들이 지방분권운동을 전개하여 지방도 살리고 서울도 구제해야 한다.

2002년 새해에는 '지방이 살아야 나라가 산다'는 인식 아래, 전국 각 지역 각계각층이 하나로 뭉쳐 '지방에 결정권을', '지방에 인재를' 이란 슬로건을 내걸고 강력한 지방분권운동을 전개해야 할 것이다. 지역과 나라를 살리는 구국의 지방분권운동에 지방의 주민뿐만 아니라 서울의 주민도 마땅히 동참해야 한다.

(경향신문, 메일@지방, 2002.1.3)

15 | 서울과 지방
함께 살리려면

　　'지방이 살아야 나라가 산다', '지방에 결정권을, 지방에 세원을, 지방에 인재를' 이는 지금 전국 각 지역에서 요원의 불길처럼 일어나고 있는 지방분권운동이 내걸고 있는 슬로건이다. 지난 11월 7일 경북대학교에서 지방분권국민운동 창립대회가 개최되었다. 대구·경북, 광주·전남, 부산·경남, 전북, 대전·충남, 충북, 강원 등 전국 7개 지역 운동본부와 경실련이 연합한 전국조직이 출범함에 따라 바야흐로 지방분권운동이 국민운동으로 발전하고 있다.

　이회창·노무현·권영길 등 세 대통령 후보들도 이 운동에 찬동하여 지방분권 국민협약서에 서명을 했다. 지방분권특별법·지역균형발전특별법·지방대학육성특별법 등 지방 살리기 3대 입법을 제정하고 지방분권을 추진할 기구를 설치해 획기적인 지방분권을 실현하겠다는 협약을 지방분권국민운동 측과 체결한 것이다. 지방분권 국민협약에 서명한 대통령 후보들이 과연 약속을 지킬지 두고 볼 일이다. 아니, 두고 볼 것이 아니라 전국 각 지역 각계각층의 국민들이 지방분권운동에 동참해 차기 정권에서는 기필코 획기적인 지방분권을 성취해야 할 것이다.

지방분권운동은 어떤 운동인가. 우선 중앙정부에서 자치단체로 권한을 이양하고 서울·수도권에서 지방·비수도권으로 자원을 분산시켜 지방을 살리고 서울도 살리려는 상생의 운동이다. 현재 서울과 수도권은 과잉과 과밀로 엄청난 낭비와 비효율이 초래되고 있고 지방은 부족과 과소로 침체의 수렁으로 빠져들고 있다. 중앙집권—서울집중 체제가 지방과 서울의 경쟁력을 모두 떨어뜨리고 있으며, 지방 주민과 서울주민의 삶의 질을 함께 떨어뜨리고 있기 때문이다.

지방분권을 통해 지방이 결정권을 가지고 서울과 수도권의 과잉과 과밀이 해소되면 국가전체의 경쟁력이 높아질 수 있으며, 지방민과 수도권 주민의 삶의 질을 다 같이 높일 수 있다. 말하자면 서울이 다이어트를 해야 서울과 지방이 함께 건강하게 발전할 수 있다. 뿐만 아니라 지방분권운동은 지금까지의 한국사회의 발전모델과는 다른 대안적 발전모델을 추구하는 운동이다. 지방분권운동은 단순히 중앙정부로부터 자치단체로 권한 몇 개를 더 이양하고 서울에 집중된 자원을 지방으로 좀 더 분산하자는 운동이 아니다. 오로지 지방의 밥그릇만 늘리자는 지역이기주의 운동이 결코 아니다.

지금 한국에서 일어나고 있는 지방분권운동은 '지방분권—주민자치—지역혁신'을 통한 지역경제의 내생적 발전을 추구하는 운동이다. 더 나아가 지방분권운동은 '참여—연대—생태'라는 기본가치를 지향하는 지역발전을 도모하려고 한다는 점에서 대안적 발전운동이다. 대안적 발전모델은 주민 중심적이고 공동체 지향적이며 지속 가능한 발전모델이다. 이런 대안적 발전모델은 한국에서 21세기 새로운 지역 발전모델일 뿐만 아니라 국가발전모델이기도 하다. 따라서 장기적으로 지방분권운동은 국가경영 패러다임을 바꾸는 운동이다. 자기결정권과 자기책임을 가지는 지역들 간의 자유로운 연합과 자율적 협력을 통한 새로운 공동체 사회의 형성, 이것이 바로 지방분권운동이 장기적으로 지향하는 새로운 사회의 비전이다.

(중앙일보, 마이너리티의 소리, 2002.12.13)

16 | '지방 살리기'는 '서울 죽이기'인가

　　　　　　최근 통계청은 2010년경에 수도권 인구가 전 국민의 50%에 도달할 것이라고 발표하였다. 2030년에는 더욱 증가하여 53.9%가 될 것이라고 한다. 국토 면적의 11.8%에 불과한 수도권에 2005년 현재 48.3%의 인구가 살고 있다.

　왜 이처럼 수도권으로 인구가 집중하는가. 그것은 두말할 필요 없이 좋은 일자리, 사업 기회, 대학, 문화시설이 수도권에 집중되어 있기 때문이다. 국가 공공기관, 주요 대기업 본사, 명문대학, 고급 문화시설 등 중추관리기능과 사회 각 분야의 거의 모든 최고급을 서울과 수도권이 독점하고 있는 '수도권 독점체제'가 성립하고 있다.

　수도권 집중을 막고 지방 분산을 촉진하기 위해 역대 정부가 여러 가지 시책을 폈으나 그동안 처방된 약들은 효력이 없었다. '공장 총량제' 등 수도권 규제 정책에도 불구하고 수도권 집중은 계속되고 있다. 대기업 본사 이전 정책도 시도되었지만 별 효과가 없었다.

　참여정부에서 추진하려고 했던 행정수도 이전은 수도권 과밀 해소를 위한 가장 강력한 비상조치였다. 헌법재판소의 위헌 판결로 무효화된 행정수도 이전 프로젝트가 고육지책(苦肉之策)인 행정중심 복합도시로 변형, 축소되어 추진되고 있다. 아울러 180여 개에 달하는 공공기관 지방 이전 계획이 5월 중으로 발표될 예정이다.

　법률에 기초하여 정권의 명운을 걸고 강력하게 추진되고 있는 이러한 지방분산 정책이 계획대로 실시될지는 불확실하다. '서울을 죽이는 망국(亡國)의 수도분할'을 반대하는 수도권 자치단체와 야당, 공공기관 '강제'이전을 반대하는 해당기관 노조, 이를 부추기고 있는 일부 정치꾼들과 사회단체의 움직임이 심상치 않기 때문이다. 지방분산 문제가 또다시 정쟁의 대상이 되고 노조의 집단이기주의에 휘말릴 조짐이 보이고 있다.

　지방분산을 통한 지방 살리기가 과연 서울과 수도권을 죽이는가? 한 연구에 의하면, 수도권에 100억 원을 투자하면 지방에는 1.7억 원의 파급 효과가 있는 것에 불과하지만, 지방에 100억 원을 투자하면 수도권에 21.5억 원의 파급 효과가 나타난다. 또 다른 연구에 의하면, 수도권 투자 비율을 5% 포인트 줄이고 지방 투자 비율을 5% 포인트 늘리면 경제성장률이 0.10~0.25% 증가하지만, 반대로 지방 투자 비율을 5% 포인트 줄이고 수도권 투자 비율을 5% 포인트 늘리면 경제성장률이 0.1~0.28% 감소한다.

　이는 지방투자의 확대가 지방과 수도권의 상생 발전을 실현할 수 있고 국민경제의 성장을 촉진함을 말해준다. 행정중심 복합도시 건설과 공공기관 지방 이전이 지방투자의 확대와 결합되면 그 효과는 더욱 클 것이다.

한편 양적 팽창으로 비만증에 걸린 서울과 수도권은 지방분산을 통한 다이어트로 체질을 개선하고 비교우위가 있는 분야를 특화하여 동북아의 금융·경제 중심지로서의 질적 발전을 도모해야 한다. 지방 민들이 보기에 민망한 '수도분할 결사저지', '공공기관 이전 결사반대'에 나설 것이 아니라, 수도권과 지방이 상생(相生)하는 지방분산 프로젝트에 동참하고 정부와 협력하여 수도권의 질적 발전을 위한 정책을 추진해 나가야 할 것이다.

대한민국을 '서울공화국과 그 식민지', '두 개의 한국'으로 분할하고 대립·갈등시키고 있는 현재의 수도권 집중 체제가 망국적인 것인가, 수도권 독점 체제를 해소하여 수도권과 지방을 상생 발전시키려는 지방분산 프로젝트가 망국적인 것인가. '지방 살리기'는 결코 '서울 죽이기'가 아니다. 행정중심 복합도시 건설, 공공기관 지방 이전과 같은 지방분산 프로젝트는 수도권과 지방의 동반성장, 상생 발전을 지향하고 있기 때문이다. 지금은 수도권과 지방의 상생을 위한 대타협, '하나의 한국'을 위한 대승적인 사회적 합의가 절실한 시점이다.

(조선일보, 아침논단, 2005.5.1)

17 지방엔 어음, 수도권엔 현금?

　　마침내 지방 이전 대상 177개 공공기관이 발표되었다. 6월 중순에는 지방민들의 초미의 관심사인 지역별 배치방안이 발표된다. 노무현 정부의 국가균형발전 정책의 초석인 공공기관 지방이전 프로젝트가 가시적인 일정에 오른 것이다.

　　이에 대응하여 수도권에는 두 가지 엇갈리는 흐름이 형성되고 있다. 한편에서는 수도권의 자치단체・국회의원・경제계・공공기관노조・언론계를 중심으로 공공기관 지방이전 반대 동맹이 형성되고 있다. 다른 한편에서는 행정도시 건설과 공공기관 이전 정책에 상응하여 수도권 규제를 전면 철폐하라는 목소리가 높아지고 있다.

　　이러한 가운데 정부 일각에서 공공기관 이전과 연계하여 수도권 규제를 완화하려는 움직임을 보이자 비(非)수도권 자치단체들이 강하게 반발하고 나섰다. 수도권 규제를 둘러싼 논쟁과 공방은 해묵은 것이지만 이번에는 공공기관 이전과 맞물려 제기되고 있기 때문에 그 양상이 다르다.

공공기관 이전을 계기로 지금 당장 수도권 규제를 푸는 것이 과연 옳은가? 공공기관 이전 정책은 비유하자면 정부가 지방에 어음을 준 것에 불과하다. 그 어음은 2012년에 결제되는데, 공공기관 이전 반대 동맹 세력이 강해지고 정부의 의지가 약해지면 백지화되거나 크게 축소될지 모르는 불확실성 때문에 부도가 날 우려가 있다. 비록 2012년 이후 어음이 결제되고 그것으로 확보한 현금을 가지고 지방을 발전시킨다고 하더라도 그 효과는 10년·20년에 걸쳐 서서히 나타난다.

반면 수도권 규제 완화는 당장 그 효과가 나타나기 때문에 수도권에 현금을 주는 셈이 된다. 수도권 규제를 완화하면 막힌 봇물이 터지듯이 수도권에 대한 투자가 러시를 이룰 것이다. 돈을 따라 사람도 더욱 몰려들 것이다. 지방으로 가려던 기업들이 다시 수도권에 주저앉고 지방의 기업들이 수도권으로 물밀듯이 몰려들 것이다. 지역혁신이니 혁신도시니 특화발전이니 하는 것이 모두 공염불이 되고 지방은 더욱 황폐화될 것이 틀림없다.

국토연구원의 연구에 의하면, 공공기관 지방 이전에 따라 약 3만 2,000명의 직원이 지방으로 가게 되고 이전에 따른 산업 연관 효과로 지방에 약 13만 3,000개의 일자리가 창출된다. 생산유발 효과가 연간 9조 3,000억 원이고, 부가가치 유발 효과는 연간 약 4조 원이 되는 것으로 추정된다.

한편 경기개발연구원의 연구에 의하면, 수도권 공장 총량제 규제를 완화하면 총생산액이 연간 10조 7,980억 원 증가하며 부가가치는 5조 2,345억 원 증가한다. 생산유발 효과만 놓고 본다면, 수도권 규제

완화로 수도권에 생기는 현금이 공공기관 지방 이전으로 7년 이후 지방에 현금화될 어음 액수보다도 많다.

공공기관 이전과 맞교환하여 수도권 규제를 푸는 것은 지방에는 어음을 주고 수도권에는 현금을 주는 꼴이 된다. 수도권에 당장 현금이 가는 것을 보면서 부도 위험이 있는 어음을 받아 든 지방은 얼마나 불안할까. 수도권 규제 완화로 수도권 집중이 더욱 심화되고 지방이 되돌릴 수 없을 정도로 황폐화되어 버린 상태에서 공공기관이 지방에 와 본들 무슨 소용이 있을까.

물론 현행의 수도권 규제는 합리적으로 개혁되고 장차 선별적으로 완화될 필요가 있다. 그러나 수도권 규제는 지방에 주어진 어음이 현금화되는 정도에 비례하여, 다시 말해서 공공기관 이전을 계기로 지방에도 성장 거점이 생기고 지방의 발전 잠재력이 커지는 데 연계하여 단계적으로 신중하게 개혁하고 완화해야 한다. 지금 당장 수도권 규제를 완화하면 한편으로는 수도권 분산 정책을 펴면서 다른 한편으로는 수도권 집중을 촉진하는 자가당착을 범하게 되고, 공공기관 지방 이전 효과가 상쇄되어 버린다는 점을 정부 당국이 확고하게 인식할 필요가 있다.

(조선일보, 아침논단, 2005.5.29)

18 | 세종시 대안은 '행정수도' 건설

　　　　　　행정중심 복합도시, 즉 세종시에 대한 다양한 수정안
이 제시되고 있다. 그 공통점은 모두 세종시를 '행정도시'가 아닌 다
른 도시로 축소 조정하겠다는 것이다. 수정안을 제기하는 사람들의
명분은 크게 두 가지다. 하나는 세종시 건설이 수도 분할로 인해 행
정의 비효율을 초래한다는 것이다. 다른 하나는 세종시가 자족도시가
되기 어려워 공동화될 가능성이 높다는 것이다.

　이 두 가지 명분 중 자족도시가 되기 어려우니 수정해야 한다는 주
장은 전혀 타당성이 없다. 만약 자족도시가 될 수 없다고 생각한다면
자족도시가 되도록 보강하면 되기 때문이다. 수도 분할로 인한 행정
상의 비효율 때문에 수정해야 한다는 주장은 이유가 있고 사실 세종
시 수정론의 최대 명분이다. 비록 이 명분 뒤에 서울중심주의와 서울
공화국주의가 도사리고 있지만.

세종시 건설이 청와대 및 국회와 정부 부처가 공간적으로 분리되는 결과를 가져올 것이라는 점은 그것을 추진한 노무현 전 대통령도 인정한 대로 '매우 불합리한 결과'다. 중앙부처와 국회 사이, 청와대와 정부 부처 사이의 일상적이고 긴밀한 협의에 지장이 생기고 엄청난 시간상, 금전상 비용이 발생할 것이기 때문이다.

그렇다면 수도 분할을 가져올 세종시 문제를 해결하는 방법은 무엇인가. 두 가지 해법이 있다. 하나는 세종시에 정부 부처를 이전하지 않고 다른 대안을 찾는 것이다. 다른 하나는 청와대와 국회를 이전해 세종시를 행정수도로 만드는 것이다. 이 두 가지 방안 중 과연 어느 것이 세종시 건설의 원래 목적인 국가균형발전과 국가경쟁력 강화에 더 기여할 것인가.

세종시를 인천의 송도신도시, 포항이나 구미와 같은 산업도시, 국제교육특구 등으로 만들자는 수정안들은 수도권 집중을 해소하는 대안이 될 수 없다. 세종시 건설은 충청권 발전 프로젝트가 아니라 수도권 집중을 해소하려는 서울 프로젝트이자 국가균형발전 프로젝트이기 때문이다. 그렇다면 세종시 원안도 아니고 세종시 수정안도 아닌, 행정수도 건설로 나아가야 한다. 신행정수도건설특별법에 대해 위헌결정이 났지만 그 당시 헌법재판소 위헌결정의 논거로 제시된, 관습헌법상 서울이 수도이기 때문에 행정수도 이전은 위헌이란 논리는 납득할 수 없는 것이다.

아무튼 헌법재판소의 위헌 결정이 났기 때문에, 현행법에 따라 세종시를 행정중심 복합도시로 건설하는 작업을 진행하는 한편 '세종시를 대한민국의 수도로 한다'라는 명문을 헌법에 삽입하는 개헌을 해야 한다. 개헌 논의가 일고 있는 이번 기회에 국가백년대계의 차원에서 행정수도 이전을 위한 개헌을 공론화해야 한다.

서울은 경제·문화 중심도시로

행정수도 건설은 대한민국을 '서울공화국과 그 식민지'로 분할하고 있는, 한국인을 서울사람과 지방사람이란 '두 개의 국민'으로 분단하고 있는 현재의 중앙집권-수도권 일극발전체제를 지방분권-다극발전체제로 전환시키는 가장 효과적인 대안이다.

날로 확대되는 수도권과 지방 간의 경제·교육·문화의 격차를 줄이려면, 수도권 집중으로 인한 국가경쟁력 하락을 막으려면 행정수도 이전이라는 빅뱅이 필요하다. 행정수도를 세종시로 이전하고 서울을 동아시아의 경제·문화 중심지로 거듭나게 하면 서울을 비롯한 수도권은 과밀 해소 및 선택과 집중으로 경쟁력이 높아지고 지방은 수도권으로의 인재 유출이 약화돼 경쟁력이 높아질 것이다. 행정수도 건설은 위헌이 아니라, 수도권 집중으로 인한 지방민들의 재산권상 손실과 행복추구권 상실이라는 위헌적 상황을 시정하는 호헌의 과정이다.

(경향신문, 시론, 2009.10.28)

19 | 세종시 수정과 균형발전

　　　　　이명박 정부가 행정중심 복합도시인 세종시를 기업도시로 수정하기 위한 작업에 나섰다. 이는 국가균형발전 프로젝트의 근간을 흔드는 매우 중대한 사안으로서 나라 전체와 지방의 지속 가능한 발전을 가로막을 가능성이 높은 매우 나쁜 정책이다.

　행정중심 복합도시 건설은 과도한 수도권 집중을 해소하기 위한 거대 국가프로젝트로서, 노무현 정부 아래 여소야대의 국회에서 여야의 합의로 제정된 법률에 기초하여 추진되어 왔던 가장 상징적인 균형발전정책이었다. 이러한 세종시를 일개 기업도시로 축소하겠다는 것은 결국 현 정부가 균형발전정책을 폐기하겠다고 선언하는 것이다.

　중앙정부 부처 이전에 기초한 행정중심 복합도시 건설과 공공기관 지방이전에 기초한 혁신도시 건설은 수도권 과밀을 해소하고 지방의 공동화를 막으려는 국가균형발전정책의 양대 기둥이었다. 정부가 세종시를 행정도시가 아닌 기업도시로 만들려는 계획을 밝힘에 따라 그 한 기둥이 무너질 위기에 처해 있다.

행정도시라는 한 기둥이 무너지면 각 지방에 건설 중인 혁신도시라는 다른 한 기둥도 무너지게 될 것이다. 중앙행정부처가 옮겨가지 않으면 공공기관도 지방으로 오지 않으려고 할 것이고, 또한 세종시에 파격적 특혜를 주어 대기업을 유치하여 기업도시로 만들게 되면 혁신도시들에 유치하려는 기업들이 세종시로 발길을 돌릴 것이기 때문에, 각 지방의 혁신도시가 공동화될 것임은 불을 보듯 뻔하다.

행정도시와 혁신도시라는 두 기둥이 무너지면 서울을 비롯한 수도권은 어떻게 될 것인가? 과밀을 막는 안전장치가 없어진 수도권으로의 자원 집중은 더욱 격심해질 것이다. 수도권 집중이 심화되면 지가 상승과 교통체증 심화 그리고 오염증대로 서울의 경쟁력은 더욱 추락할 것이다.

중앙행정부처와 공공기관의 지방이전은 영양과잉으로 비만한 수도권을 다이어트하여 수도권을 살리는 한편, 영양부족으로 허약한 지방에 영양을 보충함으로써 지방도 살리려는 상생의 균형발전프로젝트이다. 그런 점에서 세종시 건설은 충청권 발전 프로젝트가 아니라, 결국은 서울의 경쟁력을 높이는 서울 프로젝트라 할 수 있다.

그러함에도 불구하고, 정부가 끝내 세종시를 기업도시로 수정하는 계획을 강행한다면, 수도권 집중을 제어할 수 있는 안전장치가 제거되어 수도권 집중이 더욱 심화되고 수도권과 지방의 경쟁력이 동반 추락할 것이다. 대한민국이 '서울공화국과 그 식민지'로 분할되고, 대한민국 국민이 서울 사람과 지방 사람이란 두 개의 국민으로 갈라지는 망국적 상황이 초래될 것이다.

만약 이러한 예측이 크게 빗나간 것이 아님을 인정한다면, 이명박 정부는 그야말로 국가 백년대계를 위해, 수도권과 지방의 상생을 위해, 대한민국의 지속 가능한 발전을 위해, 세종시를 기업도시로 수정하려는 방침을 철회해야 한다. 국가균형발전이라는 시대정신을 외면하고, 수도권에 살고 있는 권력층과 각종 기득권층의 근시안적인 수도권 중심주의와 서울공화국 의식에 포로가 되어, 나라 전체의 장기적 발전을 가로막는 일을 해서는 안 될 것이다.

물론 정부가 세종시 수정의 필요성으로 내세우고 있는 가장 큰 명분인 수도분할로 인한 행정비효율 문제는 세종시가 안고 있는 태생적 한계임은 분명하다. 주지하듯이 애초의 행정수도 이전 계획에 대해 '관습헌법상 서울이 수도이기 때문에 위헌'이라는 납득 못 할 헌법재판소의 판결이 났기 때문에, 절충적 형태의 행정중심 복합도시가 되고 말았다.

청와대와 국회가 서울에 남고 행정부처가 지방에 떨어져 있게 되는 상황은 세종시 건설을 주도한 노무현 전 대통령도 인정했듯이 '매우 불합리한 결과'가 아닐 수 없다. 이러한 수도분할 상황은 무시 못 할 행정비효율을 초래할 수 있을 뿐만이 아니라 수도권 집중 해소 효과도 반감시킬 것이기 때문이다.

이러한 결과를 초래하지 않기 위해서는, 세종시를 기업도시나 다른 형태의 도시로 축소하는 것이 아니라, 최초에 기획했던 대로 행정수도로 확대해야 한다. 일단 현행법에 따라 행정중심 복합도시로 건설하고, 장차 세종시를 '대한민국의 수도로 한다'는 개헌을 하여 청와대와 국회를 옮겨서 행정수도로 만들어야 한다. 국가 백년대계를 위해 행정수도 이전을 다시 공론화하여 확정짓고 세종시를 행정수도로 발전시켜 나가야 한다.

　백성을 사랑했던 우리 민족 최대의 성군인 세종대왕을 욕되게 하지 않기 위해서도 세종시를 기업도시로 축소 수정할 것이 아니라 행정수도로 확대 보완하여 균형발전을 위한 초석을 놓아야 한다.

(매일신문, 시론, 2009.11.24)

20 | 혁신도시는
보강돼야 한다

이명박 정부가 혁신도시를 재검토하겠다고 했다가 지방의 반발이 거세지자 불과 사흘 만에 재검토는 없다고 서둘러 진화작업에 나섰다. 추진하되 실효성 있게 보완하겠다고 일단 물러섰다. 이번의 해프닝은 영어 몰입교육을 하겠다고 설익은 정책을 내놨다가 여론의 비난이 빗발치자 거둬들인 인수위 실책의 再版(재판)을 보는 듯하다. 이번 일을 통해 보면 이 정부에 과연 국가균형발전 의지가 있는지, 일관된 지방정책이 있는지 의심이 든다.

공공기관 지방 이전과 혁신도시 건설은 수도권 집중을 막고 지방으로의 인구 분산을 통해 수도권과 지방의 상생 발전을 추구하려는 노무현 정부의 국가균형발전정책의 중심축이었다. 원래 공공기관 지방 이전은 2001년부터 지역 지식인, 지역 시민단체, 지방자치단체 등이 함께 일으킨 지방분권운동의 제1번 의제였다. 이러한 분권운동의 요구를 2002년 대선 당시 이회창, 노무현 등 여야 대선 후보들이 수용하고 대국민협약에 서명한 바 있다.

노무현 정부가 출범한 후 국가균형발전이 최우선의 국정의제로 설정되고 마침내 2003년 12월에 국가균형발전특별법이 여야 합의로 제정됨으로써 공공기관 지방 이전이 법률적 토대를 갖추게 되었다. 이후 지방으로 이전되는 공공기관을 각 시도가 선정한 혁신도시에 집중시키는 정책이 수립되었고 176개 공공기관을 12개 광역시도에 이전하는 계획이 확정되었으며 이에 따라 여러 곳에서 혁신도시 건설 공사가 착수되었다.

일이 이까지 진행된 상태에서 이명박 정부가 혁신도시 건설의 효과가 크게 과장되었다는 감사원 보고를 빌미로 재검토하겠다는 입장을 표명한 것이다. 그 재검토 발언은 혁신도시 기공식에 참석하여 다음 정부가 못 고치도록 대못을 박는다고 말한 노무현 전 대통령에 맞서서 대통령이 되면 그 대못을 뽑아버리겠다고 호언한 이명박 후보의 생각을 실행에 옮기려는 신호로 받아들여진다.

사실 노무현 정부의 혁신도시 건설은 애초에 논란의 여지가 적지 않은 정책이었다. 지방 이전 공공기관을 광역행정단위별로 분산 배치하는 것이 효과적인가? 기존도시가 아닌 새로운 혁신도시를 건설하여 공공기관을 이전하는 것이 합리적인가? 공공기관의 이전만으로 수도권 인구 분산 효과가 있을까? 혁신도시는 유령도시가 되지 않을까? 혁신도시가 말 그대로 지역 혁신을 선도하여 지방을 살리는 도시가 될 수 있을까? 하는 의문들이 제기되었던 것이 사실이다. 이러한 의문은 단순한 기우가 아니라 심각히 검토되어야 할 문제들이었다.

국가균형발전위원으로 참가하고 있을 당시 필자는 광역시도별로

잘게 쪼개어 11개나 되는 혁신도시를 건설하는 것에 반대하였다. 글로벌 경쟁력이 있는 지방을 재창조하기 위해서는 영남권, 호남권, 중부권 등 지방의 초광역경제권별로 그 각각의 발전계획에 적합하게 집중 이전할 것을 주장하였다. 이를 위해서는 먼저 정부의 초광역경제권 발전계획이 수립되고 그것에 대해 지방의 합의가 이루어지는 것이 필수적이었다. 하지만 정부는 그런 계획을 가지고 있지 않았고 각 지방자치단체들은 지역이기주의에 빠져 자신의 행정구역 내에 공공기관을 유치하기 위해 서로 다투었기 때문에 결국 공공기관이 10개 지역으로 분산 배치되게 되었다.

아무튼 혁신도시 건설은 이미 돌이킬 수 없는 정책이 되었다. 지금 필요한 것은 혁신도시를 수도권 인구 분산과 지방경제 활성화라는 원래의 정책목표가 실현되도록 보강하고 조정하는 것이다. 특히 혁신도시들을 초광역경제권 단위로 연계시키는 조정 작업이 이루어져야 한다. 이 점에서 "현 정부의 5+2 광역경제권 구축과 연계하여 규모의 경제와 효율성을 달성하도록 혁신도시를 보완하는 쪽으로 방침을 정했다"는 청와대의 입장 표명은 옳다고 하겠다.

혁신도시 건설 정책은 국가균형발전의 하나의 필요조건일 뿐이다. 그것은 많은 한계와 결함을 가지고 있기 때문에 다른 지방정책들에 의해 보완되고 조정되어야 한다. 노무현표 대못을 뺄 것이 아니라 이명박표 대못을 새로 박아 국가균형발전의 토대를 강화해야 한다. 혁신도시는 축소할 것이 아니라 보강해야 마땅하다.

(매일신문, 시론, 2008.4.18)

21 | 지방혁신이 수도권 살린다

지방분권 관련 3대 법률인 지방분권특별법·국가균형발전특별법·신행정수도건설특별조치법안이 국무회의를 통과했다. 그중 국가균형발전특별법(이하 균형법)안에 대해 수도권 일부에서 반발하고 있어 국회통과를 앞두고 논란이 예상된다.

균형법의 핵심내용은 낙후지역 지원, 공공기관 지방 이전, 지역 특화산업 육성, 지역 혁신체제 구축, 이를 뒷받침할 특별회계 설치 등이다. 요컨대 균형법은 수도권에서 비수도권에로의 자원 분산과 지방에서의 지역혁신 체제 구축을 지원하는 법률이라 할 수 있다.

균형법은 지방에 대한 단순한 재정 지원보다는 지역혁신 체제 구축 지원을 통해 지방의 경쟁력을 높이는 역동적 균형발전에 중점을 두고 있다. 경쟁력이 높은 수도권에 집중 투자해 국가재정을 확충하여, 지방을 지원한다는 의존적 지방화 발상과는 달리 지방의 경쟁력을 강화해 지방을 살리려는 자립적 지방화 개념에 입각해 있다.

사실 국가균형발전특별회계를 통해 지방에 새롭게 지원될 재원 규모는 1조 원도 채 안 되며, 지방교부세 인상을 통해 추가로 지원될 금액을 합해 봐도 2003년 예산 기준으로 지방이전 재원 규모의 순증은 2.8조 원에 불과하다. 이런 까닭에 지방에서는 조삼모사에 불과하다고 불만이다.

그럼에도 불구하고 수도권 일부에서 몇 가지 이유를 들면서 이 법에 반대하고 있다. 우선 수도권의 낙후지역을 지원 대상에서 제외하고 있다고 비판한다. 하지만 정부의 균형법안에는 수도권 접경지역을 포함한 낙후지역이 지원 대상에 포함돼 있다. 이 때문에 지방에서는 낙후지역 지원 대상을 비수도권에만 국한할 것을 요구한다.

균형법이 수도권과 비수도권의 이분법에 기초하고 있다는 주장도 있다. 그러나 지역 간 불균형 해소를 말하고 있을 뿐이다. 그래서 지방에서는 수도권과 비수도권의 격차를 해소하고 서울 일극집중형 발전 체제를 다극분산형 발전체제로 전환시키겠다고 명시할 것을 요구하고 있다.

균형법의 진정한 쟁점은 과연 그것이 수도권의 경쟁력을 떨어뜨리지 않을까, 국가경쟁력을 약화시키지 않을까 하는 것이다.

최근 발표된 국토연구원의 연구에 의하면 수도권 집중이 수도권과 지방 간의 공생력을 떨어뜨려 지역 간 불균형을 심화시키고 국가경쟁력을 약화시키고 있다. 그리고 수도권의 경우 산업성장의 지역 내 파급 효과는 높고 지역 간 파급효과는 낮은 반면, 지방의 경우 지역 내 파급효과는 낮고 지역 간 파급효과는 높은 것으로 나타났다. 아울러 1980년대 이후 수도권의 인구가 집중될수록 수도권 집적에 따른 이익이 지속적으로 감소해 온 것으로 밝혀졌다. 또한 지방의 투자비율을 높일 경우 국내총생산을 증가시키지만 수도권 투자비율을 높이면 국내총생산을 감소시키는 것으로 분석됐다.

이 연구결과는 수도권에 집중된 자원을 지방으로 분산하고 지방투자를 강화하려는 균형법이 수도권과 지방의 상생 발전과 지방과 수도권의 경쟁력을 함께 높이는 데 기여할 수 있음을 시사한다. 다만 권한이양과 자원분산에 기초해 지역경제의 자생력을 높이는 지역혁신 체제 구축이 성공했을 때 그렇게 말할 수 있을 것이다.

균형법이 실시되면 토지와 주택을 많이 가진 사람들, 수도권 건설 투자로 이익을 보는 사람들, 수도권의 공공기관에 근무하는 사람들이 손해를 볼 수 있다. 그러나 대부분의 수도권 시민은 수도권 인구가 안정되며 집값과 땅값이 하락하고 교통체증과 환경오염이 줄어들어 삶의 질이 향상됨으로써 이익을 얻게 될 것이다. 균형법 제정 이후에는 지방의 자생력 회복 정도에 연동해 수도권에 대한 규제를 개혁해 나가야 할 것이다.

많이 가진 수도권 지역이 적게 가진 지방에 나눔을 통해 상생하려는 자세를 보여줄 때, 대한민국이 두 개의 국민으로 분열되지 않고 전국 어느 지역에서 살더라도 개성 있게 골고루 떳떳한 인간다운 삶을 누릴 수 있는 '하나의 한국'이 될 수 있을 것이다.

(중앙일보, 시론, 2003.10.21)

22 | 지역혁신을 위한
시민행동규범

지역혁신은 지역의 낡은 것을 창조적으로 파괴하여 지역경제 발전의 새로운 동력을 창출하는 과정을 말한다. 기술혁신과 제도혁신과 문화혁신이 지역혁신을 구성하는 3대 요소다.

지역혁신에 관한 다양한 이론과 성공사례를 종합해보면, 지역주민이 '혁신하려는 의지'를 가지고 지역혁신 리더와 함께 사고방식과 행동양식을 혁신하는 것, 즉 문화혁신이 지역혁신 성공의 요체임을 알 수 있다.

현재 우리나라 각 지역의 사회 문화적 상황에 비추어 볼 때, 다음과 같은 시민행동 규범이 폭넓게 정착될 때 지역혁신이 일어나고 지속 가능할 수 있다.

하나, 이방인을 환영하자. 둘, 괴짜를 포용하자. 셋, 문예를 진흥하자. 넷, 여성을 존중하자. 다섯, 기술자를 우대하자. 여섯, 현장을 중시하자. 일곱, 모험을 장려하자. 여덟, 패자를 격려하자. 아홉, 협력을 권장하자. 열, 생태계를 보호하자.

동질적인 사회보다는 이질적 사회에서 혁신이 일어날 가능성이 높으므로 이방인을 환영하는 개방적인 지역사회를 만들어야 한다. 타지 출신을 배척하는 폐쇄적 지역, 획일적인 사고와 행동이 지배하는 지역은 혁신을 기대할 수 없다. 특이한 생각과 행동을 하는 괴짜를 포용해야 한다. 다양한 가치관과 생활양식을 가진 사람들이 뒤섞여 서로 소통하고 화합해야 새로운 것이 생성될 수 있다.

스티브 잡스 같은 괴짜를 실리콘밸리가 왕따 시켰다면 애플의 성공은 상상할 수 없었을 것이다. 동성애를 하는 게이를 수용하는 정도를 나타내는 게이 지수가 지역사회의 개방성과 다양성의 척도로 사용되고 있는데, 그 이유는 게이를 수용할 정도면 다른 모든 다양한 유형의 사람들을 관용하고 포용한다는 것을 의미하기 때문이다.

문학적 상상력과 예술적 감수성은 창조성의 원천이고 따라서 지역 혁신의 동력이다. 미국 카네기 멜론 대학의 경제학자 리처드 플로리다 교수는 작가, 화가, 음악가, 배우 등이 밀집된 정도인 보헤미안 지수가 높은 지역일수록 창조성이 높고 하이테크 산업이 잘 발달되어 있다는 것을 발견했다. 세계적 혁신리더인 스티브 잡스는 기술과 예술의 결합을 통해 아이폰이란 획기적 신제품을 개발했다. 자유로운 영혼과 유목적 성향을 가진 보헤미안적 가치관을 가진 사람들이 몰려들 수 있도록 문예를 진흥해야 한다.

남성 우월주의를 타파하고 여성을 존중하는 사회문화가 정착되어야 억압된 여성의 창조적 잠재력이 해방되어 지역혁신이 폭넓게 이루어질 수 있다. 생산현장에서 직접적으로 부가가치를 창출하는 기술자와 기능인을 우대해야 지역혁신이 경제성장으로 연결될 수 있다. 현장을 중시하는 경영과 행정을 해야 지역혁신이 뿌리를 내릴 수 있다.

창조적 파괴를 하는 혁신은 모험이고 따라서 실패가 수반될 가능성이 높다. 말 그대로 모험을 하는 벤처기업의 90% 이상이 실패한다. 따라서 실리콘 밸리 성공 스토리의 핵심인 모험을 장려하고 패자를 격려하는 혁신문화가 존재해야 한다. 특히 청소년들의 모험심을 장려해야 한다. 패자가 부활할 수 있는 사회 분위기를 만들어야 한다.

시장에서의 치열한 경쟁이 혁신을 촉진하는 것은 사실이다. 하지만 승자독식의 무한경쟁을 통한 혁신은 사회 양극화를 초래하여 지속 불가능하다. 서로 협력하고 공생하는 혁신만이 지속 가능하다. 따라서 협력을 권장하고 공생의 윤리와 파트너십 문화를 함양해야 한다. 생태계를 파괴하는 혁신은 지역주민의 삶의 토대를 파괴하므로 생태계를 보호하는 혁신, 녹색혁신이 일어나야 한다.

이러한 지역혁신을 위한 행동 규범을 실천하는 시민이 다수가 될 때 지역을 진정하게 바꿀 수 있을 것이다.

(영남일보, 아침을 열며, 2012.1.30)

23 | 정치적 다양성과
지역발전

　　올해는 위대한 경제학자 슘페터(Joseph A. Schumpeter)
의 『경제발전론』 출간 100주년이 되는 해이다. 지난 10월 말 슘페터
가 젊은 시절 공부하고 가르치며 활동했던 오스트리아 빈에서 『경제
발전론』 출간 100주년 기념 학술대회가 유럽진화경제학회 주최로 열
렸는데, 이 학술대회의 핵심 키워드는 단연 '혁신(innovation)'이었다.

　슘페터는 『경제발전론』에서 경제발전의 동력은 혁신이라고 주장
하였다. 또한 그의 대표적 저서이고 경제학의 고전 중 하나인 『자본
주의, 사회주의, 민주주의』에서는 혁신의 본질을 창조적 파괴(creative
destruction)로 보았다. 낡은 것을 고수하며 늘 해 오던 대로 하는 것이
아니라, 낡은 것을 끊임없이 파괴하고 새로운 것을 끊임없이 창조하
는 과정이 창조적 파괴이다. 슘페터는 이러한 창조적 파괴가 자본주
의의 본질적 사실이며 창조적 파괴가 없으면 자본주의는 존재할 수

없다고 주장하였다.

창조적 파괴 과정으로서의 혁신 개념은 이후 경제발전을 다루는 거의 모든 이론과 정책 토론에 약방의 감초처럼 빠지지 않는 키워드가 되었다. 1990년대 들어 지식기반경제가 출현하면서 혁신 개념은 창의성(creativity) 개념과 결합되어 르네상스를 맞이한다. 글로벌 경쟁이 강화되고 있는 지식기반경제에서는 창의성에 기초한 혁신이 일어나야 경쟁우위를 획득하고 지속 가능한 성장을 실현할 수 있다는 것이 거의 모든 경제발전론의 중심적 주장으로 자리 잡게 되었다.

그렇다면 창의성은 어디서 나오는가? 창의성의 원천에 관한 수많은 이론이 있다. 개인의 타고난 천부적 자질, 즉 천재성으로부터 창의성을 설명하는 관점이 있는가 하면, 개인과 조직을 둘러싼 사회문화적 환경으로부터 설명하는 관점도 있다. 사회문화적 요소를 경제발전 요인으로 포함시키는 창조경제(creative economy)론에서는 후자의 관점을 중시한다. 즉, 혁신을 일으키는 창의성은 개인과 조직의 자율성과 사회의 개방성과 다양성이라는 사회문화적 조건에 달려 있다고 보는 것이다.

이러한 관점에서 최근 "창의성은 이질성에서 나온다"는 명제가 주목되고 있다. 이 명제는 서로 이질적인 사람들이 한 조직 속에 섞여 있어야 그 조직이 창의성을 발휘할 가능성이 높다는 것을 의미한다. 같은 생각을 가진 사람들끼리 모여 있으면 새로운 상상력과 아이디어가 나오기 어렵기 때문이다. 동질적이고 획일적인 조직문화에서는 창의성이 나오기 어렵다. 다른 생각을 가진 사람들이 하나의 조직 내에서 서로 경쟁하면서도 협력할 때 그 조직은 창의성을 발휘할 수 있다. 이 명제는 크고 작은 조직과 지역경제와 국민경제에도 해당된다.

창조경제론에 의하면, 지역발전을 위해서는 지역사회가 동질적이고 획일적이어서는 안 되고 다양한 가치를 지향하고 서로 다른 생활양식을 가진 사람들로 구성되어야 한다. 서로 다른 가치와 생활양식을 가진 사람들이 서로 경쟁하면서도 협력해야 역동적 지역경제발전을 기대할 수 있다. 특히 지역주민의 삶의 질을 높이는 지역발전을 둘러싸고 서로 다른 이념과 정책을 지향하는 정당들이 서로 경쟁하는 정치적 다양성이 실현되어야 지역사회가 역동적으로 발전할 수 있다.

원래 시장에서 독점이 지배하면 경쟁의 결여로 경제가 정체되는 경향이 있다. 정치시장도 마찬가지다. 영남이나 호남과 같이 하나의 정당이 수십 년간 독점하고 있는 지역에서는 정치적 경쟁이 없어서 사회가 활력이 떨어지고 정체하기 쉽다. 나라 전체의 정권교체에도 불구하고 지역에서 하나의 정당이 압도적인 우세 하에 장기집권하고 있는 상황은 지역발전을 위해 결코 바람직하지 않다. 현재 영호남이 동반 침체하고 있는 주된 요인은 중앙집권－수도권 집중체제이지만 지역 내의 정치적 독점체제로 인한 정치적 다양성의 결여 요인도 무시할 수 없다.

내년의 총선과 대선에서 영남과 호남 지역이 일당 독점체제를 창조적으로 파괴하여 정치적 다양성을 실현해야 두 지역의 역동적인 장기적 발전과 나아가 나라 전체의 균형발전을 기대할 수 있을 것이다.

(매일신문, 계산논단, 2011.11.21)

경세제민의 길

초판인쇄   2014년 4월 25일
초판발행   2014년 4월 25일

지은이   김형기
펴낸이   채종준
펴낸곳   한국학술정보㈜
주소   경기도 파주시 회동길 230(문발동)
전화   031) 908-3181(대표)
팩스   031) 908-3189
홈페이지   http://ebook.kstudy.com
전자우편   출판사업부   publish@kstudy.com
등록   제일산-115호(2000. 6. 19)

ISBN   978-89-268-6169-1 03340